Forschungen zur Kriminalpolitik

Herausgegeben von
Johannes Feest und Karl F. Schumann
für die
Wissenschaftliche Einheit Kriminalpolitikforschung
Universität Bremen

Band 1

Peter Selling

Die Karriere des Drogenproblems in den USA

Eine Studie über Verlaufs- und Entstehungsformen sozialer Probleme

Centaurus-Verlagsgesellschaft
Pfaffenweiler 1989

CIP-Titelaufnahme der Deutschen Bibliothek

Selling, Peter:
Die Karriere des Drogenproblems in den USA : e. Studie über Verlaufs- und Entstehungsformen sozialer Probleme / Peter Selling. – Pfaffenweiler : Centaurus-Verl.-Ges., 1989.
(Forschungen zur Kriminalpolitik ; Bd. 1)
ISBN 3-89085-207-6
NE: GT

ISSN 0933-8012

Satz: Vorlage des Autors
Druck: difo-druck schmacht, Bamberg

INHALT

Vorbemerkung

Soziale Probleme sind das Ergebnis kollektiver Definitionsprozesse, auch das Drogenproblem. In Deutschland freilich ging der ursprünglichen Kriminalisierung von Drogen ein Definitionprozeß nicht voraus. Das erste deutsche strafbewehrte Drogengesetz wurde erlassen, nachdem dem Deutschen Reich auf Initiative der USA im Versailler Vertrag sowie im deutsch-amerikanischen "Vertrag über die Wiederherstellung freundschaftlicher Beziehungen" die Ratifizierung der Haager Opiumkonvention von 1914 und der Erlaß implementierender Gesetze diktiert wurden.

Auch in ihrer weiteren Entwicklung ist die deutsche Drogenpolitik eng mit der amerikanischen verknüpft. Nicht nur, daß bis heute die Vereinigten Staaten von Amerika entscheidend die internationale Drogenpolitik beeinflussen, immer wieder in der Geschichte des Drogenproblems sind bei uns amerikanische Erfahrungen mit Drogen wirksam geworden. Die Geschichte des amerikanischen Drogenproblems ist deswegen zugleich auch Teil der Geschichte des deutschen.

Die Entstehung und Entwicklung sozialer Problemlagen vollzieht sich über längere Zeiträume. Für die Prozesse, in deren Verlauf einzelne Individuen in Interaktion mit den Kontrollinstanzen eine abweichende Identität erwerben, hat sich in der Kriminologie das Konzept der *Kriminellen Karriere* durchgesetzt. Der Zeitraum individueller krimineller Karrieren ist ein lebensgeschichtlicher, er ist deswegen kurz, zu kurz, um mit ihm tiefergehende oder überhaupt politisch-soziale Prozesse aufzuzeigen. Wahrscheinlich ist das Karrierekonzept in der Tat noch am ehesten dazu geeignet, die "Tätigkeit der Kontrollinstanzen zu evaluieren". Kriminologische Untersuchungen, die nur lebensgeschichtliche Intervalle umfassen, bergen wohl auch die Gefahr, immer wieder den Status quo als "gegeben" und "normal" hinzunehmen.

Einige wesentliche Stationen der Geschichte des Drogenproblems in den Vereinigten Staaten sollen im folgenden auf einer historisch breiteren Grundlage dargestellt werden, als individuelle Lebensabschnitte sie umfassen können. Daß dieser Versuch sich dennoch des Begriffs der kriminellen Karriere bedient, soll meine Überzeugung ausdrücken, daß soziale Probleme auf die gleiche interaktive Weise definiert, kontrolliert und transformiert werden, wie es mit einzelnen Individuen innerhalb einer lebensgeschichtlich begrenzten kriminellen

Karriere geschieht (vgl. Blumer 1972; Stangl 1986).

Die vorliegende Arbeit beruht auf meiner Bremer Dissertation von 1986, gegenüber der vor allem erhebliche Kürzungen vorgenommen wurden. Teile des ursprünglichen Textes sind anderswo erschienen (Selling 1989), andere wurden schlicht weggelassen.

Eine weitergehende Überarbeitung des Dissertationsmanuskriptes habe ich unterlassen. Nach all den Jahren, in denen diese Arbeit – neben anwaltlicher und anderer Erwerbstätigkeit – entstanden ist, würde ich bei vielen Punkten der Darstellung heute andere Akzente setzen. Ich hatte also nur die Wahl, den Text in seiner ursprünglichen Form zu veröffentlichen oder ein neues Buch zu schreiben. Für letzteres freilich ist es zu spät, und so bleibt mir wenig mehr, als für das, was an Vorliegendem fehlerhaft ist, um Nachsicht zu bitten.

Viele Menschen haben mir während der Entstehungszeit dieser Arbeit Rat und Hilfe gewährt. Wertvolle Anregungen ganz zu Beginn meiner Untersuchung verdanke ich Louk Hulsman, Derrick McClintock, Stefan Quensel und Sebastian Scheerer. Den Kollegen der Wissenschaftlichen Einheit Kriminalpolitikforschung der Universität Bremen schulde ich Dank für vielfältige Anregung, Unterstützung und Kritik, der ich freilich manchmal nicht – und vielleicht zu selten – entsprochen habe. Zu verschiedenen Zeiten und bei unterschiedlichen Gelegenheiten halfen mir Olaf Grosch, Ralph Krech und Karl-Heinz Wagner. Ich stehe schließlich in der Schuld von Johannes Feest, dessen stets geduldige Gesprächsbereitschaft mir über manches Hindernis hinweghalf.

Kapitel 1
Opium im Westen

Bis zum Ende des Mittelalters wurde Opium in Europa nur selten verwendet, aber mit der Herausbildung eines Fernhandels zwischen Europa und den Ländern Asiens und des Mittelmeerraumes gelangte die Droge in größeren Mengen nach Europa und fand dort rasch ihre Liebhaber. In Deutschland war es der Philosoph und Medizinpionier Paracelsus (1493-1541), der nicht müde wurde, die wunderbare Hilfe zu preisen, die Opium bei fast allen Krankheiten bringe. Er und seine Anhänger trugen dazu bei, daß der Siegeszug des Opiums, unter dessen Einwirkung Krankheiten "wie Feuer im Schnee" vergehen würden, immer weiter voranschritt. In der Renaissance wurde Opium auch in Italien von dem berühmten Arzt Girolamo Fracastoro (1478-1553) wiederentdeckt und zusammen mit anderen Ingredienzen zu Arzneien gegen Schmerzen und allerlei andere Beschwerden verarbeitet. Die neuen Medikamente kamen bei den Ärzten der Epoche gut an und wurden in der Folgezeit in verschiedenen Konzentrationen und Zusammensetzungen immer häufiger als Heilmittel verwendet; viele Mediziner experimentierten mit Opiaten, unter ihnen der Engländer Thomas Sydenham (1624-1689), ein Pionier der klinischen Medizin, der anno 1665 eine neue Tinktur gegen Durchfall, Erbrechen und Schmerzen herstellte, die vor allem aus Opium bestand und der er den Namen *Laudanum* gab (Blum 1970).

Obwohl es Fälle von Gewöhnung und Abhängigkeit schon damals gewiß gegeben hat, finden sich in der zeitgenössischen Literatur keine entsprechende Hinweise. "Man ist versucht anzunehmen, daß das Problem nicht anders als andere schlechte Angewohnheiten angesehen wurde" (Sonnedecker 1963, 836). Im mittelalterlichen Europa überwog lange eine gewisse Vorsicht im Umgang mit dem Medikament, das zwar als Universalmittel galt, aber immer nur gegen akute Leiden verwendet wurde. Erst im 18. Jahrhundert waren alle Zweifel verschwunden. In einem englischen Lehrbuch der Medizin aus dem Jahre 1745 heißt es:

> Es ist jetzt keinesweges mehr notwendig, auf Einwände gegen die Anwendung dieser Medizin, die in verschiedenen Zeitaltern erhoben wurden, einzugehen, da sie endlich über jede Opposition gesiegt hat; und sie ist nicht nur universeller anwendbar, sondern macht auch der Medizin mehr Ehre als irgendein anderes Heilmittel (Sonnedecker 1963, 838).

Zu Beginn des 19. Jahrhunderts gab es auf der Basis von Opium hergestellte Medikamente in zahllosen Varianten, als Pillen, Tinkturen, versetzt mit reinem Alkohol, Wein, Portwein, Brandy etc. und in den unterschiedlichsten Dosierungen und Konzentrationen; fast jeder Apotheker stellte seine eigene Mischung her.

Obwohl das Phänomen Abhängigkeit noch keinen Begriff hatte, kannte man die Folgen des plötzlichen Entzuges von Opium nach vorherigem langen Gebrauch auch im Westen seit Beginn des 18. Jahrhunderts recht gut. Für die praktische Medizin hatten solche Fragen allerdings keine besondere Bedeutung, da bis weit ins 19. Jahrhundert die Zahl der Abhängigen weder groß war noch Besorgnis erregte (Kaplan 1975, 803).

Daß der Paderborner Apotheker Friedrich Sertürner 1804, auf der Suche nach einem Mittel gegen Rheuma, das wirksame Alkaloid des Opiums erstmals isolierte und es wegen seiner schlafbringenden Wirkung *Morphium* nannte, wurde zwar in der Fachwelt aufmerksam registriert, führte aber ebensowenig zu einem unmittelbaren Anstieg der therapeutischen Verwendung von Opiaten wie die durch Sertürners Entdeckung ermöglichte Isolierung weiterer Opiumalkaloide, 1832 des *Codeins* und *Narcetins* sowie 1848 des *Papaverins*.

Es waren soziale Veränderungen, die zum ansteigenden Gebrauch dieser Medikamente führten. Zunächst galten die Opiate in den Augen der zeitgenössischen Ärzte und Wissenschaftler als Arzneien mit hochwirksamen therapeutischen Eigenschaften, die diese von allen anderen Medikamenten deutlich abhoben. Ein Suchtproblem existierte damals weder real noch in der Theorie. Kaum eine Krankheit, zu deren Heilung nicht die Einnahme von Opium empfohlen wurde. Seine schmerzlindernde und psychisch sedierende Wirkung übertraf alle anderen Pharmazeutika bei weitem. Begeistert von seiner Wirkung nannten die Ärzte es "God's own Medicine", und eine medizinische Abhandlung aus dem Jahre 1832 verbreitete: "Es gibt wohl kaum eine Krankheit, gegen die Opium nicht... wirksam verabreicht werden könnte". Die wenigen Skeptiker warnten lediglich vor langdauernder und übermäßiger Opiatmedikation.

Bevor in Europa und wenig später auch in den Vereinigten Staaten von Amerika der aufkommende Kapitalismus die Lebensweise der Menschen von Grund auf veränderte, war das kulturelle Klima der Epoche noch von der romantischen Bewegung geprägt. Als eine ihrer zahlreichen okkulten Unterströmungen war in der Spätromantik als Resultat einer Schwärmerei für alles Orientalische der Konsum von Haschisch und Opium in Mode gekommen. Nicht als Erholung von der körperlichen Plackerei des Alltags, sondern zur Anregung der romantischen Imagination war er vor allem in Künstler- und Intellektuellenkreisen üblich. Der Pariser "Club des Haschischins" proklamierte die Gleichheit von Drogengenuß und künstlerischer Produktivität; Leben und Kunst sollten im Drogenrausch eins werden. Edgar A. Poe, Charles Baudelaire, Samuel T. Coleridge, Novalis, Hector Berlioz und andere Berühmtheiten dieser Epoche waren notorische Drogenkonsumenten, die diesem Thema auch einen Teil ihrer Werke widmeten (vgl. Hayter 1968).

Keine der künstlerischen Beschäftigungen mit dem Thema Drogen erlangte freilich so große Bedeutung wie Thomas de Quincey's 1821 erstmals erschienenes Buch *Confessions of an English Opium Eater.*[1] Das Erscheinen des Buches war eine literarische Sensation. Mit seinen dichterisch-intuitiven ebenso wie mit dokumentarischen Beschreibungen von großer Intensität und Differenziertheit und einer an Jean Paul erinnernden Vorliebe für skurrile Details sprach de Quincey ein großes Lesepublikum an. Bis 1850 erlebte das Buch in England fünf, in Amerika drei Auflagen.

Die erste Ausgabe der 'Confessions' handelte fast nur von den Freuden des Opiums, es enthielt keine Warnungen vor etwaigen Gefahren der Gewöhnung und Abhängigkeit. Der Autor hätte freilich dazu auch wenig zu sagen gewußt, denn zum Zeitpunkt des Erscheinens der ersten Ausgabe, im Jahre 1821, war es nicht einmal de Quincey selbst bewußt, daß er vom Opium abhängig war (De Quincey 1982, V).

So erschien die Droge in einem ganz und gar positiven Licht, und viele seiner romantisch eingestimmten Leser werden sich der Faszination kaum haben entziehen können, die von de Quincey's Beschreibungen seiner Opiumträume ausgeht:

---

[1] Thomas de Quincey, Confessions of an English Opium Eater. Die erste Ausgabe erschien in London im Jahr 1821, die zweite, überarbeitete und auf fast das Zweieinhalbfache erweiterte Ausgabe erschien in London im Jahr 1856. Eine deutsche Übersetzung liegt erst seit 1982 vor; aus ihr stammen die Zitate.

> Aus den Tiefen der Dunkelheit, aus dem phantastischen Bildstoff der Gehirne führst du Städte und Tempel auf, schöner als die Werke des Phidias und Praxiteles, herrlicher als die Pracht von Babylon und Hekatompylos, und aus der 'Anarchie des Traumschlafes' rufst du die Gesichter längst begrabener Schönheiten und die Züge der Seligen, die einst das Haus bewohnt, gereinigt von der 'Schmach der Gruft', herauf ans Sonnenlicht. Nur du gibst dem Menschen diese Gaben, und du besitzt den Schlüssel zum Paradies, Oh gerechtes, feinsinniges und mächtiges Opium" (De Quincey 1982, 197).

Niemand kennt die genaue Zahl derjenigen, die von de Quincey's Buch zum Experimentieren mit Opium angeregt wurden; sie muß aber sehr groß gewesen sein. Zu ihr zählen viele bekannte Autoren, z.B. William Blair und Walter Colton. Um de Quincey scharte sich eine regelrechte Gemeinde von Opiumanhängern, darunter auch Ärzte, die öffentlich de Quincey's Annahme bestätigten, Opium heile die Schwindsucht und viele andere Krankheiten. "Unter den Abhängigen begann er wie ein Hoheprieser, fast wie ein Heiliger verehrt zu werden" (Hayter 1968, 105). Noch in den Zwanziger Jahren dieses Jahrhunderts vermuteten Terry und Pellens,

> daß selbst heute noch die meisten von uns, die mit einer größeren Zahl an chronischer Opiumsucht Leidender in Berührung gekommen sind, einen oder mehrere kennen, die ihre erste Bekanntschaft mit der Droge der Lektüre von de Quincey's unseligem Meisterwerk verdanken (Terry/Pellens 1928, 62).

Der romantische Opiumkult hat vieles gemein mit der von Timothy Leary ausgelösten LSD-Schwärmerei der 60er Jahre. Tatsächlich war die romantische Bewegung ja auch eine Bewegung der radikalen Abkehr vom Bürgertum, deren äußeres Anzeichen der demonstrative Drogenkonsum war. Denn was hätte die Radikalität dieser Abkehr deutlicher symbolisieren können als die Verwerfung der angeblich angenehmsten Seiten der bürgerlichen Lebensweise, ihrer überlieferten Erholungs- und Genußpraktiken? "... der Wein", schreibt de Quincey's Anhänger Baudelaire, "ist für Leute, die arbeiten, und die ihn zu trinken verdienen. Der Haschisch hingegen gehört zur Sorte der einsamen Freuden; er ist geschaffen für den unglückseligen Müßiggänger" (Schivelbusch 1980, 224).

Mit der Verwerfung dieser zentralen bürgerlichen Vorstellung, daß nämlich Genuß nur als wohlverdienter Lohn nüchterner Arbeit legitim sei, verband sich die Ablehnung der bürgerlichen Gesellschaft als ganze. Die Betonung dieses – im bürgerlichen Sinne – asozialen

Motivs des Drogenkonsums durch die romantische Bewegung nahm dem Haschisch und Opium gewissermaßen die Unschuld des alltäglichen Hausmittels. Drogenkonsum als mit antibürgerlichem Affekt beladenes Instrument der Ich-Erweiterung und damit als die Welt des Bürgertums bedrohendes Fehlverhalten hielt hier erstmals Einzug in das Denken der Angepaßten. Ohne es zu wollen legten die Drogenliteraten so den Keim für die bürgerlichen Angstphantasien, für die irrationale Atmosphäre, die bald charakteristisch auch für den politischen Umgang mit Drogenfragen werden sollte (Schivelbusch 1980).

Während in den Salons der Intellektuellen und Snobs der Spätromantik der Verzehr von Opium noch als Vehikel zum transzendentalen Rausch zelebriert wurde, vollzog sich in den Zentren des heraufziehenden Industriekapitalismus die Transformation der ländlichen Arbeitsbevölkerung in ein Industrieproletariat, dessen Arbeitsrhythmus nun nicht mehr von natürlichen Abläufen – Nacht und Tag, Sommer und Winter, Saat und Ernte – bestimmt war, sondern von den Taktzeiten der Industrieproduktion vorgegeben wurde. Wie traditionelle Rauschrituale, die nicht als private Vergnügungen, sondern als öffentliche Ereignisse bei Hochzeiten, Schlachtfesten und Erntefeiern stattgefunden hatten, nun einem neuen Rhythmus, dem der Lohnauszahlung unterworfen wurden, so bemächtigten sich die Funktionsimperative der neuen Produktionsweise der gesamten Ernährungs- und Genußpraktiken der Arbeitenden. In England, wo die Arbeiter eine gleichmäßige tägliche Arbeitsleistung von 12-14 Stunden zu erbringen hatten, stieg in den Jahren zwischen 1850 und 1900 der Durchschnittsverbrauch an Zucker, einem schnellen Energielieferanten, um das Vierfache und der an Tee, einem weiteren Anregungsmittel, um das Dreifache. Der Konsum von tierischen Eiweißen und Kaffee nahm gleichfalls zu, ebenso der von Tabak und Alkohol (Teuteberg/Wiegelmann 1972).

Das Tempo der industriellen Produktion beschleunigte zugleich die Formen der Reproduktion. Die einzigen Versammlungsorte der Arbeiter waren die Wirtshäuser, wo die knappe Freizeit ihnen nicht einmal mehr den gemächlichen und geselligen Biergenuß erlaubte. Wie das Bier durch das neuerfundene Schnelltoxin Branntwein, so wurde das gesellige Trinken allmählich durch den narkotischen Alkoholismus abgelöst, in dem die Arbeiter Vergessen von ihrer drückenden Lage suchten. Der Rausch verlor dabei seinen Charakter als Mittel zur Transzendenz der Wirklichkeit; er wurde als ihr funktionelles Teil Diener der kapitalistischen Produktionsweise (Gelpke 1966).

Großbritannien war der Vorreiter einer Entwicklung, die zahlreiche Parallelen in anderen europäischen Ländern hat. Die Besonderheit der Drogenkrise des britischen Frühkapitalismus hängt mit den dort verbreiteten Drogen zusammen. England war das Land mit den meisten überseeischen Besitzungen und der größten Handelsflotte. Exotische Produkte waren hier in großen Mengen auf dem Markt. Anders als im kontinentalen Europa, wo es ein teures, fast ein Luxusgut war, konnte Opium in England überall und wohlfeil erstanden werden. So kam es, daß in Großbritannien als einzigem westlichen Staat dieser Epoche eine Welle des Opiumkonsums auch das Proletariat erfaßte (Lomax 1973).

Kapitel 2
Opium in den USA

Wie in den Ländern Europas, so unterlag auch in den USA der Import, Handel und Konsum von Rauschmitteln aller Art zu Beginn des 19. Jahrhunderts keinerlei Beschränkung. Bis zum Ausbruch des Bürgerkrieges im Jahr 1865 war der Konsum von Opium gering und diente vornehmlich medizinischen Zwecken. Morphium, umgangssprachlich auch Morphin genannt, wurde legal aus in die USA importiertem Opium hergestellt. Hauptlieferant waren britische Kaufleute.

Die Verwendung des Opiums in der Medizin war in den USA ebenfalls nicht anders als in der Alten Welt. Voller Enthusiasmus für die schnelle und durchschlagende Wirkung der Droge wurde sie von den Ärzten ohne Bedenken gegen alle erdenklichen Beschwerden verschrieben. Dennoch blieb der Opiumkonsum in den USA während der ersten Hälfte des 19. Jahrhunderts unbedeutend. Fälle von nichtmedizinischem Gebrauch der Droge waren so gut wie unbekannt (Swatos 1972).

So stieß es in der Fachwelt auf große Aufmerksamkeit, als der Edinburgher Arzt Alexander Wood 1855 in einer Fachzeitschrift davon berichtete, daß er bereits seit 1843 Medikamente in flüssiger Form mittels einer hohlen Nadel seinen Patienten unter die Haut spritze und dabei eindeutig bessere Ergebnisse erzielt habe als bei allen anderen Einnahmeformen. Schon im Mai 1856 wurden Morphininjektionen in den USA erstmals von dem New Yorker Arzt Fordyce Baker verabreicht. Die Verwendung der Injektionsspritze für Morphin verbreitete sich rasch. Zum einen weil man die schnelle und besser vorauszuberechnende Wirkung der subkutanen Injektion schätzte und weil die benötigte Menge eine geringere war. Zum anderen glaubte man, und hier wird der unterentwickelte Stand des medizinischen Wissens jener Zeit deutlich, daß wegen der Umgehung des Magens bei der Resorption des Medikamentes der sogenannte "opium appetite" nicht entwickelt werden könne (Terry/Pellens 1928, 65).

2.1. Der Bürgerkrieg und die Opiate

Den großen Durchbruch als Heilmittel erfuhren die Opiate in der Zeit des amerikanischen Bürgerkrieges 1860-1865. Ebenso wie später im preußisch-österreichischen (1866) und französisch-deutschen Krieg (1870/71) wurden Opiate großzügig gegen Schmerzen verabreicht, wobei auch die Feldärzte rasch dazu übergingen, mittels der neuerfundenen Injektionsmethode[2] den Patienten Morphin zu verabreichen. Die Militärärzte waren von den Wirkungen dieser Therapie so begeistert, daß Morphininjektionen nach und nach beileibe nicht nur bei schweren Verwundungen und besonders schmerzhaften Krankheiten, sondern wie harmlose Universalmittel bedenkenlos schon bei den geringsten Beschwerden verabreicht wurden. Wie in Deutschland bediente man sich der Morphiuminjektionen "auch häufig bei Soldaten gegen (oft angeblichen) Rheumatismus", mit der Absicht, "so psychisch zu wirken" (Laehr 1874, 232).

Es war üblich, Patienten vor der Entlassung aus dem Lazarett in die Handhabung der Injektionsspritze einzuweisen und die weitere Genesung der Selbstmedikation des Patienten ausdrücklich anheimzustellen. Injektionsspritzen und Zubehör konnten nach und nach über Apotheken und Gemischtwarenhandlungen bezogen wurden. Das Versandhaus Searls-Robruch bot verschiedene Spritzen-Sets, vom einfachsten bis zum kunstvoll verzierten im Lederetui mit Samtauslegung, in seinem Katalog an. Unter den Kriegsveteranen war der Opiatkonsum so verbreitet, daß noch lange nach Kriegsende Drogenabhängigkeit die "army disease" genannt wurde (Terry/Pellens 1928, 69).

Von den Lazaretten des Bürgerkriegs setzte das Opium seinen Siegeszug in die Ordinationszimmer der niedergelassenen Ärzte fort. Mit ihm behandelt wurden gleichermaßen Tuberkulöse, Rheumatiker, Greise und Kinder, denen damit Linderung auch schon der geringsten Unpäßlichkeit verschafft wurde. Oft genug wußten die Patienten nicht einmal, woraus die ihnen verabreichte Medizin bestand. Die Erfolge bei der Behandlung von Kranken gaben einem der führenden

---

[2] Es handelt sich um die Methode der subkutanen Injektion. Das hierbei verwendete Instrument ist eine Art Pipette, mit der das Medikament durch eine hohle Nadel unmittelbar unter die Haut mehr geträufelt als gespritzt wird. Diese Methode unterscheidet sich in Technik und im Hinblick auf die Drogenwirkung erheblich von der erst später durch die Erfindung der Kolbenspritze ermöglichten intravenösen Injektion, vgl. unten Kapitel 6.9.

Medizinwissenschaftler der Zeit, George Wood, Anlaß zu der Vermutung, daß Opium zu einer allgemeinen Anhebung des moralischen und intellektuellen Niveaus führe. "Es scheint das Individuum zeitweise zu einem besseren und größeren Menschen zu machen". (Austin 1978, 199).

Und dies, obwohl sich den Fachleuten inzwischen zahlreiche Beispiele von Drogenabhängigkeit boten – man kannte sie, aber man nahm sie vergleichsweise nicht ernst. Die Sorglosigkeit gegenüber der Suchtgefahr spricht auch aus dem Lehrbuch der Pharmakologie von H.H. Kane aus dem Jahre 1880:

> Niemals zuvor in der Geschichte der Medizin ist eine neue Behandlungsmethode so rasch populär geworden; keine Methode der Schmerzlinderung wirkt so schnell und so dauerhaft; keine medizinische Methode ist so bedenkenlos verwendet und so umfassend mißbraucht worden; und keine therapeutische Entdeckung zuvor war jemals zugleich Segen und Fluch für die Menschheit wie die subkutane Injektion von Morphin (Kane 1880, 64).

Denn trotz dieser eher skeptischen Einschätzung der Folgen langdauernder Opiatmedikation führt Kane in seinem lange Zeit maßgeblichen Buch nicht weniger als 54 Krankheiten an, die wirksam mit Morphininjektionen behandelt werden könnten, von Anämie bis hin zu Nymphomanie, Angina Pectoris, Diabetis, Schwachsinn, Blutvergiftung, Vaginismus und Erbrechen.

Soweit Mediziner überhaupt vor der Verwendung von Opiaten warnten, galt dies der Zuführung extrem hoher Dosen über längere Zeiträume. Die Behandlung von Abhängigen hielt man für geglückt, wenn der Patient den Opiumkonsum wieder auf eine relativ niedrige Dosis reduziert hatte. Auch die Fachleute, die wie Kane die Kehrseite der Opiatmedikation kannten, sahen keinen Grund, ihre universelle Anwendung abzulehnen, sie mahnten allenfalls zur Vorsicht (Sonnedecker 1963).

Dennoch trifft die vielfach geäußerte Vermutung nicht zu, der nach Beendigung des Bürgerkrieges sprunghafte Anstieg des Opiumkonsums gerade in den Südstaaten gehe auf die Gewohnheiten der Kriegsveteranen zurück. Man muß sich nur einmal die sozialstrukturellen Veränderungen betrachten, die der Verlust des Bürgerkrieges für die Südstaaten nach sich zog. Diese Veränderungen beschränkten sich nicht auf das offizielle Ende der Sklaverei, sondern bestanden vor allem darin, daß der Industriekapitalismus des Nordens endlich ungehinderten Zugang in den Süden fand. Dort folgte auf den Bürgerkrieg "eine Periode der Zerstörung, in der die alten ökonomischen Strukturen mitsamt ihren Wurzeln ausgemerzt wurden" (Faulkner 1966, 344).

Der Bürgerkrieg beendete das Produktionssystem der großen Plantagen und markiert den Beginn der Ära des Big Business. Die großen Eisenbahnlinien wurden gebaut und von ihren privaten Eigentümern mit Hilfe astronomischer Frachtraten rücksichtslos zur Ausbeutung der ihnen ausgelieferten Farmer benutzt. Große Handelskartelle für Agrarprodukte entstanden, unter deren Nachfragemonopol die Erzeugerpreise zusammenbrachen. Jahr um Jahr sank nach dem Ende des Bürgerkrieges der Lebensstandard der Südstaatenfarmer. Mit dem Geist des Kapitalismus hielten Bevormundung, Ausbeutung und schlimmstes materielles Elend im einst prosperierenden Süden Einzug (Bruchey 1975; Faulkner 1966, 344 ff.) "Die herrschenden ökonomischen Interessen fanden ihre Rechtfertigung in den klassischen ökonomischen Theorien, dem Evangelium des Reichtums und dem Sozialdarwinismus" (Link 1967, 13).

Die Unternehmerschaft leitete hieraus ein soziales und moralisches Recht auf die ungezügelte und von keiner Regierung kontrollierte Anhäufung von Reichtum ab. Erfolg und Besitz galten als wohlverdiente Frucht von Unternehmergeist, Fleiß, Mut, Härte und Nüchternheit, während die Armut der Massen – wie diese Doktrin eines "Laissez-Faire"-Kapitalismus weiter implizierte – auf der Trägheit und natürlichen Minderwertigkeit der meisten Menschen beruhte (Link 1967).

So begannen auch in den Vereinigten Staaten die ökonomischen Strukturen und Institutionen des sich entwickelnden Kapitalismus' die angestammten Rauschgewohnheiten der Menschen zu beherrschen; zum ersten Mal in der Geschichte wurde eine Produktionsweise zum organisierenden Zentrum sämtlicher gesellschaftlicher Beziehungen. Nicht nur die Ernährungs- und Genußpraktiken der amerikanischen Arbeiter veränderten sich, sondern ihre Gesundheit insgesamt wurde immer schlechter.

> Die industrielle Revolution hat zunächst die Gesundheit der Bevölkerung spürbar angegriffen. In die neuen Industrien wurden zahllose ungelernte Arbeiter eingestellt, darunter auch Frauen und Kinder..., und eine Unzahl von Einwanderern, die täglich viele Stunden unter erschreckenden hygienischen Verhältnissen arbeiteten, begann sich in den Vororten amerikanischer Städte zu drängen. Sie lebten in Slums ganz ohne sanitäre Einrichtungen, und ihr Lebensstandard war äußerst niedrig (Sigerist 1952).

2.2. Die Patentmedizinen

Die in England entstandene und groß gewordene Opiumindustrie drängte natürlich von Beginn an auch auf den amerikanischen Markt, und die von ihnen angebotenen sogenannten Patentmedizinen erfreuten sich in den USA bald einer regen Nachfrage.

In der "heroischen Phase" bis gegen die Jahrhundertmitte bestand das Repertoire des amerikanischen Arztes – eine ungeschützte Berufsbezeichnung, die jeder führen durfte – in wesentlichen aus sehr rauhen Methoden wie extremen Aderlässen und Abführungen. Da diese Kuren äußerst unangenehm waren und naturgemäß wenig Erfolg zeitigten, mieden die Kranken die Ärzte und suchten ihr Heil bei den Patentmedizinen, die als Markenartikel zur Vorbeugung und Linderung aller nur denkbaren Beschwerden und Befindlichkeiten, angefangen bei "Frauenbeschwerden" und Einschlafstörungen von Kleinkindern bis hin zu seelischen Depressionen und Senkfüßen feilgeboten wurden.

Anfangs ließen sich die Hersteller ihre Wundermittel noch wirklich patentieren. Nachdem aber der zu Beginn von britischen Produkten beherrschte Markt nach dem Unabhängigkeitskrieg ganz in amerikanische Hände übergegangen war, blieben die meisten Mittel unpatentiert, weil man so die für patentierte Medizinen geltende Vorschrift umgehen konnte, die Wirkstoffzusammensetzung auf der Packung anzugeben.

Der Verbraucher wußte also in der Regel nicht, was er beim Apotheker, Drogisten oder Kolonialwarenhändler erstand. Ebenso phantasievoll wie bei der Namensgebung waren die Hersteller bei der Zusammensetzung ihrer Präparate, und nicht selten schuf ihre Kreativität zusammen mit der Medizin gleich die dazu passende, bisher unbekannt gewesene Krankheit. Die meisten dieser Medizinen waren bestenfalls wirkungslos, viele waren schädlich, manche gar giftig.

Den opiathaltigen Medizinen hingegen konnte mangelnde Wirksamkeit kaum nachgesagt werden. Ihre Wirkung war promt, angenehm und zuverlässig. Kopfschmerzen, rheumatische Beschwerden, Depressionen und Bauchweh vergingen tatsächlich nach der Einnahme von Ayer's Cherry Pectoral, Darby's Darminative, Gofrey's Cordial, Dover's Powder, The Paregoric Elixir, Dr. William's Pink Pills for Pale People und Mc Munn's Elixir of Opium, und auch das Baby beruhigte sich, sobald man ihm Mrs. Winslow's Soothing Syrup gegeben hatte. So verwundert es nicht, daß die opiathaltigen Medikamente die größte Gruppe unter den ca. 1.500 Wundermitteln bildeten, die in den sechziger Jahren im Handel waren (Young 1961).

Schon damals war das Geschäft mit der Gesundheit eines der einträglichsten, und so kämpften immer mehr und immer größere Firmen um den Löwenanteil an diesem profitablen Geschäft. Große Werbekampagnen popularisierten die Patentmedizinen. Einzelne Drogisten führten in ihrem Sortiment bis zu 600 opiathaltige Substanzen (Brecher 1972, 3). Im Staat Michigan wurden um 1875 allein von *Mrs Winslow's Soothing Syrup* jährlich über 750.000 Packungen verkauft. (Marshall 1878, 96). In Iowa entfiel 1885 auf je 650 Einwohner ein Geschäft, das Opiate im Sortiment hatte (Hull 1885).

Die Marketingstrategien der Patentmittelhersteller waren bahnbrechend für das gesamte amerikanische Reklamewesen. Als erste erkannten und nutzten sie die Möglichkeiten der rasch wachsenden Zahl von Tages- und Wochenzeitungen. Tausende von kleinen Quacksalbern konkurrierten mit ihren in Kellern und Heimküchen zusammengebrauten Mittelchen gegen einige wenige Großunternehmen, und in dem hin und her wogenden Kampf um eine Monopolstellung – den im Gegensatz zu Deutschland bis zuletzt kein Pharmahersteller für sich entscheiden konnte – wurden Beträge für die Anzeigenwerbung ausgegeben, die gegen Ende des Jahrhunderts höher waren als die Werbeaufwendungen irgendeines anderen Industriezweigs.

Im Auftrag der Patentmittelhersteller nutzten die allerorts entstehenden Reklameagenturen, unbehindert von Werbegesetzen und moralischen Hemmungen, jede Möglichkeit zur betrügerischen Manipulation eines medizinisch unaufgeklärten und vertrauensseligen Publikums. In einer von McCoy ausgewerteten Zeitschrift war über ein Drittel des Raumes von großflächigen Anzeigen der Pharma-Industrie belegt, das war das Fünffache der Fläche für Alkohol- und Zigarettenwerbung zusammen (McCoy 1981, 611).

Während sich die Alkohol und Tabakreklame, nicht selten ebenfalls mit einem pseudo-medizinischen Anstrich, an männliche Konsumenten wandte, richtete sich die Patentmittelwerbung fast ausschließlich an Frauen. 1859 hatte die Heilmittelindustrie in den USA einen Umsatz von 3,5 Mio $, 1905 betrug er 75 Mio $ – gemessen am Bruttozozialprodukt desselben Jahres von 25,1 Mrd. $ – ein fast unvorstellbar hoher Betrag. Nicht weniger als 50.000 verschiedene Patentmedizinen waren im Jahr 1906 im Handel (Young 1961).

2.3. Chinesen und Opiumrauchen

Neben den Formen des Opiatkonsums, die sich innerhalb der amerikanischen Bevölkerung herausgebildet hatten, existierten aber auch Konsummuster, die Bestandteil fremder Kulturen waren und von eingewanderten Minderheiten ins Land gebracht wurden.

Zwischen 1850 und 1890 kamen aus dem ausgepowerten China über 100.000 Einwanderer in die USA. Die meisten von ihnen zog es nach Kalifornien. Seitens der Amerikaner gab es dort nur vereinzelt antichinesische Ressentiments, und als beim Beginn des "Goldrausches" einheimische Arbeiter scharenweise ihre Arbeitsplätze bei der im Bau befindlichen *Central Pacific Railway* verließen, waren chinesische Arbeiter willkommener Ersatz. Die anfangs beargwöhnten, schmächtigen Fremden erwiesen sich als ausdauernde und gehorsame Arbeiter, die trotz der brutalen Arbeitsbedingungen duldsam ihre Arbeit verrichteten. Auch nach Feierabend blieb es in ihren Camps ruhig, die alkoholabstinenten Chinesen rauchten ihre Opiumpfeife.

Ob sie diese Sitte aus China mitbrachten oder sie erst in Amerika übernahmen, ist nicht ganz klar. Weil Opiumrauchen in China in jener Zeit ein besonders in den Unterschichten verbreitetes Phänomen war, glaubt Helmer (1975), daß die überwiegend nicht-proletarischen Chinaemigranten erst mit ihrem neuen Unterschichtenstatus in Amerika das Opiumrauchen aufnahmen, während Brecher (1972, 42) und Chambliss (1977, 38) annehmen, daß sie diese Gewohnheit schon aus China mitbrachten. Wie dem auch sei, solange Bedarf an chinesischen Einwanderern bestand, nahm niemand Anstoß. Im Gegenteil, die Bauherren der Central Pacific sorgten dafür, daß ihren Arbeitern stets ausreichend Opium zur Verfügung stand.

Die Lage der Chinesen änderte sich dramatisch, als fast gleichzeitig der amerikanische Bürgerkrieg endete, die amerikanische Industrie in einer Wirtschaftskrise empfindliche Rückschläge hinnehmen mußte und nach Fertigstellung der Eisenbahnlinie fast 10.000 Chinesen mit ihren Familien arbeitssuchend nach San Franzisco zogen. Um die rar gewordenen Arbeitsplätze konkurrierten die Chinesen mit den ansässigen Arbeitern und den nach Kalifornien gezogenen Bürgerkriegsveteranen nicht selten erfolgreich, da sie unter noch schlechteren Bedingungen zu arbeiten bereit waren als jene. Als unmittelbare Reaktion hierauf schlugen die latenten antichinesischen Ressentiments in eine offene, rassistische Kampagne um, deren Wegbereiter nicht, wie Mark (1975, 59) zu Unrecht annimmt, "United States industrial leaders" waren, sondern die kalifornischen Arbeiter gemeinsam mit

Teilen der weißen unteren Mittelschicht (McWilliams 1949, 38).

Die kalifornischen Arbeiter stellten die Chinesen nicht nur als lästige Konkurrenten um Arbeitsplätze, sondern als Gefahr für die amerikanische Wirtschaft schlechthin dar, die zu untergraben und an sich zu reißen, wie sie behaupteten, die wirkliche Absicht der Chinesen sei. "Die Chinesenfrage" war der gemeinsame Nenner der rasch wachsenden Mitgliedschaft der *California Workingmen's Party*; "sie trug mehr als alles andere zum Erstarken der kalifornischen Arbeiterbewegung bei" (Eaves 1910, 6).

In der kalifornischen Presse erschienen in rascher Folge haarsträubende und zunehmend aggressiv eingestimmte Berichte vom angeblich lasterhaften Treiben der Chinesen. Für ihr Porträt als subhumane Kreaturen – die, verlogen, schmutzig und hinterhältig, wie sie waren, gleichsam von Natur aus Prostitution, Falschspielerei, Meuchelmord und schlechthin jede Form von Kriminalität begingen – war keine Illustration von so großem Nutzen wie die des Opiumrauchens. Er war der Fokus des antichinesischen Rassismus'. Kein Aspekt der chinesischen Lebensweise konnte so viel Angst und Abneigung hervorrufen wie dieser. Er verband die chinesische Lebensweise wie von selbst mit allen denkbaren Lastern und Übeln. Das Bild des Opiumrauchers war eine zu allem Bösen fähige Schreckensgestalt, eine Bedrohung für die ganze Gesellschaft, die immer wieder die Gefahren der chinesischen Verderbtheit für das weiße Amerika beschwor:

> Irgendwie wurden sie mit Hilfe gewisser hinterhältiger Methoden durch die Chinesen dazu gebracht, die Droge zu nehmen. Es kam vor, daß kleine Mädchen von nicht mehr als 12 Jahren in chinesischen Wäschereien gefunden wurden, als sie unter dem Einfluß der Droge standen. Welche anderen Verbrechen sonst noch an diesen dunklen und stinkenden Orten begangen wurden, wenn die jungen, unschuldigen Opfer unter dem Einfluß der Droge standen, ist fast zu schrecklich, um es sich vorstellen zu können (Asiatic Exclusion League, zit. nach Mark 1975, 66).

Schließlich begannen Behörden und Gesetzgeber, sich der "Chinesenfrage" anzunehmen. Auf Staats- und Bundesebene waren zuvor bereits einige Gesetze erlassen worden, die den Strom chinesischer Einwanderer in die USA stoppen sollten. 1855 erging in Kalifornien ein Gesetz, das Chinesen und Mongolen den Zuzug in diesen Staat verbot, das aber gemeinsam mit zwei ähnlichen, 1858 und 1870 erlassenen Gesetzen vom Supreme Court für verfassungswidrig erklärt wurde (Eldridge 1967).

Die Kette von Gesetzen, die die Lebenschancen der in Amerika lebenden Chinesen einschränken sollten, eröffneten 1850 die *Foreign-Miner-Tax*-Bestimmungen, die zu 90% chinesische Grubenarbeiter betrafen. 1865 wurde dekretiert, daß Chinesen nur in einem bestimmten Teil San Franziscos (*Chinatown*) Wohnsitz nehmen dürften. 1870 folgte die *Cubic Air Ordinance*, die die Untergrenze für Wohnraumgröße auf 500 Kubikfuß festsetzte und so die auf engem Raum zusammenlebenden chinesischen Großfamilien aus ihren Wohnungen trieb. 1871 erging die *Theater Ordinance*, die Menschenansammlungen und Lärm für genau die Stunden untersagte, in denen gewöhnlich die Vorstellungen der Chinese Opera stattfanden. Die *Anti-queue-Ordinance* verbot 1873 die traditionelle Haartracht der Chinesen, den Zopf. Ungehorsame wurden festgenommen und bekamen den Kopf geschoren.

Das 1877 erlassene *State Body Law* richtete sich gegen die chinesischen Bestattungsriten. So folgte Gesetz auf Gesetz bis schließlich kaum ein Aspekt der chinesischen Arbeits- und Lebensweise übrigblieb, der nicht strenge Einschränkungen erfuhr. Bestimmungen ergingen gegen die Beschäftigung chinesischer Arbeitnehmer, gegen das Beschäftigen von Angestellten durch Chinesen, gegen typische freiberufliche Tätigkeiten wie Fischer und Wäschereibesitzer und gegen die Ausbildung chinesischer Kinder (Mark 1975; Morgan 1978).

In diese Kette antichinesischer Gesetze gehört das erste Strafgesetz gegen Opiumkonsum der westlichen Welt, das 1878 vom *San Franzisco Board of Supervisors* erlassen wurde und folgenden Wortlaut hatte:

> Niemand in der Stadt und im Bezirk San Franzisco darf einen Platz, Ort, Raum oder ein Gebäude, in dem Opium geraucht wird oder in dem Menschen sich versammeln, um Opium zu rauchen oder um die Dämpfe des Opiums zu inhalieren, besitzen, leiten, betreten, besuchen oder in irgendeiner sonstigen Weise unterstützen (San Franzisco Board of Supervisors 1878, zit. nach Mark 1975, 61).

Das Gesetz drohte Geld- und/oder Freiheitsstrafen an, und man trachtete danach, es rasch und entschlossen durchzusetzen. Als Instrument gegen den nach wie vor stabilen Brauch des Opiumrauchens erwies es sich freilich bald als ziemlich verfehlt. Schätzungen liegen vor, wonach im Jahr 1886 zwischen 3.000 und 4.000 "opium-addicts" in San Franzisco lebten. Demgegenüber machen sich 38 Festnahmen von Besitzern von Rauchhäusern und 220 Festnahmen von Besuchern dieser sogenannten *opium-dens* im Jahre 1885 nicht eben als überwältigender Bekämpfungserfolg aus. 1884 waren es gar nur 26 bzw. 148 Festnahmen (Mark 1975, 61).

Angesichts der Wirkungslosigkeit des Gesetzes erwog man später die Legalisierung der *dens*, um wenigstens aus ihrer Besteuerung einen finanziellen Vorteil zu ziehen, blieb dann aber doch bei der Strategie der Kriminalisierung. 1889 wurde in einem weiteren Gesetz die Strafdrohung verschärft: für den Besucher einer *den* von $ 10 auf $ 250 bis 1000 Geld- und/oder Haftstrafe von drei bis sechs Monaten (Dillon 1962, 30).

Neben der gewünschten Marginalisierung der Chinesen bewirkte das Gesetz nur, daß die Opiumraucher an verborgeneren Plätzen zusammenkamen, wo sie sich vor dem Zugriff der städtischen Behörden sicherer fühlten. Einige der verlassenen *dens* übernahm die städtische *Chinatown Guide Association*, betrieb sie zum Schein weiter, um sie als sündhafte Attraktion schaudernden Touristen vorzuführen (Ashbury 1933, 166).

Es dauerte nicht lange, bis nach kalifornischem Muster auch anderswo gegen Chinesen gerichtete Opiumgesetze ergingen. Bis 1914 hatten die meisten amerikanischen Staaten das Betreiben von *Opium-dens* als Vergehens- und Verbrechenstatbestände in ihre Strafgesetze aufgenommen. Wie die anderen anti-chinesischen Gesetze auch, war es die Absicht der ersten Strafnormen der westlichen Welt gegen Drogenkonsumenten, die Chinesen vom Aufenthalt in Amerika abzuschrecken, "indem ihnen ihr berufliches und soziales Dasein anstrengend, teuer, schwierig und oft genug gefährlich gemacht wurde" (Raynor 1966, 55).

Die antichinesischen Gesetze waren nur der – gewissermaßen offizielle – Teil einer umfassenden antichinesischen Kampagne, während der es zu Ungerechtigkeiten, Benachteiligungen und häufig zu brutalen Ausschreitungen gegenüber chinesischen Bürgern, Einwanderern und Reisenden kam. Die Ohnmacht der Chinesen wurde in jener Zeit sprichwörtlich für Außenseitertum und fand in der geläufigen Redensart "He hasn't got a Chinaman's chance" ihren Niederschlag (Raynor 1966, 59).

2.4. Opiumkonsum als abweichendes Verhalten

Auf diese Weise weitgehend abgeschnitten von der Teilhabe am kulturellen Leben Amerikas entwickelten die Chinesen einen eigenen, bunten und sehr vielfältigen Lebensstil, der alte Bräuche der Heimat mit Elementen der amerikanischen Gründerzeitkultur verband und in dem das Opiumrauchen eine gewisse, wenn auch untergeordnete Rolle spielte. Das bürgerliche, etablierte Amerika lehnte diese Welt als Sündenpfuhl ab.

> Jahraus, jahrein, unabhängig von der Gelegenheit, bot Chinatown eine Atempause von der Hetze des Alltags. Da die regulären Normen der arbeitsfreien Zeit kaum als legitime Entschuldigung für diese Art des Vergnügens gelten konnten, lag die Teilhabe an ihnen außerhalb des akzeptierten Spektrums der Freizeitgestaltung (Barth 1965, 125).

Die ersten weißen Amerikaner, die sich von diesem Leben angezogen fühlten, waren von einem besonderen Schlag. Sie gehörten zumeist selbst einer randständigen Zone der Gesellschaft an, waren oft Neueinwanderer, unter ihnen viele ehemalige Eisenbahnarbeiter, die mit Chinesen seit ihrer gemeinsamen Arbeit bei der *Central Pacific* bekannt waren, sowie Wanderarbeiter und Tramps. Diese Männer, zumeist ledig und ohne Familie, gehörten zur großen Gruppe derjenigen, die die Industrialisierung aus ihren sozialen Bindungen gelöst hatte. Sie zogen nun als mobile Arbeiter und Abenteurer umher, überallhin wo sich Gelegenheit zum Gelderwerb bot, sei es durch Gelegenheits-, Saisonarbeit oder Glücksspiel. "... Männer, die jenseits des Punktes der Umkehr existierten", wie Barth (1965, 126) sie nennt, die sich den Gesetzen der kapitalistischen Arbeitskraftverwertung nicht unterwarfen, die die Regeln der konventionellen Arbeitsethik mißachteten, und statt dessen "die Unterhaltung und neuen Erlebnisse suchten, die immer sie interessant und der Mühe wert fanden" (Chein et al. 1964, 365).

Entsprechend der untergeordneten Rolle des Opiumrauchens in den Chinatowns machten die weißen Amerikaner eher zufällig mit der Droge Bekanntschaft. Dennoch breitete sich das Opiumrauchen zu Beginn des letzten Drittels des 19. Jahrhunderts unter diesem Teil der weißen Bevölkerung zunehmend aus. "Der erste Weiße, der in Amerika Opium rauchte, soll ein sportlicher Typ namens Glendenyn gewesen sein. Das war in Kalifornien im Jahr 1868" (Kane 1882, 23).

Das Rauchen von Opium wurde dort gepflegt, wo gänzlich andere Einstellungen und Werthaltungen herrschten als im konventionellen Amerika. Rauchopium war von Anfang an ein Genußmittel. Es breitete sich ohne von einem interessierten Wirtschaftszweig oder Berufsstand gefördert, ohne von Ärzten als Medikament verschrieben worden zu sein, langsam aber stetig über informelle Kanäle aus.

Gerade weil das Opiumrauchen in einer Halbwelt zuhause war, bildeten sich die Muster eines kontrollierten Drogenumgangs heraus, der sich vom vereinzelten und ziemlich ungehemmten Konsum der anderen Opiate deutlich unterschied. Im dichten Kommunikationsnetz der Halb- und Unterwelt gehörten die Gefahren übermäßigen Opiatkonsums bald zum Allgemeinwissen, das hier schneller und zuverlässiger weiterverbreitet wurde, als in der konformen Welt – trotz Fachzeitschriften und wissenschaftlicher Methoden. Vom Opium heißt es, daß "die Unterwelt von seinem suchtbildenden Potential eher Kenntnis hatte als der durchschnittliche Arzt" (Dai 1937, 36).

Dieses Wissen und die damit verbundene Vorsicht beim Umgang mit Drogen verhinderten größere Folgeschäden. Der Brauch war in der Halbwelt auf ähnliche Weise etabliert wie in Gesellschaften, wo er seit jeher zum kulturellen Brauchtum gehörte. Marie Nyswander vergleicht dieses sozial kontrollierte Konsummuster denn auch mit Rauschpraktiken in sozialen Gruppen, "die Opiumrauchen als Teil ihrer Kultur akzeptieren und die vorsichtig gegenüber dessen Gefahren sind, so wie wir dem übermäßigen Konsum von Alkohol vorsichtig gegenüberstehen" (Nyswander 1956, 22).

In Kreisen von Opiumrauchern herrschte eine deutliche Ablehnung des Morphinkonsums vor, vor allem des Konsums per Injektionsspritze.

> Der Opiumraucher des 19. Jahrhunderts... verachtete den Benutzer der Injektionsnadel und vermied im allgemeinen jeglichen Kontakt mit ihm und auch mit dem "Opiumesser" der respektablen Gesellschaft (Lindesmith 1947, 187).

Zu Recht wurde außerdem die Drogeninjektion für gefährlicher und auf lange Sicht suchtbildender gehalten als das -rauchen. Und man hielt die Verwendung eines so umständlichen Instruments wie eine Injektionsnadel für einen skurrilen Manierismus, ähnlich der Angewohnheit, unterschiedliche Gläser für Rot- und Weißwein oder ein bestimmtes Besteck für Fischgerichte zu verwenden. Wer in einem *opium-joint* beim Gebrauch einer Injektionsspritze gesehen wurde, mußte damit rechnen, unverzüglich und für immer das Etablissement verlassen zu müssen (Lindesmith 1947, 188).

Tatsächlich entsprach das Opiumrauchen einer besonderen Werthaltung. Die Droge gehörte nicht zu den von Ärzten verschriebenen Medikamenten, hatte also von Anfang an den Charakter einer Genußdroge, wurde nicht durch Werbekampagnen dem Durchschnittsbürger angepriesen und war so auf die stillschweigende Verbreitung im dichten sozialen Gefüge der Halb- und Unterwelt angewiesen. Die relative soziale Abgeschlossenheit der Welt des Opiumrauchens schützte den Konsumenten vor dem Überwechseln zu gefährlicheren Konsumformen. Denn obwohl das Rauchopium Abkömmling desselben Stoffs wie Heroin und Morphin ist, ist das Opiumrauchen dennoch die bei weitem harmloseste Form des Opiatkonsums.

Die zum Rauchen vorgesehene Substanz enthält gewöhnlich nicht mehr als 9% Morphin. Da das Opium meist nicht einmal geraucht, sondern nur erhitzt und inhaliert wurde, nahmen die Konsumenten dabei nicht die Schadstoffe des Rauches wie Teer und andere Krebserreger zu sich. Der inhalierte Dunst enthält nur einen Bruchteil der wirksamen Substanz, von der wiederum nur ein Teil bis in den Blutkreislauf gelangt. Um etwa das Äquivalent von 50 Milligramm in den Kreislauf injizierten Heroins zu erreichen, müßten grob gerechnet zwei Gramm Opium geraucht werden, eine Menge, auf die auch stärkste Opiumraucher seinerzeit nicht kamen (Brecher 1972, 46).

Da Opiumkonsum, und zwar ganz überwiegend Opiumrauchen, in den unteren sozialen Schichten anzutreffen war, begann die Öffentlichkeit es etwa ab 1900 mit anderen Verhaltensweisen in Beziehung zu setzen, von denen man glaubte, sie seien ebenfalls überwiegend in dieser sozialen Schicht anzutreffen. Zunächst war dies vor allem die vermeintlich organisierte Kriminalität der Chinesen, bald aber auch die Praxis der Kuppelei, Prostitution und Zuhälterei.

Das Opiumrauchen verbreitete sich zunächst an der Westküste und später auch bis in die östlichen Staaten. Eine von Terry und Pellens wiedergegebene Statistik der jährlichen Importmengen zeigt, daß ein erster Höhepunkt des Verbrauchs von Rauchopium 1883 erreicht wurde, als 298.153 *pounds* importiert wurden. Danach gingen die Importmengen auf 40.000 bis 80.000 pounds/Jahr zurück, stiegen 1894 wieder sprunghaft auf 115.000 pounds und erreichten 1903 einen weiteren Höhepunkt mit 182.000 pounds.

Obwohl die Opiumraucher kriminalisiert waren, existierte bis 1883 keine Bestimmung, die den Import von Rauchopium in irgendeiner Weise einschränkte. Erst in diesem Jahr belegte der Kongreß das Rauchopium mit einer Importsteuer von 10 $/pound. Dem drastischen Rückgang des legal importierten Opiums in diesem Jahr dürfte daher ein ebenso drastischer Anstieg des Opiumschmuggels entsprechen. Überhaupt waren die Variationen bei den Mengen legal importierten Rauchopiums eher Reflex sich verändernder Kontrollpraktiken als Ausdruck gewandelter Konsumgewohnheiten.

Insgesamt stieg der Konsum von Rauchopium bis zur Jahrhundertwende kontinuierlich an, während die Steuererhebung auf die Importe zugleich einen Schmuggelhandel ins Leben rief.

Um dieses Problem zu lösen, wurde 1887 der Import von Opium verboten, das weniger als 9% Morphin enthielt und das zu Rauchopium verarbeitet werden konnte, während das Gesetz den Amerikanern chinesischer Abstammung jegliche Importgeschäfte mit Opium untersagte. Resultat dieser Maßnahme war, wie ein Sprecher des Schatzministeriums zugab, "die Stimulation des Schmuggels" (Brecher 1972, 44).

1890 wurde die Importsteuer abermals auf $ 10-12/pound angehoben, aber schon 1897 wieder auf $ 6/pound reduziert, da die erhöhte Importsteuer den legalen Import nicht verhindert, dem Schmuggelhandel aber weiteren Auftrieb gegeben hatte. Diese wenig konsequenten Kontrollversuche haben insgesamt entweder den legalen Import von Rauchopium geduldet oder in illegale Kanäle umgeleitet, doch nicht verhindern könnten, daß der Import von Rauchopium sich innerhalb von 30 Jahren versiebenfachte. 1909 schließlich verbot man in einer weiteren Kehrtwendung der Kontrollpolitik jeglichen Import von Rauchopium und fügte dem noch vor Erlaß des *Harrison Acts* eine prohibitive Steuer von 300 $/pound hinzu (Terry/Pellens 1928, 73).

2.5. Opiumkonsum als angepaßtes Verhalten

Die öffentliche Einstellung gegenüber dem Rauchopium unterschied sich sehr von der gegenüber den anderen Opiaten, die seit jeher als notwendige Medikamente der Tüchtigen und Erfolgreichen gegolten hatten. Das ging zum Teil auf die Verwendung von Opiaten in der Kriegsmedizin zurück, zum größeren Teil freilich darauf, daß es meist ärztlicher Rat gewesen ist, der zum initialen Opiatkonsum führte. Und ärztliche Behandlung war für Angehörige der Unterschichten ein fast unerschwinglicher Luxus.

Die Opiate erwiesen sich als die Mittel, mit denen die seit der Industrialisierung verbreiteten nervösen Beschwerden am ehesten zu lindern waren. Während in Deutschland eine der Folgen der Industrialisierung die bekannte Alkoholismuswelle war (vgl. Roberts 1980), lag in den Vereinigten Staaten, wo gegenüber dem Alkohol eine weit weniger tolerante Einstellung herrschte, der Griff zu den Narkotika nahe. Das führte dazu, daß viele Alkoholiker auf Opiate umstiegen. Unter ihnen waren viele, die gehobene Positionen innehatten und die deshalb ihre Rauschgewohnheiten geheimhalten mußten. In dieser Hinsicht boten die Opiate beträchtliche Vorteile. Schon kleine, unauffällige Dosen bringen die gewünschte Wirkung, ohne daß irgendwelche auffälligen Störungen des Leistungsverhaltens eintreten.

Es entsprach ganz der sich herausbildenden kapitalistischen Arbeitsethik, daß gerade die Eigenschaft der Opiate, die Arbeitsfähigkeit der Konsumenten nicht zu beeinträchtigten, ein Hauptgrund für ihren Konsum bildete. Die Komplexität und Geschwindigkeit der neuen Lebensweise entschuldigte den Versuch, die von ihr erzeugten Spannungen mit Opiaten zu lösen, gerade bei denjenigen, die in vorderster Linie für den Fortschritt arbeiteten. Opiatkonsum erschien so als legitime Entspannung für diejenigen, die es sich wegen ihres Eifers und Ehrgeizes nicht erlauben konnten, durch den Konsum von Alkohol ihre Arbeitsfähigkeit zu beeinträchtigen. "Die Deutschen und Iren finden Entspannung in Bier und Whisky, während der Amerikaner ein nicht weniger wirksames Mittel nimmt, dessen Wirkungen freilich den Betroffenen nicht unfähig für die Teilnahme am Geschäftsleben machen" (Earle 1880, 54).

So überrascht es nicht, daß in der Literatur der damaligen Zeit nicht wenige ernstgemeinte Vorschläge zu finden sind, Opiate generell als Entwöhnungsmittel für Alkoholiker zu verwenden. Im Bundesstaat Kentucky versuchte man, diesem Vorschlag folgend, Alkoholiker mit Morphium zu behandeln; eine Therapie, über deren Erolge man sich recht positiv äußerte und die man deswegen bis in die 40er Jahre des 20. Jahrhunderts beibehielt (Schur 1962, 45; Bean 1974, 19).

So galt Opiatkonsum als "aristocratic vice", war verbreitet "unter aktiven Geistesarbeitern, Unternehmern und Geschäftsleuten, Lehrern und unter Personen, die wichtige Aufgaben erfüllen und große Verantwortung tragen" (Crothers 1902, 44).

In einer Untersuchung von 235 "habitues" in Iowa fand Hull, daß "die Mehrheit von ihnen in den gebildetsten und angesehensten Schichten unserer Gesellschaft zu finden ist" (Hull 1885, 39); zu dem gleichen Ergebnis kam Earle: "Es ist die Mittel- und Oberklasse, denen die ganz überwiegende Mehrheit unserer heutigen Opiumesser angehört" (Earle 1880, 53).

Weitere Bestätigung findet dieser Befund in den zahlreichen bei Terry und Pellens (1928) abgedruckten Arbeiten sowie bei Brecher (1972), Musto (1973), Lindesmith (1947, 1968) und King (1972).

Von der Altersstruktur her waren die Drogenkonsumenten überwiegend in mittleren Jahren. Unter den von Hull Untersuchten waren "2 unter zwanzig; 21 zwischen zwanzig und dreißig, 59 zwischen dreißig und vierzig; 35 zwischen vierzig und fünfzig; 68 zwischen fünfzig und sechzig; und 50 waren älter als fünfzig (Hull 1885, 40). Earle kam bei seiner Untersuchung auf ein Durchschnittssalter von 40 Jahren (Earle 1880).

Der weitaus überwiegende Teil der Narkotikakonsumenten war weiblich; eine Untersuchung in Michigan errechnete ihren Anteil auf 61,2% der Stichprobe (Terry/Pellens 1928, 13). Bei den von Earle Befragten überwogen Frauen im Verhältnis drei zu eins, in der Untersuchung Earles standen 86 männlichen 129 weibliche Probanden (=63,8%) gegenüber (Earle 1880).

Von manchen wurde angenommen, für dieses Mißverhältnis sei der relativ hohe Prozentsatz von Konsumentinnen unter den Prostituierten verantwortlich. Die zweifellos vorhandene Vorliebe der Prostituierten für das Opium kann das Überwiegen von Frauen in den meisten damaligen Untersuchungen nicht vollständig erklären. So zählte Earle zwar ein Drittel der weiblichen Befragten "zur Klasse der Prostituierten", doch überwogen die verbliebenen weiblichen Probanden die Männer noch immer im Verhältnis 2:1 (Earle 1880, 53). Hier wird neben der Tatsache, daß vor allem die Werbung der Patentmedizinen auf Frauen zielte, der Umstand gewirkt haben, daß Alkoholkonsum oder gar Barbesuche für Frauen streng verpönt waren und daß Opiate besonders bei psychischen Spannungen angewendet wurden, die mit der damaligen Rolle der Frau zusammenhingen.

> Oft verurteilt zu einem Leben der Enttäuschungen und der körperlichen und geistigen Untätigkeit, und abgeschnitten von der Vielfalt der sozialen Beziehungen, treten nicht selten Depressionen auf, gegen die Opium als die sicherste und angenehmste Medizin genommen wird (Oliver 1872, 49; vgl. auch McCoy 1981, 612).

Als wesentlicher Faktor für die Ausbreitung des Opiatkonsums im 19. Jahrhundert ist die Ärzteschaft anzusehen. Entweder waren es direkte ärztliche Empfehlungen oder die der ärztlichen Heilpraxis entsprechende Selbstmedikation, jedenfalls fast ausschließlich der Drogenkonsum zu medizinischen Zwecken, der diesem Phänomen seine Ausmaße gab.

Bevor sich in der medizinischen Praxis und Wissenschaft jedoch jemand ernsthaft mit der Möglichkeit der Drogentherapie beschäftigt hatte, wurde den Ärzten bereits von einem neuen Wundermittel berichtet. H. Dreser hatte das Heroin isoliert und glaubte, damit ein Mittel gefunden zu haben, das alle Vorzüge des Morphins, nicht aber dessen Nachteile aufwies. Diese Hoffnung führte zu einem beispiellosen Siegeszug des Heroins in die Ordinationszimmer der Ärzte, die Krankenhäuser und Apotheken. "Wahrscheinlich ist niemals ein Medikament so enthusiastisch gefeiert worden wie Heroin" (Terry/Pellens 1928, 76).

Die meisten Mediziner glaubten, Heroin habe überhaupt keine suchterzeugende Wirkung, andere stellten bei ihren Patienten das Bedürfnis nach zunehmend höheren Dosierungen fest und rieten zur Vorsicht, wieder andere ließen die Frage der Kontraindikationen ganz beiseite. Einhellig war jedenfalls die Auffassung, daß das Heroin den anderen Opiaten vorzuziehen sei. Erst um das Jahr 1905 begann sich die Tatsache der Suchtgefahr langsam im allgemeinen medizinischen Wissen niederzuschlagen. Im Jahresbericht über "Neue und Nicht-Offizielle Medikamente 1906" informierte die *American Medical Association* ihre Mitglieder:

> In kleinen Dosen verabreicht hat Heroinhydrochlorid anscheinend keine Auswirkung auf irgendeine vitale Körperfunktion mit Ausnahme der Atmung. In großen Dosen kann es Schwindelgefühle, Übelkeit, gelegentlich Verstopfung, in toxischen Dosen Zittern der Gliedmaßen, große Erschöpfung und Wahrnehmungstrübungen verursachen. Eine Abhängigkeit entsteht rasch und führt zu den unerfreulichsten Resultaten (American Medical Association 1906).

Weil in den damaligen Überlegungen zur Suchtbildung eine Vorstellung von Abhängigkeit fehlte, die der Möglichkeit schwerwiegender sozialer Folgeprobleme Rechnung trug, wurde trotz Kenntnis des Suchtpotentials des Heroins seine Verabreichung bei Erkrankungen der Luftwege, Bronchitis, Heuschnupfen, Asthma, Keuchhusten etc. unbekümmert fortgesetzt. Im Vergleich zu den vermeintlich positiven Eigenschaften des Heroins nahm man die Suchtgefahr mehr oder weniger bewußt in Kauf. In der damaligen medizinischen Denkweise lag die Gefahr der Opiate in der toxischen Wirkung einer Überdosis, nicht aber in irgendeinem Risiko im Zusammenhang mit der wiederholten Verabreichung kleinerer Mengen (Sonnedecker 1963, 899).

Die Zahl der habituellen Drogenkonsumenten wird auch nach der Jahrhundertwende unterschiedlich eingeschätzt. Die *American Pharmaceutical Association* kam anläßlich einer Fragebogenaktion bei ihren Mitgliedern im Jahr 1902 auf eine Gesamtzahl von 200.000 Konsumenten von "Suchtmitteln", wobei – wie stets – Alkoholkonsumenten nicht berücksichtigt wurden (Eberle 1903).

Dem Desinteresse der medizinischen Profession an wissenschaftlicher Klärung des Drogenkonsums – seiner Vorteile und seiner Gefahren, der Toleranzentwicklung, Dosissteigerung, Entzugserscheinungen und Indikationsbreite – entsprach ein ganz und gar unbefangener Gebrauch der Opiate auf der Konsumentenebene. Indem der ärztliche Umgang mit den Opiaten, sowohl auf wissenschaftlicher Ebene wie auch in der alltäglichen Berufspraxis, Modell und Rechtfertigung für bedenkenlose Selbstmedikation abgab, war die Ärzteschaft nicht nur mit ihren eigenen Verschreibungen, sondern auch mit der stillschweigenden Duldung des privaten Drogenhandels wesentlich am Entstehen des Drogenproblems beteiligt. So glauben Terry und Pellens, daß die private Drogenindustrie niemals so groß hätte werden können, "wenn der medizinische Berufsstand, bis auf einige wenige Ausnahmen, nicht ein so geringes Interesse gezeigt hätte" (Terry/Pellens 1928, 89).

Fast alle zeitgenössischen Untersuchungen zum Problem Drogenkonsum stimmen darin überein, daß zumeist eine tatsächliche oder vermeintliche medizinische Indikation am Anfang der Drogenkarriere stand. So resümiert eine Studie aus dem Jahre 1877:

> Ich glaube, daß so gut wie alle Fälle von Opiumabhängigkeit durch die medizinische Verwendung der Droge entstanden sind, und zwar hauptsächlich durch die Verschreibung von Ärzten (McFarland 1877, 290).

Ähnlich äußert sich Hull in seiner schon erwähnten Untersuchung:

> Abhängigkeit wird in der großen Mehrheit der Fälle durch die unverzeihliche Sorglosigkeit der Mediziner geschaffen, die oft allzu begierig sind, jedes kleine Wehwehchen mit der Injektionsspritze zu behandeln (Hull 1885, 39; vgl. auch Hartwell 1889, 101).

Eine der ganz frühen empirischen Studien zu diesem Themenbereich, die 1895 von Cobbe vorgenommene Auswertung von 1200 Fallgeschichten Opiatsüchtiger in Chicago, ergab, daß 70% der Probanden den Drogenkonsum im Zusammenhang mit ärztlicher Behandlung aufgenommen hatten (Cobbe 1895).

Vor ungehemmtem Drogenkonsum warnende Untersuchungen waren, wie gesagt, auch gegen Ende des 19. Jahrhunderts noch selten. Bis in die 70er Jahre war das Phänomen der Abhängigkeit noch wenig bekannt, und man hat es lange dieser Tatsache zugeschrieben, daß in der Öffentlichkeit so sorglos mit Opiaten umgegangen wurde. Doch auch später, als einige Wissenschaftler – Mediziner und Pharmakologen von Universitäten und unabhängigen Forschungseinrichtungen – warnend die Stimme erhoben, drang dies weder über die Medien ins öffentliche Bewußtsein noch veranlaßte es die Profession der niedergelassenen Ärzte, sich eingehender mit diesen Warnungen auseinanderzusetzen. Besonders für letztere schien auch weiterhin eine Problemlage nicht zu bestehen. Selbst als die Patentmittelhersteller mit Produkten auf den Markt kamen, die als sogenannte "cures" gegen Opiatabhängigkeit entweder vom Patienten selbst eingenommen oder ohne sein Wissen in seine Nahrung gemischt werden sollten, hielt sich die Ärzteschaft bei der Problematisierung exzessiver Formen des Opiatkonsums und seiner Behandlung auffällig zurück, obwohl die meisten dieser "cures" selbst Opiate enthielten.

In einem Zeitraum von zehn Jahren, zwischen 1884 und 1893, wurde im offiziellen *Journal of the American Medical Association* nur ganze 20 Mal auf das Phänomen Opiatabhängigkeit bezug genommen (Austin 1978, 199; Terry/Pellens 1928, 89).

Diese Zurückhaltung kam nicht von ungefähr. Ihre Ursache war, daß die Hersteller der Patentmedizinen die Macht, die sie aufgrund ihres einzigartig hohen Auftragsvolumens von Inseraten besaßen, zur Unterdrückung von opiatkritischen Veröffentlichungen im redaktionellen Teil benutzten. Nach 1880 war diese Macht so groß, daß in der amerikanischen Presse, die sich in den Jahren zuvor so lautstark für die Ausmerzung der Praxis des Opiumrauchens eingesetzt hatte, Kritik an der Verschreibungspraxis der Ärzte, den Marketingstrategien der Patentmedizinhersteller oder nur Hinweise auf steigende Zahlen von Opiumsüchtigen kaum, und dann nur in äußerst zurückhaltender Form fanden (McCoy 1981, 611; Duster 1970, 7; Tieman 1981).

Um ganz sicher zu gehen, setzten die Patentmedizinhersteller in die Anzeigenverträge mit Zeitschriften eine Klausel mit folgendem Inhalt:

> Gemäß gegenseitigem Übereinkommen wird dieser Kontrakt ungültig, wenn Ihr Bundesstaat ein Gesetz einführen sollte, das die Herstellung oder den Verkauf von Patentmedizinen einschränkt oder verbietet.

Auf diese Klausel konnte man die Redakteure verweisen, wenn Gefahr vom Gesetzgeber drohte, und besaß so "eine ganz hübsche Sicherung", wie einer der Patentmittelhersteller es ausdrückte (Young 1967, 41).

Von einer Öffentlichkeit, die glaubte, "die Hauptursache für übermäßigen Narkotikakonsum ist die Zivilisation", hatten die Drogenkonsumenten der damaligen Zeit kaum irgendwelche stigmatisierenden Reaktionen zu befürchten. Tatsächlich wurde die Neigung zu übermäßigem Opiumkonsum mit einer Art wertfreiem Mitleid betrachtet, wie man es etwa einer unverschuldeten Krankheit gegenüber an den Tag legt. Soweit Drogenkonsum doch einmal mit moralischen Kategorien beurteilt wurde, so überstieg seine Mißbilligung kaum die Vorbehalte, die man gegen Tanzen, Rauchen, häufige Theaterbesuche, Glücksspiel oder Promiskuität hegte (Brecher 1972, 6).

So war mit Drogenkonsum keine Bedrohung der sozialen Position verbunden, niemand verlor seinen Ausbildungs- oder Arbeitsplatz oder mußte Statusverlust in Familie oder sozialem Nahraum fürchten. Eine Verknüpfung von Drogenkonsum und Kriminalität fand sich nicht einmal in hypothetischen Überlegungen von Skeptikern. "Niemand dachte auch nur im Traum daran, Drogenmißbrauch mit Kriminalität in Verbindung zu bringen" (King 1974, 19; vgl. auch Tieman 1981, 240).

Kapitel 3
Das Harrison-Gesetz

3.1. Außenpolitisches Vorspiel

Am Ende des 19. Jahrhunderts waren die USA im Begriff, zur Weltmacht aufzusteigen. Ihr Expansionsdrang, der mit der Verschiebung der *frontier* nach Westen bislang im Innern der Vereinigten Staaten seine Befriedigung gefunden hatte, richtete sich nun mit aller Vehemenz über die Landesgrenzen hinaus auf die Weltmärkte. Als Rechtfertigung dieses imperialistischen Gebarens ging mit dem amerikanischen Expansionismus ein scheinheiliges moralisches Sendbotentum einher, das Teil der politischen Hauptströmung der Zeit war. Mit Blick auf die Kaufkraft der Märkte der unterentwickelten Staaten erklärte etwa ein ehemaliger Präsident der USA:

> Es ist Gottes große Absicht, die sich manifestiert im Instinkt unserer Rasse, deren augenblickliches Ziel unser persönlicher Profit, deren Fernziel aber die Erlösung der Welt und die Christianisierung der Menschheit ist. Gott hat die englischsprachigen und germanischen Völker nicht über Tausende von Jahren zu nichts als müßiger und nutzloser Kontemplation erzogen. Nein. Er hat uns zu den Hauptorganisatoren der Welt gemacht, damit wir dort Ordnung schaffen, wo das Chaos regiert (Wassermann 1972, 57).

Amerika, und neben ihm als zweite neo-koloniale Macht Japan, konkurrierten vor allem um den Zugang zum Reich der Mitte, denn mit seinen 400 Millionen potentiellen Käufern galt China als Tor zum riesigen, schier unerschöpflichen Markt des Ostens, dem vermuteten Zentrum des künftigen Welthandels. Amerikas Außenminister John Hay fand für seine Lagebeurteilung folgende Worte: "Die Weltenstürme haben sich gen China gedreht. Wer immer dies mächtige Reich versteht, besitzt den Schlüssel zur Weltpolitik für die nächsten fünf Jahrhunderte" (Moon 1927, 321).

Verglichen mit den europäischen Handelsmächten und vor allem mit Großbritannien war Amerikas Position in China besonders ungünstig. Weder hatten die USA dort Territorien, militärische Basen, diplomatische Vertretungen oder sonst irgendwelche Verbindungen, noch existierte so etwas wie eine offizielle amerikanische Chinapolitik. Während die USA noch mit der Ausarbeitung einer solchen beschäftigt waren, handelte Japan. Im Krieg von 1895 zwang es China zur Abtretung Formosas. Die hier erneut zutage getretene Schwäche Chinas machten sich seine übrigen Vormächte umgehend zunutze. England, Frankreich, Rußland, Deutschland und Japan zwangen China 1897 zur Abtretung wichtiger Häfen und Einräumung weiterer Handelsprivilegien. China war zum Spielball der Weltmächte geworden, seine Aufteilung schien unmittelbar bevorzustehen.

Unter dem Druck dieser Ereignisse sahen sich die Amerikaner zum Handeln gezwungen. Schon die Annexion der Hawaii-Inseln 1897 wies nach Ostasien, und als die spanische Flotte 1898 das amerikanische Kriegsschiff "Maine" versenkte, erwiderten die Vereinigten Staaten die Feindseligkeiten und führten den spanisch-amerikanischen Krieg. Die anschließende Annexion der Philippinen durch die USA markiert den Beginn ihrer Rolle als politische Macht im asiatischen Raum, dessen Erschließung nun als zu wichtig galt, um sie ganz den privaten Initiativen der Kaufleute zu überlassen.

Im Gegensatz zu seiner Politik im pazifischen Raum, die bei der Akquisition von Hawai und Guam und der Einverleibung Kubas in Amerikas Machtsphäre vom Militär vollstreckt wurde, war der Hauptwesenszug der Ostasienpolitik Amerikas gerade der Verzicht auf direkte militärische Intervention. Daß dieser Verzicht weniger auf Amerikas Friedensliebe als auf taktischen Überlegungen beruhte, beweist schon die Hemmungslosigkeit, mit der die USA bei der Durchsetzung ihrer Interessen im pazifischen Raum Gewalt eingesetzt hatten.

Ausschlaggebend war vielmehr, daß China als Kriegsschauplatz für die amerikanische Armee denkbar ungeeignet war – viel zu groß, zu unbekannt und vom Mutterland zu weit entfernt. Ein Krieg dort wäre zu riskant gewesen. Überdies hätten es die USA in China mit mehreren Großmächten, vor allem der gefürchteten Seemacht Großbritannien zu tun bekommen. So trat an die Stelle der ansonsten für die Roosevelt-Regierung sprichwörtlichen "Politik des dicken Knüppels" eine Taktik diplomatischen Finassierens und machiavellischer Scheinheiligkeit, die ihr Fernziel, die Eroberung Ostasiens, dabei keinen Augenblick aus dem Blick verlor.

Für diese Variante des amerikanischen Imperialismus' warb Expräsident Benjamin Harrison (mit Blick auf England) kurz vor der Jahrhundertwende mit folgenden Worten:

> Ich habe weder hier noch sonst besondere Einwände gegen das Prinzip territorialer Expansion zu erheben, aber ich sehe auch nicht in territorialen Expansionen den sichersten und verlockendsten Entwicklungsweg für eine Nation. Gestützt auf unseren Reichtum an billiger Kohle und billigem Eisen, gestützt auf unseren Überschuß an Nahrungsprodukten und auf die rationellen Methoden unserer industriellen Produktion sind wir heute imstande, das älteste und mächtigste aller Kolonialreiche an der Nase herumzuführen (Dos Passos 1962, 9).

Dies ist der Hintergrund, vor dem die Formulierung der amerikanischen Ostasienpolitik gesehen werden muß; sie war eine aus der Not militärischer Schwäche gemachte politische Tugend: die USA verkündeten ihre Gegnerschaft gegenüber den handels- und machtpolitischen Praktiken der anderen imperialistischen Mächte, forderten die Unabhängigkeit und Unantastbarkeit Chinas und stellten sich selbst als deren eifrigste Verfechter dar.

Gegen die partikularistische Ausbeutung Chinas durch die alten Imperialmächte setzten die USA ihr Konzept der "Politik der Offenen Tür", deren Kernstück die Forderung nach Gleichstellung aller Handelsmächte auf dem chinesischen Markt bildete. Die Erfolge des "Dollarimperialismus" bei der Kolonisierung Lateinamerikas ließen die USA hoffen, daß, sobald sie ohne Wettbewerbsnachteile gegenüber den Europäern auf dem Chinamarkt würden operieren können, die Verdrängung ihrer Konkurrenten nur noch eine Frage der Zeit sei (Iriye 1974; Wassermann 1972; Jeffreys-Jones 1977).

3.2. Opium in Fernost

Die Verwaltung der Philippinen war für den amerikanischen Statthalter, Gouverneur William H. Taft, alles andere als leicht. Die Philippiner, die bei der Vertreibung der spanischen Besatzung noch an der Seite der Amerikaner gestanden hatten, waren bitter enttäuscht, als die USA ihnen die versprochene Selbstverwaltung nicht zurückgaben, sondern ihre Truppen im Land ließen. Der heftige Widerstand, den man nun den Amerikanern leistete, konnte erst 1901 gebrochen werden.

Die Amerikaner fanden auf den Philippinen ein von den Spaniern errichtetes und seit 1843 funktionierendes Opiummonopol vor. Die Droge durfte von durch die spanische Verwaltung gegen Gebühren besonders lizensierten Händlern ausschließlich an die auf den Philippinen lebenden Chinesen verkauft werden – von einem Opiumverbot hatte man Abstand genommen, weil man seine Durchsetzung für unmöglich hielt. Nach der Übernahme der Philippinen durch die Amerikaner brach die Organisation der Opiumverteilung zusammen. Sein Konsum breitete sich auch unter den Philippinern und den amerikanischen Besatzungssoldaten aus.

Letzteres beunruhigte die amerikanische Regierung, und zwar mehr im Hinblick auf die Gefahren des Opiums als Katalysator möglicher Verbrüderungen als auf Gesundheitsgefahren. Deswegen war es auch das Kriegsministerium, das eine Kommission einsetzte und sie mit der Entwicklung von Alternativen zum spanischen System der Opiumverteilung beauftragte. Zum Vorsitzenden der Kommission bestellte das Ministerium mit Charles Henry Brent, dem von den Amerikanern installierten Bischof der Philippinen, einen Mann, der seine Aufgabe vornehmlich darin erblickte, den unzivilisierten philippinischen Eingeborenen die moralischen Errungenschaften der amerikanischen Nation nahezubringen.

Der erste Vorschlag der Kommission lief darauf hinaus, das *farming-system* genannte, regulative Verteilungssystem, so wie es unter der spanischer Herrschaft bestanden hatte, wiederzuerrichten, den Opiumverkauf wie zuvor auf Chinesen zu beschränken und die anfallenden Steuereinnahmen dem Erziehungsministerium zuzuweisen. Nachdem eine auf diesem Vorschlag beruhende Vorlage das Gesetzgebungsverfahren schon bis zur zweiten Lesung durchlaufen hatte, ergaben sich vornehmlich von seiten christlicher Reformer, aber auch von der amerikanischen Administration in Manila Einwände hiergegen. Die Kommission veranstaltete ein Hearing für die Gegner ihrer Vorschläge und bekam im Anschluß daran die Weisung, auf einer Reise durch die Länder Asiens Informationen zur Vorbereitung eines neuen Entwurfes zur Regelung der Opiumdistribution zu sammeln.

Nach ihrer Rückkehr legte Brents Kommission einen neuen Lösungsvorschlag vor. Danach sollte Opium noch drei Jahre lang frei verkäuflich sein, anschließend seine Verfügbarkeit schrittweise verringert und schließlich, außer für den medizinischen Gebrauch, ganz verboten werden (Lowes 1966, 97; Taylor 1969).

Der Meinungsumschwung Bischof Brents und seiner Kommission beruhte wesentlich auf der Tatsache, daß die amerikanischen Besucher bei ihrem Aufenthalt in China mit einem ganz neuen Gefühl nationalen Selbstbewußtseins Bekanntschaft gemacht hatten, das seinen

Höhepunkt kurz vor Brents Besuch im Aufstand einer, von den Europäern geringschätzig "Boxer" genannten, religiösen Geheimgesellschaft gefunden hatte, deren Ziel es war, die fremden Imperialisten samt ihrer chinesischen Kollaborateure zu beseitigen. Auch nach der blutigen Niederschlagung des Boxeraufstandes wurde in einer Welle nicht nachlassenden nationalen, antiimperialistischen Engagements jede Verletzung chinesischer Rechte mit großer Aufmerksamkeit und Empörung wahrgenommen.

Im Kampf der Chinesen für ihre Unabhängigkeit kam dem Opium eine besondere Bedeutung zu. Die Droge war 180 Jahre lang Werkzeug zur Ausbeutung Chinas durch Fremde gewesen, nun war der Kampf gegen das Opium, weit über seine moralischen und gesundheitlichen Implikationen hinaus, zu einem Symbol des Befreiungskampfes gegen die Hegemonialmächte geworden. Die Haltung gegenüber dem Opiumproblem wurde zu einer Art Gretchenfrage für Chinas Verhältnis zum Ausland. Eine Nation, die eine nichtrestriktive Opiumpolitik verfolgte, hatte es schwer, mit Freundschaftsbeteuerungen beim chinesischen Volk Glauben zu finden (Iriye 1974).

Für die USA galt dies in besonderem Maße, denn wegen der Art, wie es im eigenen Land mit Chinesen umgegangen war und immer noch umging, standen die Vereinigten Staaten im Ruf der Chinesenfeindlichkeit. Ohne die Prämissen und Absichten der amerikanischen *open-door-policy* zu kennen oder gar mit der wohlüberlegten Absicht, durch Beschwichtigung Chinas den amerikanischen Handelsimperialisten den Weg zu ebnen, kam die Brent-Kommission mit ihrem Befund, daß eine restriktivere Opiumpolitik Amerikas zum Abbau der Spannungen zwischen beiden Länder beitragen würde, dieser Politik entgegen (Lasch 1958).

Brent übermittelte den Schlußbericht seiner Kommission der Regierung im Juni 1904. Zu diesem Zeitpunkt befand sich das amerikanisch-chinesische Verhältnis auf einem bislang nicht gekannten Tiefpunkt. Von nichts waren die Chinesen weiter entfernt, als amerikanische Freundschaftsbeteuerungen ernst zu nehmen. Während aus den USA verlautete, die Interessen Amerikas seien "identisch mit den Interessen der Chinesen selbst" (Iriye 1974, 34), verabschiedete der Kongreß ein Gesetz zum Ausschluß chinesischer Arbeiter.

Als dessen Resultat riefen die Kaufleute Chinas, von ihrer Regierung stillschweigend unterstützt, zu einem Embargo amerikanischer Waren auf, das höchst wirksam befolgt wurde. Die entsetzten amerikanischen Kaufleute befürchteten den totalen Verlust ihres profitträchtigsten Marktes und sprachen von "der größten wirtschaftlichen Katastrophe, die Amerika jemals erlitt" (Chailé-Long 1906, 314).

Schlagartig wurde deutlich, daß die gesamte Politik der "Offenen Tür", von der man sich so viel versprochen hatte, im Begriff war zu scheitern, ja, vielleicht schon gescheitert war. Präsident Roosevelt jedenfalls schien entschlossen, die Strategie der politischen Unterstützung und Freundschaft mit China aufzugeben und die amerikanischen Interessen mit Waffengewalt durchzusetzen: beim Kongreß beantragte er $ 100.000 zur Finanzierung eines Feldzuges gegen China. Senat und Kongreß freilich hielten ein solches Unternehmen für zu riskant und plädierten weiterhin für Maßnahmen, die die chinesischen Vorbehalte gegenüber Amerika zu dämpfen geeignet waren. In einem Senatsbericht heißt es hierzu:

> Wir müssen den guten Willen des chinesischen Volkes gewinnen, oder zumindest seine Feindschaft überwinden, damit wir in die Lage gesetzt werden, ebenbürtig mit den anderen Nationen in den Kampf um den Preis des Orients, den Chinahandel, eintreten zu können (Mark 1975, 58).

Während das Embargo amerikanischer Waren durch China andauerte und die US-Regierung noch schwankte, ob die amerikanischen Interessen nun besser mit Gewalt oder mit freundlicher Annäherung durchzusetzen seien, erreichte den Präsidenten ein Brief von Bischof Brent, in welchem dieser einen folgenreichen Vorschlag unterbreitete:

> Meine Erfahrungen als Mitglied des Philippinen-Opium-Komitees führen mich zu der Ansicht, daß das Opiumproblem es verdient, daß Schritte zur Einleitung internationaler Maßnahmen unternommen werden. Nun, da wir die Aufgabe haben, dieses Problem in unseren eigenen Besitzungen zu bewältigen, sollten wir eine Bewegung ins Leben rufen, die Vertreter aller Länder zusammenführt, in denen der Konsum und Handel von Opium gegenwärtig eine Rolle spielt. Warum sollten wir nicht hoffen können, eine Bestandsaufnahme der aktuellen Lage auf Basis wissenschaftlicher Untersuchungen wie auch auf praktischen Beobachtungen zu initiieren, an der sich neben uns England, Frankreich, Holland, China und Japan beteiligen? Die einzige Chance für China ist gemeinsames Handeln. Als Nebenfrage, aber als Überlegung, die meiner Ansicht nach den Wert einer solchen Bewegung erhöhen würde, könnte dies auf gewissem Gebiet jene Nationen einen, die entweder von Natur aus oder durch dortige

> Besitzungen orientalisch sind. Nichts ist dem Frieden dienlicher als ein gemeinsames Ziel (US House of Representatives 1906).

Brents Vorschlag kam genau zur rechten Zeit und fand die sofortige Zustimmung Präsident Roosevelts. Die Abhaltung einer internationalen Konferenz bot dem Präsidenten die Gelegenheit, Amerika sowohl vor der chinesischen als auch vor der Weltöffentlichkeit endlich glaubhaft als Freund Chinas darzustellen – die möglicherweise letzte Chance zur Rettung der *open-door-policy*. Die direkte Konfrontation mit den anderen Kolonialmächten, auf die Brent geschickt anspielte, bot zudem Gelegenheit, vor allem Großbritannien mit seiner Pro-Opium-Politik von einer weniger vorteilhaften Seite zu zeigen und auf diese Weise gegenüber den Europäern ein Stück Boden auf dem Weg zur Weltmacht gutzumachen (Taylor 1969; Lowes 1966).

3.3. Die Konferenz von Shanghai

Zur Vorbereitung der von Bischof Brent vorgeschlagenen internationalen Drogenkonferenz setzte Präsident Roosevelt den Arzt Hamilton Wright ein, der sich in der Tropenmedizin einen gewissen Namen gemacht hatte. Zum Teil freilich verdankte Wright diese Berufung seiner Ehe mit Elisabeth Washburn, einer führenden Vertreterin des *progressive movements* und politischen Mitstreiterin Roosevelts.

Bei der gemeinsamen Festlegung von Ort und Datum der Konferenz hatte Wright bereits einen Vorgeschmack auf den Widerstand bekommen, den Amerika zu überwinden haben würde. Sorgen bereitete es Wright vor allem, daß die USA selbst kein Gesetz zur Bekämpfung des Opiums auf ihrem eigenen Territorium besaßen. Wright begann daher für den Erlaß entsprechender Gesetze mit dem Argument zu werben, daß man auf der Konferenz anderenfalls kaum "das Gesicht wahren" könne. Stark beeinflußt von der Vorstellung, daß Opiatabhängigkeit eine heilbare Krankheit sei, verwies er unablässig auf die Gefahren des Drogenkonsums für die USA. Er schreckte dabei keineswegs davor zurück, gemeinsam mit den Standesorganisationen der Ärzte und Apotheker, besonders auf die Gefahren hinzuweisen, die Angehörige rassischer Minderheiten unter Drogeneinfluß darstellten.

Wrights Bemühungen um inneramerikanische Gesetzgebung wurden in letzter Minute, nämlich im Februar 1909, wenige Tage vor dem Beginn der Konferenz in Shanghai, mit dem *Opium Exclusion Act* wenigstens teilweise erfüllt. Das Gesetz verbot den Import von

Rauchopium und von Opium zu nichtmedizinischen Zwecken.

Die Sitzungen der Opium-Commission begannen unter Wrights Vorsitz im Februar 1909. Die Niederlande und Großbritannien hatten ihre Beteiligung von vornherein von der Bedingung abhängig gemacht, daß die Konferenz nur als ein Gremium von Beratern, ohne Kompetenz zu verbindlichen Beschlüssen, einberufen wurde. Am Ende der Konferenz wurden neun Resolutionen verabschiedet, die meistens nur die Interessenkonflikte der Teilnehmer in weitgespannten Kompromißformeln zusammenfaßten. In Resolution Nr. 3 hieß es, der nichtmedizinische Gebrauch von Opium sei für "fast alle teilnehmenden Nationen eine Angelegenheit, die verboten oder sorgfältig geregelt werden" müsse (Bruun et al. 1975, 11).

Damit war lediglich der Dissens zwischen Amerika, das für Prohibition eintrat, und England, das allenfalls administrative Regelungen zu treffen bereit war, protokolliert. In bezug auf den nichtmedizinischen Konsum, den Handel und Verkehr mit Morphin konnte man sich auf kein gemeinsames Vorgehen einigen, was in der nichtssagenden Absichtserklärung, "einschneidende Maßnahmen zu ergreifen", seinen Niederschlag fand (Terry/Pellens 1928, 633).

Die Enttäuschung der amerikanischen Delegation über den Konferenzverlauf erreichte ihren Höhepunkt, als ihr Antrag auf Einberufung einer Folgekonferenz rundweg abgelehnt wurde. Besonders die Niederlande, Großbritannien, die Türkei und das Deutsche Reich machten keinen Hehl aus ihrer Abneigung, sich weiter mit den USA über Drogen auseinanderzusetzen.

Daß Amerika sich mit seiner Auffassung vom Drogenkonsum als moralisch verwerflichem und auszumerzendem Verhalten nicht hatte durchsetzen können, führten Wright und Brent auf das Fehlen eines innerstaatlichen Prohibitionsgesetzes in den USA zurück.

> Die Zurückhaltung der meisten Nationen erhöhte die Entschlossenheit der amerikanischen Delegation, ihre Aufrichtigkeit mit handfester Gesetzgebung und dramatischen Aktionen zur inländischen Narkotikakontrolle unter Beweis zu stellen (Musto 1973, 36).

Zurück in den USA ergriff Wright sogleich Partei für die Umsetzung der Resolution von Shanghai in Gesetze, wobei er die vagen und halbherzigen Formulierungen von Shanghai dem Kongreß gegenüber als die Notwendigkeit ausgab, zur Erfüllung von "Amerikas Verpflichtungen" nunmehr endlich ein solches Prohibitionsgesetz zu erlassen.

3.4. Die Foster-Novelle

Gegen Ende des Jahres 1909 legte Wright einen unter seiner Federführung entstandenen Gesetzentwurf vor, der Drogenhändlern das Führen und Aufbewahren ihrer Geschäftsunterlagen auferlegte und eine Steuer vorsah, die in Form einer auf der Verpackung anzubringenden Steuerbanderole zu entrichten war. Personen, die andere als die auf diese Weise legalisierten Drogen besaßen, sollten nach dem Entwurf wegen eines Steuervergehens mit Geldstrafe zwischen $ 500 und $ 5.000 und/oder Freiheitsstrafe von einem bis zu fünf Jahren bestraft werden können.

Entsprechend seiner auf die außenpolitische Glaubwürdigkeit der Vereinigten Staaten in Drogenfragen gerichteten Zielsetzung wurde dieser Entwurf im April 1910 von dem Vorsitzenden des auswärtigen Ausschusses, David Foster, in den Kongreß eingebracht. In den folgenden Anhörungen der betroffenen Interessengruppen wurde bald deutlich, daß der Verabschiedung des Entwurfes der erbitterte Widerstand vor allem der pharmazeutischen Industrie, der Standesorganisationen der Ärzte, Apotheker und Drogisten entgegenstand, die Gesetzesinitiativen nur solange mitgetragen hatten, wie diese keine wirklichen Einschränkungen bedeuteten.

Die Beanstandungen richteten sich gegen den bürokratischen Aufwand, den das Gesetz erfordere, und gegen die These von der suchterzeugenden Wirkung der betroffenen Substanzen. Generell wurde die Notwendigkeit eines Kontrollgesetzes verneint, da problematische Auswüchse angesichts eines wachsenden öffentlichen Problembewußtseins auch ohne den Gesetzgeber unter Kontrolle zu bringen seien. Tatsächlich konnten die Opponenten des Entwurfes für diese These gewichtige Argumente anführen. So war seit dem Inkrafttreten des *Pure Food and Drug Act* der Verkauf von drogenhaltigen Medikamenten um ein Drittel zurückgegangen (Austin 1978, 201).

Auch auf die Gefahr der Heraufbeschwörung eines illegalen Drogenmarktes wiesen die Gegner der Novelle hin, und schließlich kündigten sie sogar ihre mögliche Weigerung an, das Gesetz zu befolgen. Selbst ein Appell Präsident Tafts an den Kongreß, "dafür zu sorgen, daß das Haus in Ordnung ist, wenn 1911 die Internationale Opiumkonferenz in Den Haag wieder zusammentritt" (Musto 1973, 45), konnte keinen Umschwung mehr herbeiführen.

Unter dem Eindruck dieses massiven Widerstandes verstärkten die Befürworter des Gesetzes ihre Initiative durch dramatische und übertriebene Ausmalung der Gefahren des Drogenkonsums. In dem

Maße, wie sich allgemeine kontroll- und ordnungspolitische Regulationswünsche als nicht durchsetzungsfähig erwiesen, wurde auf angebliche Problemlagen hingewiesen, die unverhohlen an rassistische Vorbehalte anknüpften. So erklärte Wright: "Es ist von kompetenter Stelle festgestellt worden, daß Kokain direkter Auslöser für Vergewaltigungsverbrechen durch die Neger der Südstaaten ist" (vgl. Musto 1973, 43).

Zu einer Zeit, in der in den Südstaaten Versuche, die Rechte der ehemaligen Sklaven wieder zu beschneiden, auf deren zum Teil gewaltsamen Widerstand gestoßen waren, konnten Warnungen vor "der aufputschenden Wirkung, die Kokain auf die unteren Schichten der Negerbevölkerung der Südstaaten hat", mit einiger Wirkung rechnen. Mit Bemerkungen dieser Art suchte Wright besonders Abgeordnete aus den Südstaaten für die Zustimmung zur Foster-Novelle zu gewinnen. Doch dies gelang nicht: Befürchtungen, durch ein Bundesgesetz gegen Drogen Einbußen an staatlicher Polizeibefugnis zu erleiden, behielten die Oberhand. Im Februar 1911 war die Foster-Novelle endgültig gescheitert – sie wurde zurückgezogen.

Dennoch markiert sie einen wichtigen Schritt bei der Entwicklung der Drogenfrage zu einem Problem: Kokain, ein bislang wertfrei betrachtetes Anregungsmittel, trug fortan den Makel, aufrührerische, kriminelle Aktivitäten zu stimulieren. Wrights Beschwörung des schwarzen, gewalttätigen Kokainisten hatte ihr direktes Ziel zwar verfehlt, wirkte aber auf ihre eigene Weise weiter: Mit dem Argument, amoklaufende schwarze Kokainmonster seien mit normalen Handfeuerwaffen nicht mehr zu stoppen, wurden die Polizeieinheiten der Südstaaten von 32er-Waffen auf solche vom Kaliber 38 aufgerüstet (Musto 1973, 73).

Mit der Niederlage der Foster-Novelle waren die Hoffnungen, die sich mit der Konferenz von Den Haag verbanden, beträchtlich gesunken. Wrights größte Befürchtung war Wirklichkeit geworden, Amerikas Delegierte kamen ohne eigenes Drogengesetz nach Den Haag und hatten, wie er voraussah, "den Vorwurf zu gewärtigen, in einem Glashaus zu sitzen, das ohne jeden Zweifel über ihren Köpfen zusammenbrechen wird" (Lowes 1966, 139).

3.5. Die Konferenz von Den Haag

Daß außerhalb Amerikas kaum irgendwo ein Regelungsinteresse vorhanden war, hatten schon die mehr als schleppenden Vorbereitungen auf die Haager Konferenz vermuten lassen. Gleich bei ihrem Beginn im Dezember 1911 brachen die alten Gegensätze wieder unvermindert hervor, besonders zwischen den USA und Großbritannien.

Die deutsche Delegation versuchte auf ihre Weise, "alle strikten Maßnahmen zu torpedieren, die die besondere Position ihrer Pharmahersteller hätten bedrohen können" (Taylor 1969, 102). Nachdem der deutsche Antrag abgelehnt worden war, Kokain von der Liste der zu kontrollierenden Substanzen zu streichen, verlegte man sich auf eine Verzögerungstaktik. Deutschland erklärte, nur zwölf Staaten könnten keine für die ganze Welt verbindliche Konvention beschließen, weshalb das Deutsche Reich dieselbe erst dann ratifizieren könne, wenn sie zuvor von allen Drogen und Pharmaka produzierenden Staaten unterzeichnet worden sei. Da die Türkei, einer der größten Opiumhersteller, so wenig Interesse an einer internationalen Vereinbarung zeigte, daß sie erst gar keine Delegation nach Den Haag entsandt hatte, war von vornherein offenkundig, daß mit Deutschlands Strategie die Haager Opium-Konvention blockiert war.

Es dauerte bis nach Beendigung des Ersten Weltkrieges, daß Deutschland und seine Alliierten in den Versailler Verträgen zur Ratifizierung der Haager Opium-Konvention gezwungen und verpflichtet wurden, innerhalb eines Jahres implementierende Gesetze zu erlassen. Der amerikanisch-deutsche Vertrag über die Wiederherstellung freundschaftlicher Beziehungen enthält einen gleichlautenden Passus (Scheerer 1982).

Das Resultat der Konferenz, das Internationale Opium-Abkommen von Den Haag, auferlegte den vertragsschließenden Parteien keinesfalls strenge Kontrollmaßnahmen. Produktion und Distribution der dem Abkommen unterfallenden Substanzen – Opium, Kokain und deren Derivate – sollten durch ein abgestuftes System regulativer Maßnahmen überschaubar gemacht werden. Zu diesem Zweck übernahmen die Unterzeichner Verpflichtungen hinsichtlich des Im- und Exportes, der genauen Warendeklaration und -kennzeichnung, der Erteilung von Herstellungs- und Handelsgenehmigungen sowie Importlizenzen und dergleichen. Der Erlaß von Arzneimittelgesetzen sollte den Gebrauch von Drogen auf ausschließlich medizinische Zwecke beschränken. Ferner enthielt das Abkommen die Verpflichtung, Maßnahmen gegen unkontrollierte Drogenabgabe an Unberechtigte zu ergreifen.

Auf welche Weise dies alles durchzuführen war, blieb dem freien Ermessen des jeweiligen Unterzeichnerstaates überlassen, wobei ausdrücklich Raum für nationale Besonderheiten und Interessen gelassen wurde.

Insgesamt war das Abkommen eher eine internationale Handels- und Wirtschaftsübereinkunft als die Regelung eines sozialen Problems. Es griff weder in das Recht des Arztes ein, nach eigenem Ermessen Drogen zu verschreiben, noch verpflichtete es die Teilnehmerstaaten zum Erlaß von Strafgesetzen.

Allerdings erklärten sich die Unterzeichner bereit, die Möglichkeit strafbewehrter Gesetze zu überprüfen, um unerlaubten Drogenbesitz bekämpfen zu können. Doch auch hier ging es weniger um die Kontrolle der Konsumenten als darum, eine Handhabe gegen unregistrierte Drogenbestände von Ärzten, Apothekern und Pharmaproduzenten zu schaffen (Bruun 1975, 12).

3.6. Die Verabschiedung des Harrison-Gesetzes

Durch die Ergebnisse der Haager Konferenz ermutigt, unternahmen die Befürworter eines Kontrollgesetzes einen neuen parlamentarischen Anlauf. Ein mit der Foster-Novelle nahezu identischer Gesetzentwurf wurde in den Kongreß eingebracht, diesmal von dem Abgeordneten Francis B. Harrison.

Die Opponenten eines Drogengesetzes hatten sich inzwischen in einer wohlorganisierten Vereinigung, der *National Drug Trade Conference* (*NDTC*) zusammengefunden, in welcher die American Medical Association die Führungsrolle übernommen hatte.

Damit hatten die Kontrollgegner, obwohl sie sich mit den gleichen Argumenten wie zuvor gegen die Foster-Novelle artikulierten, einen beträchtlichen Gewinn an Effizienz erzielt, denn die Stoßkraft ihrer Einwände wurde nun nicht mehr durch interne Reibereien der jeweiligen Lobbyisten und Standesorganisationen beeinträchtigt. Die Protagonisten des Gesetzes hingegen, die die für sie bitteren Erfahrungen beim vergeblichen Anlauf mit der Foster-Novelle nicht ein zweites Mal machen wollten, hielten sich mit der Durchführung eines parlamentarischen Anhörungsverfahrens so lange zurück, bis die Beteiligten unter Ausschluß von Kongreß und Öffentlichkeit schließlich einen Kompromiß ausgehandelt hatten.

Als dieser nach dreijährigen, zähen Verhandlungen endlich vorlag, hatte sich die *NDTC* mit wesentlichen Änderungswünschen durchgesetzt, die die Harrison-Novelle weit weniger einschneidend machte als ihre Vorgängerin.

Wegen der außerparlamentarischen Vorabklärung der meisten Streitfragen verlief die Debatte im Kongreß harmonisch und konfliktfrei – sie war nur noch eine Formalität. Im Gegensatz zu den erbitterten Auseinandersetzungen bei der Lesung der Foster-Novelle erübrigte es sich auch, zur Untermauerung des Gesetzesbedarfs auf angeblich kriminelle Minderheiten zu rekurrieren. Statt dessen verwies man einhellig auf Amerikas in Den Haag angeblich eingegangene Verpflichtungen. "Selbst Senator Mann" – Anführer einer Gruppe von Senatoren, die kompromißlos für den Einsatz des Strafrechts als Stütze der öffentlichen Moral eintrat –, "der die Gesetzesbegründung vor dem Senat abgab, sprach von internationalen Verpflichtungen und nicht von innerstaatlichen Moralfragen" (Brecher 1972, 49).

Am 17. Dezember 1914 unterzeichnete Präsident Woodrow Wilson den Harrison Narcotic Act,[3] ein Steuergesetz, das nichts enthielt, was darauf hindeutete, daß es innerhalb weniger Jahre – am Gesetzgeber vorbei – zum repressiven Instrument im Kampf gegen drogenkonsumierende Bürger umgeformt werden würde.

Neben der Erschließung einer Geldquelle für den Fiskus war mit dem Harrison-Gesetz beabsichtigt, den nicht-privaten Verkehr mit Opium, Kokain, deren Derivaten und Zubereitungen, von der Einfuhr in die Vereinigten Staaten bis hin zur Abgabe an den Endverbraucher durch seine Kanalisierung überschaubar zu machen. Die erhobene Steuer war gering; sie belief sich auf 1 Cent pro Unze (=23,35 g) und war so weniger zur prohibitiven Verteuerung der besteuerten Produkte geeignet als z.B. die heutigen Tabak- und Branntweinsteuern.

Zu entrichten war die Steuer von den Importeuren beim Überführen der Drogen auf amerikanisches Territorium, und zwar auf die denkbar einfachste Weise durch das Anbringen von Steuermarken auf den einzelnen Frachtstücken. Wer Drogen besaß, kaufte, verkaufte oder weitergab, die nicht aus – mittels aufgeklebter Steuerbanderole – versteuerten Importen stammten, machte sich der Steuerhinterziehung schuldig.

Die im Inland umlaufenden, kleineren Drogenmengen brauchten dagegen nicht mit Steuermarken versehen zu sein. Um aber auch hier eine gewisse Markttransparenz herzustellen, mußten all jene, die von

[3] Das Gesetz ist abgedruckt in Terry/Pellens (1928), 983 f.

Berufs wegen mit Drogen zu tun hatten – Importeure, Großhändler, Apotheker, Ärzte aller Fachrichtungen und Wissenschaftler – sich beim Schatzministerium registrieren lassen. Die jährlich zu erneuernde Registrierung war gebührenpflichtig, je nach Profession betrug die Gebühr $ 1 bis $ 24.

Damit die Registrierungspflicht schwer umgehbar wurde, durften Handelsgeschäfte nur noch unter Benutzung amtlicher Vordrucke abgewickelt werden, die ausschließlich an Registrierte abgegeben wurden. Diese Dokumente und alle weiteren Aufzeichnungen mußten aufbewahrt und den Beamten der Steuerbehörde auf Verlangen ausgehändigt werden.

Alles in allem liefert das Harrison-Gesetz das Bild eines regulativen Branchengesetzes zum Zwecke der steuerpflichtigen Organisierung des legalen, professionellen Handels und Verkehrs mit Drogen. Es enthielt weder Vorschriften zu Reinheit, Qualität, Etikettierung oder Verpackung noch beschränkte es in irgendeiner Weise den Personenkreis, der sich registrieren lassen (und damit mit Drogen handeln) durfte. Wer mit wem und in welchem Maße Drogenhandel trieb, wer Drogen konsumierte und wieviel -dies alles waren Fragen, die das Gesetz der freien Entscheidung der Betroffenen weiterhin überließ.

Eine gesonderte Passage des Gesetzes schloß die ärztliche Abgabe von Drogen an Konsumenten ausdrücklich von seinen Restriktionen aus:

> Ausgenommen von den Bestimmungen dieses Abschnitts ist die Verschreibung oder Abgabe einer der vorerwähnten Drogen an einen Patienten, die ein unter diesem Gesetz registrierter Arzt, Zahnarzt oder Tierarzt ausschließlich in Ausübung seiner beruflichen Praxis vornimmt.

Ebenfalls ausdrücklich von den Bestimmungen des Gesetzes ausgenommen waren Personen, die Drogen aufgrund eines Rezeptes besaßen, das "zu legitimen Zwecken" und "in gutem Glauben" ausgestellt worden war.

Eingeschränkt wurde nur der Drogenhandel der Apotheken, Drugstores und Warenhäuser. Wo Drogen bisher in jeder Menge und Konzentration über den Ladentisch zu bekommen waren, galt dies nach Erlaß des Gesetzes nur noch für Substanzen, die nicht mehr als zwei Grain Opium, 1/4 Grain Morphin, 1/8 Grain Heroin und 1 Grain Kodein sowie entsprechende Zubereitungen, jeweils pro Unze, enthielten.

Die für den Konsumbereich einzig relevante Neuerung, die Einschränkung der Abgabefreiheit, bedeutete für die Konsumenten kaum eine nennenswerte Schmälerung ihrer Drogenressourcen. Wer seinen Bedarf ohnehin über den Hausarzt zu decken pflegte, mag von dem Gesetz zunächst kaum etwas bemerkt haben. Diejenigen freilich, die sich bislang der Patentmedizinen bedient hatten, mußten sich nun an Ärzte wenden, die durch das Harrison-Gesetz zur einzig legalen Quelle, zumindest für abhängigkeitsstillende Drogenmengen geworden waren. "...Hundertausende von gesetzestreuen Abhängigen fanden sich plötzlich in den Wartezimmern der Ärzte wieder" (Duster 1970, 15).

Da der Harrison-Act keinerlei Einfluß auf die Indikation einer Drogenmedikation genommen hatte, blieben die Ärzte bei ihrer schon vor dem Gesetzeserlaß geübten Praxis, nahezu jedem Patienten das gewünschte Rezept zu erteilen, egal ob dieser ein schmerzhaftes Leiden hatte oder abhängig und sonst gesund war. Die gesetzlich sanktionierte Praxis spielte sich auf ein Verfahren ein, das in neuerer Terminologie auf den Begriff Erhaltungsmedikation gebracht wurde: Der abhängige Patient erhält ohne jede weitere Indikation die Drogenmenge, die er zur Unterdrückung der Entzugserscheinungen und zum subjektiven Wohlbefinden benötigt. Die Ärzte fungierten in den meisten Fällen lediglich als Abgabestellen. Therapie mit dem Ziel der Abstinenz fand in der Regel nicht statt, es sei denn, der Patient wünschte dies.

Den Status der Drogenabhängigen und -konsumenten ließ der Harrison-Act moralisch wie materiell unverändert. Wie weit das Gesetz davon entfernt war, als Maßnahme gegen Konsumenten mißverstanden zu werden, verdeutlicht das Beispiel Tennessees, wo nach Inkrafttreten des Gesetzes die Süchtigen selbst sich beim Schatzministerium offiziell und in dieser Eigenschaft registrieren lassen durften, damit ihre regulären Drogenquellen nicht versiegten.

3.7. Die Durchsetzung des Harrison-Gesetzes

Mit dem Erlaß eines Gesetzes ist nicht automatisch sichergestellt, ob und wie es ausgelegt und durchgesetzt wird. Die Variationen bei der Regeldurchsetzung hängen nicht nur von Macht, Größe und der personellen, strukturellen und technischen Ausstattung des hiermit beauftragten Stabes, sondern vor allem davon ab, ob die Angehörigen der mit der Regeldurchsetzung betrauten Institution hiermit ein persönliches Interesse verbinden. Dieses kann einmal in der persönlichen Berührtheit durch die Verletzung der durchzusetzenden Regel liegen, zum anderen, und dies scheint weitaus häufiger der Fall zu sein, mit der Hoffnung auf einen Zuwachs an institutioneller Macht verbunden sein. Die Wichtigkeit des Faktors "persönliches Interesse" ist vor allem von Howard Becker immer wieder hervorgehoben worden (Becker 1963, 110).

Auch nach Erlaß eines förmlichen Gesetzes wird bei Regelverstößen häufig erst dann Alarm geschlagen, wenn jemand sich in seinen Interessen bedroht fühlt. Anderenfalls geschieht häufig nichts.

So kommt es vor, daß ein neu erlassenes Gesetz die anvisierte Problemlage in keiner Weise berührt, geschweige denn löst, daß vielmehr nur die Aufmerksamkeit einer öffentlichen Meinung als Resultat der Gesetzesverabschiedung, mit der ihre Proponenten sich am Ziel wähnen, abgelenkt wird und entschwindet. Beim Fehlen wirksamer Durchsetzung macht die Beschwichtigungsfunktion eines Gesetzes dasselbe zur Stütze eines ungehinderten und noch effektiveren Verfolgens der Interessen, die eigentlich illegitimiert werden sollten (vgl. Edelman, 1976)

Mit Inkrafttreten des Harrison-Gesetzes am 1. März 1915 fiel seine Ausführung automatisch in die Zuständigkeit des *Bureau of Internal Revenue*, der Steuerbehörde im Bundesschatzministerium. Bis zum September 1916 ließen sich dort 47.000 Apotheker, 1.600 Drogenhändler, -hersteller und -importeure und 172.000 Ärzte (einschl. Zahn- und Tierärzte) registrieren. Die Masse der eingehenden Dokumente machte es den Beamten unmöglich, die gemachten Angaben systematisch und detailliert nachzuprüfen. Da das Harrison-Gesetz weder vorsah noch erlaubte, für Steuerermittlungen Beamte der Bundespolizeibehörden einzusetzen, wurden den Beamten der Steuerfahndung, die mit weit weniger Ermittlungskompetenz als die reguläre Polizei ausgestattet waren, Delikte nur äußerst selten bekannt, meist nur durch Zufall oder Anzeigen Dritter (King 1974, 21).

Es ist eine Besonderheit des amerikanischen Rechtssystems, daß Bundesbehörden erst dann in die prinzipiell den einzelstaatlichen Organen vorbehaltene Strafverfolgung eingreifen dürfen, wenn Straftaten bestimmter Art aufzuklären sind. Solche Delikte enthielt der Harrison-Act nicht. Die Beamten des *Bureau of Internal Revenue* fürchteten daher nicht zu Unrecht, daß bei der Durchführung des Gesetzes für sie nur das Sammeln und Verwalten von Formularen und der Verkauf von Steuermarken übrigbleiben würde.

Anders hätte es dagegen für die Behörde ausgesehen, wenn nicht nur steuerliche und buchhalterische Aufgaben, sondern auch die Verfolgung und Ahndung krimineller Delikte in ihren Kompetenzbereich gefallen wären. Und genau diese Richtung, nämlich hin auf die Akquisition von Kontrollkompetenzen, schlug das Amt ein, indem es entsprechende Ausführungsbestimmungen für die Handhabung des Harrison-Acts erließ. Der darin enthaltenen Gesetzesinterpretation zufolge war zunächst reinen Drogenkonsumenten die Registrierung als Drogenbezieher nicht mehr erlaubt.

In der Hoffnung, deren Verschreibungspraktiken zu beeinflussen, wurden Ärzte und Apotheker mit umständlichen Aufzeichnungs- und Buchhaltungsvorschriften eingedeckt, die diese zwar nicht eben begeistert, aber widerspruchslos hinnahmen, weil sie noch in dem Glauben waren, diese Bestimmungen würden letztlich nur der weiteren Festigung ihres Drogenmonopols dienen (Platt/Labate 1976, 19).

Der Besitz von Drogen, so wurde weiter festgelegt, gelte als "prima facie"-Beweis für einen Gesetzesverstoß, womit die Beweislast für den legalen Drogenbesitz zu Lasten des Betroffenen umgekehrt wurde. Doch auch wenn jemand ein gültiges Rezept vorweisen konnte, sollte ihn dies nur dann entlasten, wenn nicht eine Erhaltungsmedikation, sondern eine "normale" Dosis zum Zwecke der "Heilung" verschrieben worden war (Platt/Labaste 1976).

Damit war der erste Schritt zur folgenreichen Einschränkung sowohl des ärztlichen Rechts, nach freiem Ermessen Drogen zu verschreiben, als auch der bislang unangetasteten Konsumfreiheit getan. Mit einem Federstrich wäre zugleich die ärztliche Berufsfreiheit empfindlich eingeschränkt und das Recht zur ungehinderten Selbstmedikation der Patienten aufgehoben worden. Der Schaffung einer Klasse von Kriminellen und der Kompetenzerweiterung der obersten Finanzbehörde stünde nichts mehr im Wege.

Schon wenig später unternahm das Amt weitere Versuche, dem regulativen Harrison-Gesetz eine repressiv-prohibitive Stoßrichtung zu geben. In einem Runderlaß vom 9. März 1915 wies es die Apothekerschaft an, nur noch Rezepte einzulösen, die nicht "ungewöhnlich große Mengen" auswiesen. Bei den Apothekern setzte sich langsam die Überzeugung durch, daß die Hoffnungen, die sie mit dem Harrison-Act verbunden hatten, trügerisch gewesen waren und nun durch eine Politik zerstört zu werden drohten, die allem Anschein nach darauf zielte, den nicht-medizinischen Drogenkonsum ganz zu unterbinden und zugleich die Entscheidungsmacht über die damit verbundenen medizinischen und pharmakologischen Sachfragen außerhalb ihrer Einflußsphäre zu konzentrieren: Von nun an sollte die Durchsetzung des Harrison-Gesetzes nicht mehr mit Unterstützung, sondern gegen den erbitterten Widerstand der Apotheker vor sich gehen.

Während sich bereits im Justizministerium Zweifel an dieser Auslegung des Harrison-Gesetzes zu regen begannen, tat die Steuerbehörde am 11. Mai. 1915 mit einer neuerlichen Verordnung einen weiteren Schritt zur totalen Drogenprohibition. Diesmal wurde festgelegt, daß im Rezept angewiesene Dosierungen, die größer seien, "als es notwendig ist, die Bedürnisse des Patienten in einem normalen Fall zu stillen", vom verschreibenden Arzt der Behörde gegenüber schriftlich zu begründen seien. Über die Prinzipien der Drogenverschreibung wurde festgelegt:

> Die Rezepte sollten den guten Willen des Arztes zur angemessenen Ausübung seines Berufes dadurch widerspiegeln, daß abnehmende Dosierungen verabreicht und mit jedem Rezept eine kleinere Menge der Droge verschrieben wird (US Treassury Department 1915).

Erstmals kommt hier die Forderung nach Abstinenz in einer juristischen Bestimmung offiziell zum Ausdruck. Von hier aus entwickelten sich daher auch die Interessen der Ärzteschaft und der staatlichen Kontrollinstanzen in entgegengesetzte Positionen. Die Verordnung des Schatzministeriums zielte aber vor allem auf die Eliminierung legaler Drogenquellen für den nicht-medizinischen Gebrauch.

Die gegen die Legalität der abhängigkeitserhaltenden Drogenabgabe gerichteten Verordnungen der Steuerbehörde konnten freilich nur dann rechtlichen Bestand haben, wenn sie aus dem Harrison-Gesetz hergeleitet werden konnten. Problematisch war dabei vor allem, daß die Generalklauseln "legitime ärztliche Berufsausübung" und "in gutem Glauben" weder im Gesetz selbst noch in irgendwelchen anderen Bestimmungen exakt umrissen waren. Soweit Gesetze und Rechtsprechung überhaupt Stellungnahmen zu medizinischen Themen enthielten, so war dies vor allem die von sämtlichen Obergerichten vertretene Auffassung, daß jegliche juristische Intervention in die Freiheit der ärztlichen Berufsausübung verfassungswidrig sei (Eldridge 1967).

Mit Hilfe der anfangs nur zögernd kooperierenden Justizbehörden begann die Steuerbehörde damit, Strafverfahren gegen drogenverschreibende Mediziner in Gang zu bringen. Nach rasch eingespielter Prozedur wurden die Ärzte jedoch nicht der verbotenen Drogenverschreibung, sondern der Beihilfe zum unerlaubten Drogenbesitz bezichtigt. Dahinter stand die Absicht, mit dem Verfahren gegen den Arzt zugleich auch Ermittlungen gegen den Konsumenten auszulösen, da die Verurteilung des Arztes ungesetzliches Verhalten des Konsumenten voraussetzte. Und zwar nach Abschnitt 8 des Harrison-Gesetzes, wo festgelegt war, daß der Besitz von Drogen durch nicht registrierte und durch Personen, die ihre Steuern nicht bezahlt hatten, eine Gesetzesverletzung darstellte, wovon nur jene ausgenommen waren, denen die Drogen "in gutem Glauben" durch einen Arzt verschrieben wurden. Mangels dem deutschen Strafrecht vergleichbarer Vorsatz- und Irrtumsregeln konstituierte so die Verurteilung eines Arztes zugleich ein Beihilfedelikt beim Konsumenten.

Die Steuer- und Justizbehörden nutzten geschickt ihren Vorteil, im Hinblick auf die Erfolgschancen "ausgesuchte" Fälle vor die Obergerichte bringen zu können, d.h. Fälle, wo die angeklagten Ärzte tatsächlich sehr unbedacht Drogen in großen Mengen verschrieben hatten. Dennoch blieb die Rechtsprechung zunächst durchweg bei ihrer Auffassung, daß in die ärztliche Berufsausübung nicht eingegriffen werden dürfe und entschied gegen das Schatzministerium.

So heißt es in der Entscheidung *US vs. Woods,*[4] Drogenbesitz "durch eine unregistrierte Person", ein nach den Harrison-Gesetz strafbares Delikt, könne Konsumenten gerade deswegen nicht vorgeworfen werden, da diesen ja die Registrierung bei der Steuerbehörde nicht erlaubt war. Damit wurde eine Rechtsauffassung bestätigt, die kurze Zeit vorher schon in *US vs. Friedman*[5] zum Freispruch des angeklagten Arztes geführt hatte.

Der Entscheidung *US vs. Jin Fuey Moy* kommt für die ersten Jahre des Harrison-Gesetzes die Funktion des *leading case* zu. Jin Fuey Moy, ein Arzt aus Pittsburgh, hatte einem abhängigen Patienten 1/16 Unze Morphinsulfat verschrieben und war deshalb, der Verfolgungsstrategie der Behörde entsprechend, wegen Beihilfe zum unerlaubten Drogenbesitz angeklagt worden. Seine Medikation habe nicht therapeutischen Zielen gedient, sondern "dem Zweck, einen Opiumsüchtigen mit Drogen zu versorgen".

Die Verurteilung von Arzt und Patient stand und fiel so mit der Frage, ob die abhängigkeitserhaltende Drogenabgabe noch innerhalb der Grenzen legitimer ärztlicher Berufsausübung sei. Der District Court bejahte dies in seiner Entscheidung vom 13. Mai 1915 vorbehaltlos und sprach den Angeklagten frei.[6]

Im darauffolgenden Verfahren vor dem Supreme Court bil-

---

[4] 224 Fed. Rep. 278 (1915)
[5] 224 Fed. Rep. 276 (1915)
[6] US vs. Jin Fuey Moy, 225 Fed. Rep. 1003 (1915)

dete die suchterhaltende Drogenmedikation ebenfalls die Kernfrage. Nach ausführlicher Verhandlung und der Anhörung mehrerer Sachverständiger bestätigte das oberste Gericht mit 9 : 2 Stimmen den Spruch der Vorinstanz. Wie diese betrachtete der Supreme Court den Harrison-Act als reines Steuergesetz für eine bestimmte Berufssparte. Jemand der nicht professionell als Arzt, Pharmahersteller oder Apotheker etc. mit Drogen umging, sondern diese lediglich konsumiere, könne das Gesetz überhaupt nicht verletzen, da er nicht zum Kreis der Regelungsadressaten zähle.

Überdies machte das Gericht klar, daß die Ausdehnung des Harrison-Gesetzes jenseits von Steuer- und Handelsangelegenheiten unvereinbar mit der Verfassung sei. Dies gelte vor allem für den Versuch von Regierungsbeamten, direkten Einfluß auf die Grenzen legitimer ärztlicher Berufsausübung zu nehmen.[7]

Für die Steuerbehörde war diese Entscheidung eine empfindliche Niederlage: Sie entzog ihrem Kontrollanspruch den Boden, und damit dem Wunsch, zur inhaltlichen Auslegung und Kontrolle des Harrison-Gesetzes Planstellen für Beamte mit quasi-polizeilichen Kompetenzen zugewiesen zu bekommen. Die Angriffe des Steueramts auf das Harrison-Gesetz waren zunächst abgeschlagen. Und zwar nicht nur durch die Rechtsprechung, sondern zum Teil auch durch die Strafverfolgungsbehörden selbst. So teilte der oberste Strafverfolger des Staates Nevada dem Bundessteueramt, nachdem dieses ihn mit belastendem Material über zwei Ärzte aus Reno versorgt und um Eröffnung eines Strafverfahrens gebeten hatte, mit:

> Ich kann nicht sehen, daß das Ausstellen eines Rezeptes – selbst wenn dabei auf seiten des Arztes ein Mangel von gutem Willen im Spiel war und es nicht in Ausübung der legitimen ärztlichen Berufsausübung erteilt wurde – durch irgendeinen Tatbestand der Verbotsabschnitte des Gesetzes in der Weise erfaßt wird, daß man das Vorliegen einer Straftat annehmen könnte (Musto 1973, 128).

Ähnlich äußerten sich die obersten Strafverfolgungsbehörden der anderen Bundesstaaten. Der stellvertretende Justizminister Wallace sah sich daher zu der Erklärung genötigt, daß im Hinblick auf das Harrison-Gesetz, "die Situation schwierig ist, weil die Richter der Vereinigten Staaten Zweifel an der Verfassungsmäßigkeit des Gesetzes haben und es in den meisten Fällen ablehnen" (Musto 1973, 127).

Aus diesem Grund regte sich im Justizministerium Mißbilligung gegenüber der aggressiven Durchsetzungspraxis des Steueramtes.

[7] US vs. Jin Fuey Moy, 241 US 394 (1916)

Nachdem Mahnungen des Ministeriums zur Mäßigung bei der Steuerbehörde wenig Beachtung gefunden hatten, wies der stellvertretende Bundesjustizminister schließlich Ende 1915 die Strafverfolgungsbehörden der Einzelstaaten offiziell und dringlich an, bei der Anwendung des Harrison-Gesetzes besonders sorgfältig auf die Einhaltung der Verfassung zu achten. Die Regierung war der Überzeugung, daß die Schranken der Verfassung für ein prohibitives Drogenstrafrecht unüberwindbar waren. In dem Erlaß des Justizministeriums an die einzelstaatlichen Staatsanwaltschaften heißt es:

> Es scheint uns die richtige Auslegung des Gesetzes zu sein, daß ein Arzt absolut vor dem Vorwurf einer Verletzung des Gesetzes geschützt ist, wenn ein schriftliches Rezept vorliegt und der Arzt beim Steueramt registriert ist, und zwar auch dann, wenn der Arzt das Rezept einem Drogensüchtigen erteilt und absolut keine Heilungsabsichten verfolgt (Musto 1973, 127).

Auf Basis dieser Rechtsauffassung war die Rechtmäßigkeit der ärztlichen Drogenverschreibung an Abhängige vorläufig gesichert.

Kapitel 4
Die Durchsetzung des Abstinenzprinzips

Nach der Entscheidung im Falle *US vs. Jin Fuey Moy*[8] mußte man im Steueramt davon ausgehen, daß die restriktive Auslegung der geltenden Fassung des Harrison Gesetzes von der Rechtsprechung auf absehbare Zeit nicht akzeptiert werden würde. Es blieb nur die Möglichkeit, die Auffassung der Behörde auf dem Weg über den Gesetzgeber, nämlich durch die Novellierung des Harrison-Gesetzes, durchzusetzen. Aber die Chancen, die Regierung für eine Neufassung des Gesetzes zu gewinnen, standen ebenfalls nicht gut: Die in der Entscheidung *US vs. Jin Fuey Moy* vertretene Auffassung befand sich durchaus nicht im Widerspruch zur Ansicht des Gesetzgebers. So nahm man im Steueramt zunächst eine abwartende Haltung ein, wurde aber sofort wieder aktiv, als der politische Klimawechsel, den vor allem Entwicklungen um den Kriegseintritt der Vereinigten Staaten auslösten, neue Chancen für normorientierte Initiativen eröffnete.

4.1. Politischer Klimawechsel

Während der ersten anderthalb Jahrzehnte des 20. Jahrhunderts war das politische Klima in den Vereinigten Staaten stark von der Vorstellung beeinflußt, daß parallel zu Amerikas sich rasant entwickelnder kapitalistischer Wirtschaft auch die Arbeits- und Lebensbedingungen der arbeitenden Bevölkerung verbessert werden sollten. Im sogenannten *Progressive Movement*, einer Bewegung überzeugter *liberals*, die an die Reformfähigkeit des amerikanischen politischen und wirtschaftlichen Systems glaubten, war diese Idee entstanden. Sie fand großen Anklang bei den Politikern vor allem der Republikanischen Partei, wo ein 'fortschrittlicher' Flügel entstand, und als dessen dominierende Figur, Theodore Roosevelt, im September 1901 Nachfolger des einem Attentat zum Opfer gefallenen Präsidenten William

[8] 254 U.S. 394 (1916)

McKinley wurde, begann in der politischen Geschichte der Vereinigten Staaten jener Zeitabschnitt, den die Historiker später mit dem anspruchsvollen Begriff 'Progressive Ära' bezeichnet haben.

Die progressive Bewegung war in erster Linie eine Reaktion auf den Notschrei der Armen, deren Anzahl während der vorangegangenen Jahrzehnte des Laissez-Faire-Kapitalismus' immer weiter gestiegen war, während sich ihre soziale Lage zugleich noch verschlechtert hatte. Das Proletariat bezahlte mit bitterer Armut für den Reichtum einer kleinen Finanzaristokratie und den wachsenden Wohlstand der emporstrebenden städtischen Mittel- und Oberschichten. Trotz der prosperierenden Unternehmen konnte sich der Arbeiter nicht einmal seines Arbeitsplatzes sicher sein; zwischen 1894 und der Jahrhundertwende lag die Arbeitslosenquote nie unter 10 Prozent. Dennoch gingen im Jahr 1900 mindestens 1,7 Millionen Kinder unter 15 Jahren regelmäßiger Arbeit nach. Wie die erwachsenen Arbeiterinnen und Arbeiter mußten auch sie durchschnittlich 12 Stunden täglich unter Bedingungen schuften, die ohne Einschränkung durch Arbeits- oder Sozialgesetze ganz von Laune und Willkür der Unternehmer abhingen.

In den – dank des neuartigen Eisenbahnwesens – von den Fabriken wie von den bürgerlichen Wohnvierteln und Erholungsgebieten abgeschiedenen städtischen Slums und Barackensiedlungen, die ohne Rücksicht auf das Privatleben und die Gesundheit der Bewohner gebaut wurden, lebten Hunderttausende auf engstem Raum ohne Kanalisation, fließendes Wasser, Müllabfuhr und ärztliche Versorgung. Nach von Faulkner wiedergegebenen Erhebungen lebten Ende des 19. Jahrhunderts 80% der amerikanischen Bevölkerung am Existenzminimum (Faulkner 1968, 21).

Die verständliche Unzufriedenheit der Industriearbeiter und abhängigen Farmer, deren Lage nach den beschriebenen Entwicklungen im Gefolge des Bürgerkrieges ebenfalls nicht besser geworden war, hatte nach 1890 zu vielerlei Konflikten und teilweise heftigen Revolten geführt. Die Arbeiter begannen sich zu organisieren und für ihre Rechte zu kämpfen. Weithin sichtbar wurde dies bei mehreren schweren Unruhen unter den Eisenbahnarbeitern, den bürgerkriegsähnlichen Auseinandersetzungen zwischen streikenden Metallarbeitern und gekauften Streikbrechern 1892 in Homestead, Pennsylvania, und nicht zuletzt der Gründung des Gewerkschaftsdachverbandes *American Federation of Labor* (AFL) im Jahr 1886 oder der militanten Geheimorganisation der Farmer und Arbeiter, der *Knights of Labor* und der *Greenback*-Bewegungen, die um diese Zeit mehr als zwei Millionen Mitglieder zählten (Jeffreys-Jones 1977, 235 ff.).

All dies hatte einen Schatten auf die sonst so glänzenden Triumphe der kapitalistischen Expansion geworfen und ihre Nutznießer zunehmend beunruhigt; sie sahen ernste Gefahren für die bestehenden Verhältnisse. Die Angst vor dem Klassenkampf, von dem nicht nur die meisten Progressiven glaubten, daß er unmittelbar bevorstünde, bildet den Hintergrund für die Reformen der Progressiven Ära. Ähnlich wie bei den Bismarckschen Sozialreformen in Deutschland war das politische Motiv der herrschenden Schicht der Vereinigten Staaten in der Fortschrittlichen Ära reine Selbsterhaltung. Es ging ihr um zweierlei: mit gemäßigten sozialen Reformen jene gesellschaftlichen Mißstände abzumildern, die sich zu systembedrohendem Aufbegehren der arbeitenden Klassen zuzuspitzen drohten, und sich zugleich der politischen Unterstützung der immer stärker werdenden Mittelschichten zu vergewissern (vgl. Kolko 1963; Williams 1961).

Es ergingen Gesetze gegen Kinderarbeit und die Ausbeutung weiblicher Arbeitskräfte. Man kam den Reformforderungen der Farmer entgegen, und es wurden die Anti-Trust-Gesetze und Bestimmungen gegen politische Korruption erlassen. Der Staat richtete Wohlfahrtsorganisationen ein und organisierte Armenspeisungen.

Obwohl all diese Maßnahmen darauf gerichtet waren, die Massen zu beschwichtigen und unter Kontrolle zu behalten, sensibilisierten sie gleichwohl viele aufrichtig an wirklichen Reformen Interessierte für öffentliche und private Ungerechtigkeiten und Mangelsituationen. Die halbherzigen Reformen der Regierung erweckten den Wunsch nach grundlegenden sozialen Veränderungen und regten das Ersinnen radikaler politischer Alternativen und utopischer Gesellschaftsmodelle an.

Eine von Roosevelt geringschätzig 'Muckraker' (Mistharker, Schmutzaufwühler, Nestbeschmutzer) genannte Gruppe von Schriftstellern und Journalisten rüttelte die Öffentlichkeit mit genau recherchierten und brilliant vorgetragenen Enthüllungen über Betrug und Korruption in Parteien und Kirchen, Staat und Wirtschaft auf. Berühmt gewordene Beispiele sind die Aufdeckung der brutalen Geschäftsmethoden der *Standard Oil Company* durch Ida M. Tarbell und die Beschreibung der hygienischen und sozialen Zustände im Chicagoer Schlachthof durch den jungen Upton Sinclair. Der schon erwähnte *Pure Food and Drug Act* wäre wohl kaum erlassen worden, wenn Sinclair seinen Landsleuten den Appetit auf medizinisch und hygienisch unkontrollierte Lebensmittel nicht gründlich verdorben hätte (Herms 1980).

In dieser für politische und soziale Veränderungen scheinbar günstigen Situation ertönten bald auch die Stimmen der bislang noch immer eher ruhig gewesenen Arbeiter. Immer selbstbewußter und fordernder artikulierten sie ihren Anspruch auf einen gerechten Anteil an dem von ihnen produzierten Reichtum. Am deutlichsten zeigte sich die zunehmende Politisierung und Militanz der Arbeiter in ihrer wachsenden Bereitschaft, sich gewerkschaftlich und politisch zu organisieren.

So stieg während der Progressiven Ära die Mitgliederzahl des zuvor lange Zeit unbedeutend gewesenen Gewerkschaftsdachverbandes *American Federation of Labor* sprunghaft an. Beim Ausbruch des Ersten Weltkrieges betrug sie annähernd 5 Millionen. Vor allem eine Arbeiterorganisation, die *Industrial Workers of the World*, kurz IWW oder 'Wobblies' genannt, schockierte die Führer der jungen Industrienation mit ihrer klar sozialistischen Zielsetzung, ihrer Kampfbereitschaft und vor allem dem großen Zuspruch, den die Wobblies bei den Eisenbahn- und Fabrikarbeitern, den Bergleuten und landwirtschaftlichen Wanderarbeitern fand; in fast jedem größeren Betrieb gab es Aktivisten, die den Arbeitern die Ziele der Wobblies nahe brachten.

Auch die Mitgliedschaft der 1901 gegründeten *Socialist Party of America* (SPA) schien unaufhaltsam zu wachsen. Mit Eugene V. Debs, dem Führer der großen Eisenbahnerstreiks des Jahres 1894, an ihrer Spitze, errang die Partei bei den Kongreßwahlen von 1904 bereits 4% der Wählerstimmen. Von 1908 bis 1912 verdreifachte sich die Zahl ihrer Mitglieder. Bei den Kongreßwahlen 1912 steigerte sie ihren Stimmenanteil auf 6%. Ihre größten Erfolge erreichte die SPA jedoch bei lokalen Wahlen: 56 Städten und Gemeinden der Vereinigten Staaten stand im Jahr 1912 ein sozialistischer Bürgermeister vor; die Organisierung und Politisierung des Proletariats schritt voran (Jeffreys-Jones 1977).

So wurde spätestens während der Amtszeit Präsident William Howard Tafts (1909 bis 1913) die Erkenntnis unabweisbar, daß die während der vergangenen Jahre gerufenen Geister von Reform und sozialer Veränderung ein den Interessen des Großkapitals immer mehr zuwiderlaufendes, kaum kontrollierbares Eigenleben führten. Das Proletariat hatte sich von den Reformen der Progressiven Ära nicht beschwichtigen lassen, im Gegenteil. Es verlangte nach mehr, empfand diese Reformen gewissermaßen als Vorgeschmack auf wirkliche Veränderungen. Und je länger diese auf sich warten ließen, desto ungeduldiger pochte die Arbeiterschaft auf die nicht nur halbherzige Einlösung der von Staat und Unternehmern gemachten Reformversprechen.

Zum Erschrecken über diese ungewollte Entwicklung kam die Erkenntnis, daß der soziale Konsens auch innerhalb der Mittelschichten zunehmend zerfiel. Zu viele divergierende Kräfte zerrten an ihm – einerseits verlangte eine aufstrebende, städtische Elite Macht, Einfluß und ihren Anteil am Reichtum der Industrieführer, andererseits stieg unter dem Einfluß der *muckrakers* und der Polarisierung der Gegensätze zwischen Kapital und Arbeit die Zahl derjenigen, die sich den Sozialisten anschlossen, auch gerade hier, besonders unter den Intellektuellen. Hieraus resultierte bei den Herrschenden das Bedürfnis nach einem neuen, starken, allgemein anerkannten, die Gegensätze einebnenden zentralen Fokus, mit dem sich die auseinanderstrebenden sozialen Kräfte bündeln und die Gemeinsamkeit der Bürger oder wenigstens ihr Anschein wieder herstellen ließ.

4.2. Der Erste Weltkrieg

Diese Funktion erfüllte der Erste Weltkrieg, in den die USA – nach annähernd zwei Jahren der Vorbereitung – im April 1917 mit ihrer Kriegserklärung an das Deutsche Reich eintraten. Nun zogen alle an einem Strang, die sozialen Konfliktparteien stellten ihre Auseinandersetzungen angesichts der nationalen Bedrohung zurück, und in den Vordergrund allen politischen Denkens und Handelns trat die bedrohte amerikanische Nation und der Kampf gegen ihre Feinde. Wie immer, wenn ein Staat sich im Kriegszustand befindet, so war auch hier ein opferbereiter Patriotismus erste Tugend der Bürger.

Diese politische Strategie, die mit einer rassistischen und imperialistischen Außenpolitik die potentiell gefährliche Arbeiterklasse nun auf andere Weise als mit kleinen Reformen im Inland ablenken sollte, ist in neueren Untersuchungen zum Imperialismus auf den Begriff "Sozialimperialismus" gebracht worden (vgl. Wehler 1974; LaFeber 1963; Williams 1961, 1961a).

Für die USA leitete die Kriegsteilnahme eine der dramatischsten Phasen politisch-kultureller Veränderungen ihrer Geschichte ein. Wie diese Wende sich vollzog und mit ihr entscheidend die Weichen für die weitere Karriere des Drogenproblems gestellt wurden, wird im folgenden dargestellt.

Zur Mobilisierung von Amerikas Kräften für die bevorstehenden Anstrengungen des Krieges reichte es – wie von vornherein klar schien – nicht aus, lediglich die wehrtauglichen jungen Männer des Landes zu mustern und bewaffnet nach Übersee zu schicken. Für das siegreiche Bestehen im Weltkrieg kam es vielmehr darauf an, den effektivsten Einsatz Amerikas industrieller und ökonomischer Ressourcen sicherzustellen. Auf den *common sense* und die naturwüchsigen Kräfte von Amerikas Wirtschaft wollte man sich dabei nicht verlassen, und so wurde im Weißen Haus ein aus Regierungsmitgliedern zusammengesetzter Nationaler Verteidigungsrat gegründet und damit beauftragt, "in Zeiten der Not die unverzügliche Zusammenfassung und optimale Nutzung der wirtschaftlichen und industriellen Möglichkeiten des Landes" in die Wege zu leiten (Dorfman 1971, 20).

Das Ergebnis war die Einrichtung zahlreicher Gremien und Komitees, die mit weitreichenden Eingriffskompetenzen ausgestattet waren. Das *War Industry Board* regelte bis ins Detail die Kriegsproduktion und machte die Industrieherren zu bloßen Vollstrekkern der Regierungswünsche, das *Railroad Industry Board* verstaatliche vorübergehend alle Eisenbahngesellschaften; gleiches geschah im Straßenwesen und mit den Telephon- und Telegraphengesellschaften; für Investitionen war eine Genehmigung des *Capital Issues Committee* notwendig, und ohne Erlaubnis des *War Trade Board* durften keine Im- und Exportgeschäfte getätigt werden.

Weitere Gremien erließen Vorschriften für die Produktion und Verteilung von Nahrungsmitteln, Benzin, Heizöl, Kohle und setzten Höchst- und Niedrigstpreise fest.

Schließlich gab es noch das *War Labor Board*, das Arbeitskämpfe in kriegswichtigen Betrieben untersagte, das streikende Arbeiter und unwillige Direktoren entlassen und notfalls ganze Fabriken beschlagnahmen konnte (Leuchtenburg 1964; Nelson 1971).

Amerikas heterogene, libertinäre "Laissez-Faire-Ökonomie" wurde auf diese Weise über Nacht zu einer – in dieser Hinsicht – quasisozialistischen Planwirtschaft, und was Amerikas politische Landschaft so veränderte: alle diese Behörden waren nicht parlamentarisch kontrolliert. Die Staatsmacht lag ausschließlich bei der Exekutive und hier wieder allein bei Präsident Woodrow Wilson, der 1913 das höchste Amt im Staate übernommen hatte.

Wilson ordnete bei allen seinen Entscheidungen die Freiheitsrechte der Bürger stets den vermeintlichen oder tatsächlichen Erfordernissen des Krieges unter. Mit Verweis auf die Sachzwänge, die ihm der Krieg auferlege, war es Wilson ein leichtes, jegliche Kritik, gleich ob seitens der Öffentlichkeit, der Presse oder von Senat oder Repräsentantenhaus, von vornherein wirksam zu unterbinden. Der Historiker Mark Sullivan beschrieb diese Entwicklung im Jahr 1932 als

> ...die umfassendste Unterwerfung des Einzelnen unter den Staat, die es in irgendeinem Land bis dahin je gab. Es war die abrupte Umkehrung einer seit Jahrhunderten kontinuierlich vorangeschrittenen politischen Entwicklung. Seit den Tagen der Magna Charta war der politische Wandel im Kern stets in Richtung auf die Reduzierung der staatlichen Macht zugunsten des einzelnen Bürgers verlaufen. Nun gab sich, nach nur sechs Monaten, der Einzelne geschlagen, und der Staat nahm sich zurück, was ihm in Jahrhunderten des Kampfes abgerungen worden war (Sullivan 1961, 490).

Der Regierung wurde die Preisgabe der Bürgerrechte dadurch erleichtert, daß – wie wohl stets in solchen Zeiten – auch in den Vereinigten Staaten ein vom Krieg beflügelter Patriotismus rasch in überschwenglichen und intoleranten Chauvinismus umgeschlagen war. Doch auch diesen Umschwung überließ die Wilson-Regierung nicht einem naturwüchsig sich vollziehenden Wandel der öffentlichen Meinung, sondern forcierte ihn mit gezielter Propagandaarbeit einer Vielzahl staatlicher und privater Organisationen.

An der Spitze dieser Kampagne agierte eine staatliche Zensurbehörde, das mit finanziellen Mitteln reich ausgestattete *Government Committee on Public Information* auf eine Weise, die einen zeitgenössischen Beobachter zu der Bemerkung veranlaßte, die Regierung habe die öffentliche Meinung wie einen Soldaten zum Krieg dienstverpflichtet und auf das Salutieren, das Strammstehen und den Stechschritt abgerichtet (Kolko 1963). Dem staatlichen Beispiel folgte man mit der Gründung privater Propagandaorganisationen, etwa der *National Security League*, der *American Defense Society* oder der *National Civic Federation.*

Diese Gruppen waren keine patriotischen Bürgerinitiativen mit breiter Mitgliederbasis, sondern von konservativen Interessengruppen installierte Propagandaorganisationen. Ihre weitgreifenden Gesinnungsfeldzüge wurden von Geschäftsleuten und Industriekonzernen, ihnen voran John D. Rockefeller und die *Standard Oil*, mit riesigen Geldbeträgen finanziert. Das vorgebliche Ziel dieser Organisationen, die Bildung und Unterstützung eines "hundertprozentigen

Patriotismus", eines "neuen Geistes der amerikanischen Vaterlandsliebe", richtete sich in Wahrheit auf die Aufrechterhaltung des Privateigentums und die Absicherung der privaten Kapitalinteressen. Ihr Kampf galt allem, was den Privatbesitz gefährden konnte. Während des Krieges verbreiteten diese Organisationen unzählige Broschüren und Flugschriften, veranstalteten Vortragsreihen bei Frauen- und Berufsverbänden, Standesorganisationen, in Schulen und Universitäten, in Krankenhäusern und bei den Pfadfindern, sie gaben mehrere Zeitschriften heraus, lancierten Artikel und sorgten dafür, daß ihre Pamphlete von amerikanischen Arbeitern in den Lohntüten vorgefunden wurden.

Mit dramatisierenden Warnungen vor angeblich allgegenwärtiger Verschwörung, Spionage und Sabotage heizte diese Propaganda das ohnehin schon hitzige Klima des allgemeinen Verdachts und des Hasses gegenüber allem Andersartigen weiter auf. Unter ihrem Einfluß verwandelten sich vorübergehend Hunderttausende von unpolitischen und toleranten Amerikanern in Superpatrioten und selbsternannte Spionagebekämpfer. Schon ein fremdländisches Äußeres, ein ausländischer Name oder Akzent konnten Mißtrauen und schlimme Verdächtigungen auslösen (Kolko 1963; Williams 1961; Murray 1955).

Weil auch im Kongreß die Bereitschaft gesunken war, den von der Regierung vorgenommenen drastischen Einschränkungen der bürgerlichen- und Freiheitsrechte Widerstand entgegenzusetzen (Swisher 1971), hatte es die Regierung, die weder in den Medien noch als Meinungsäußerung von Individuen die leiseste Kritik an ihrer Kriegspolitik duldete, nicht schwer, mit dem Erlaß von entsprechenden Strafgesetzen das Vorgehen gegen Andersdenkende noch zu verschärfen. Als erste Gesetze in dieser Kette wurden im Jahre 1917 das Gesetz gegen Spionage (*Espionage-Act)*[9] und im folgenden Jahr das Verschwörungsgesetz (*Sedition Act)* erlassen.[10]

Schließlich erlaubte es ein 1918 erlassenes Gesetz, Personen festzunehmen und aus den USA zu deportieren, "die für den gewaltsamen Umsturz der Regierung der Vereinigten Staaten eintraten".[11] Gemeinsam war den in diesen Gesetzen unter Bezeichnungen wie "Verschwörung", "Zeigen der Roten Fahne", "Kriminelle Anarchie", "Krimineller Syndikalismus" geschaffenen Tatbeständen, daß zu ihrer Verwirkung nicht etwa ein geschütztes Rechtsgut verletzt zu werden

[9] Statutes at Large, XL 219
[10] Statutes at Large, XL 553
[11] Statutes at Large, XL. 1012, vgl. Murray 1955

brauchte, sondern daß reine Meinungsäußerungen zu einer Verurteilung ausreichten. Ende 1919 hatten bereits zwanzig Bundesstaaten solche Gesetze in Kraft gesetzt.

Mit bis zu 20 Jahren Freiheitsstrafe konnte als "Spionage" bestraft werden,

> falsche Berichte oder falsche Feststellungen mit der Absicht zu verbreiten, Einfluß auf die Operationen und den Erfolg der militärischen Einheiten der Vereinigten Staaten zu nehmen oder den Erfolg des Gegners zu fördern ... oder Ungehorsam, Befehlsverweigerung, Unloyalität oder Meuterei in Heer und Marine der Vereinigten Staaten zu tragen ... oder vorsätzlich die Arbeit der Rekrutierungsbehörden zu stören.

Ebenfalls 20 Jahre Freiheitsstrafe wurde für "Verschwörung" angedroht, die darin bestand

> unloyale, lästerliche, skurrile, lächerlich machende oder mißbräuchliche Äußerungen über die Regierungsform der Vereinigten Staaten oder die Verfassung der Vereinigten Staaten oder die militärischen Uniformen der Vereinigten Staaten sowie Äußerungen, die zum Widerstand gegen die Vereinigten Staaten aufrufen oder die die Feinde unterstützen, zu äußern, zu drucken oder zu publizieren. (zit. nach Murray 1955, 13 f).

4.3. Politische Unbotmäßigkeit und Disziplinierung

Anders als man es erwartet hatte, entspannte sich die innenpolitische Situation nicht, als mit dem Waffenstillstand vom November 1918 der Krieg beendet wurde. Im Gegenteil, die alten Konflikte brachen unvermittelt wieder hervor und neue, die sich während des Kriegs angestaut hatten, aber latent geblieben waren, entluden sich nun, da man vom Stillhaltezwang der Kriegsjahre befreit war, umso heftiger. Unzufrieden waren vor allem die 4 Millionen Kriegsteilnehmer, die nach ihrer Heimkehr auf eine ökonomische Situation trafen, die ihre Wiederintegration zunächst verhinderte: Aufgrund der plötzlich ausbleibenden Rüstungsaufträge sank Amerikas Industrieproduktion unmittelbar nach Kriegsende um mehr als 10%, so daß nicht nur die Kriegsheimkehrer wenig Aussicht auf baldige Beschäftigung hatten, sondern auch die Arbeitsplätze der neun Millionen noch in der Rüstungsindustrie Beschäftigten in Gefahr waren (Soule 1947, 83).

Daher forderte die weiter erstarkte Arbeiterschaft – ihr Organisationsgrad verzehnfachte sich in den ersten 20 Jahren des Jahrhunderts

– mit immer größeren Nachdruck nicht nur einen Lohnausgleich für den 99prozentigen Preisanstieg der Kriegsjahre, sondern auch weitreichende Reformen am kapitalistischen System.

Daß die Arbeiter im Begriff zu sein schienen, an den Grundfesten des Kapitalismus' zu rütteln, wirkte beunruhigend vor allem wegen der politischen Veränderungen und Umbrüche, die im lange Zeit politisch so stabilen Europa stattgefunden hatten: In Irland herrschte offene Rebellion gegen die britische Regierung, Polen führte Krieg gegen Rußland, Rumänien hielt Ungarn besetzt, in Frankreich stürzte eine Regierung nach der anderen, in Italien drohte Mussolinis faschistische Bewegung mit dem Sturz der Regierung, und in München hatte es gerade einen rechten Putschversuch gegeben.

Mehr noch als all dieses hatte der Zusammenbruch des feudalkapitalistischen Systems im größten Land der Erde die Gemüter erregt. Für die einen war die Oktoberrevolution schreckliches Vorzeichen für ähnliche Geschehnisse im eigenen Land, für andere dagegen war sie Vorbild, Ansporn und Hoffnung – das 'letzte Gefecht' aber erschien allen nahe und unvermeidbar.

So konstituierten sich im Jahr 1919 gleich zwei kommunistische Parteien, die beide das sowjetische Vorbild möglichst bald auch in den Vereinigten Staaten verwirklichen wollten. Daß diese Parteien insgesamt nur etwa 40.000 Mitglieder zählten, beruhigte ihrer Gegner durchaus nicht. Die Oktoberrevolution hatte ja soeben bewiesen, daß radikale Veränderungen auch ohne die langwierige Bekehrung einer Mehrheit möglich waren; in Rußland hatte die Partei der Bolschewiki 5 Monate vor der Revolution auch nur 11.000 Mitglieder gezählt.

Auch den Unternehmern ging es um grundlegende, allerdings rückwärtsgerichtete, Veränderungen, weshalb sie ebenfalls eine Strategie des Konflikts verfolgten. Ihre Stellung war während der Progressiven Ära und in der Zeit des Muckraking in vielerlei Hinsicht schwächer geworden. Nun aber hatten die Kriegsanstrengung, die Produktion der siegreichen Schiffe, Flugzeuge und Kanonen, nicht nur finanzielle Lage, sondern auch das öffentliches Ansehen der Unternehmer sehr verbessert, und sie wollten keine Zeit verlieren, diese Gelegenheit zur Wiederherstellung des Laissez-Faire-Kapitalismus zu nutzen, wie er zur Zeit des spanisch-amerikanischen Krieges geherrscht hatte. Mittelfristiges Ziel auf dem Weg dorthin war es, mit der Zerschlagung des Gewerkschaftssystems die sozialistischen Bestrebungen im Proletariat ein für allemal zu beenden (vgl. Mowry 1965; 1971).

Die so von beiden Seiten bewußt angestrebte Konfrontation gab dem Arbeitskampf bislang nicht gekannte Dimensionen. Die Arbeitskämpfe des Jahres 1919 übertrafen alles, was die Vereinigten Staaten bislang auf diesem Gebiet erlebt hatten. Über vier Millionen Arbeitnehmer beteiligten sich an 3.600 Streiks. Besonders die großen Arbeitsniederlegungen im Bergbau und der Stahlindustrie bewiesen, daß die Errichtung bundesweiter und haltbarer Streikfronten möglich war und für die Nation lebenswichtige Industriezweige durch geschlossenes Handeln der Gewerkschaften völlig lahmgelegt werden konnten.

Als die Streikwelle mit dem Ausstand der gesamten Bostoner Polizei auch noch auf diejenigen übergriff, die sich bislang immer willig zum Kampf gegen Streikende einsetzen ließen, schien die Sicherheit des Staates ernsthaft bedroht. Da aber keine Seite nachzugeben gedachte, verschärften sich zwangsläufig die Auseinandersetzungen und nahmen bald gewalttägige Formen an. Unternehmensführer ließen Gewerkschaftler einschüchtern, bedrohen und entführen, und bei verschiedenen Versuchen, Streikbrecher einzusetzen, gab es Straßenschlachten und Schußwechsel. Schließlich kam es noch zu einer Serie von Bombenanschlägen auf prominente Politiker, Richter und Industrielle (Soule 1947).

Es nimmt nicht wunder, daß es den Herrschern über Industrie und Kapital in dieser Atmosphäre nicht schwerfiel, die breite Öffentlichkeit davon zu überzeugen, daß die amerikanische Arbeiterbewegung von höchst gefährlichen Agitatoren durchsetzt sei, die die Regierung stürzen, die Verfassung abschaffen und eine kommunistische Diktatur errichten wollten. "Jeder Streik", erklärte der Bürgermeister von New York, "ist eine kleine Revolution und die Generalprobe für eine große". Worauf es ankam war, die 'guten' von den 'bösen' Arbeitern zu scheiden. Im Justizministerium wurde zu diesem Zweck eine Abteilung gegen die Umtriebe Radikaler gegründet. An ihre Spitze berief man den jungen Edgar J. Hoover – es war die Geburtsstunde des FBI. Mit Razzien, Festnahmen, Durchsuchungen von Gewerkschaftsbüros, Privatwohungen von Arbeitern etc. versuchte man dem Radikalenproblem beizukommen und blies so zu einer Hetzjagd, vor der keine unkonventionelle Lebens- und Denkweise mehr sicher sein konnte (Mowry 1971).

All dies fügte sich bruchlos in das schon im Krieg entstandene Klima der Intoleranz. Nun aber bekämpfte man nicht mehr einen äußeren Feind, sondern jagte das 'Unamerikanische' in den eigenen Reihen. Es scheint, als ob der einmal geweckte Haß gegen den Kriegsgegner, da dieser nun niedergeworfen war, jetzt unbefriedigt nach neuen Objekten suchte: "Außerstande Hand an die verhaßten Hunnen zu legen, machte die Heimatfront Sündenböcke aus allen, der auf irgendeine Weise nicht konform waren" (Murray 1955, 138).

Das für die Karriere des Drogenproblems so wichtige Resultat dieser Entwicklung war, daß über politische Fragen, etwa Einstellungen zu Amerikas Kriegspolitik, den Arbeitskämpfen etc. hinaus die allgemeine Intoleranz auf immer entlegenere Bereiche der Moral und persönlichen Lebensführung übergriff. Bisher toleriertes Verhalten wurde mit der groben Elle 'Americanism' neu gemessen und den diffusen Kategorien 'Bolshevism' oder 'Patriotism' zugeordnet – etwas anderes als diese beiden Extreme schien es nicht mehr zu geben.

Das vom Staat im Krieg demonstrierte gewaltsame Lösen von Interessenkonflikten, sein Umgang mit Andersdenkenden und Fremden – was ja in der Regel gerade nicht Ressentiments, Aggressionen und "Strafbedürfnisse" in der Bevölkerung im Sinne einer Katharsis stellvertretend befriedigt und abführt (vgl. Ranulf 1963; Steinert 1980) – lieferte nun Modell und Rechtfertigung für das von den Einschränkungen eines obsoleten Toleranzgebots befreiten, ungehinderten Vorgehens gegen alles Andersartige.

So verwundert es nicht, daß die blutigsten Rassenunruhen der bisherigen amerikanischen Geschichte, die meisten Fememorde und Lynchings gerade in diese Zeit fallen (Peterson/Fite 1957, insb. 87 ff).

"Unter solchen Umständen", faßt der Historiker Murray den politischen Klimawechsel nach dem Ende der Progressiven Ära zusammen, "hatten das freie Spiel der Meinungen und die Möglichkeit zu freiem und unabhängigem Handeln praktisch zu existieren aufgehört" (Murray 1955, 122).

4.4. Der Angriff auf die Konsumenten

Bis hierher wurde lediglich ein sehr allgemeiner sozialer Wandel beschrieben. Im folgenden soll nun gezeigt werden, wie diese politischen, ökonomischen und kulturellen Veränderungen sich auf die Neubewertung des Drogenkonsums auswirkten. Denn obgleich es so sein mag, daß abweichendes Verhalten letztlich Ausfluß von etwas Allgemeinem und Umfassendem, nämlich den ausbeuterischen kapitalistischen Produktionsverhältnissen ist (vgl. Werkentin 1972), so läßt doch der ausschließliche Rückgriff auf derart abstrakte Strukturen bei der Erklärung von Kriminalität zu viele Fragen offen, so daß in der Tat auf diese Weise nur "vulgärmarxistische" Erklärungen möglich wären.

Ein Prototyp des Kontrolleurs ist in der interaktionistischen Kriminolgie seit den Arbeiten von Becker (1963) und Dickson (1977) zum *Marijuana-Tax-Act* die Figur des "Moralunternehmers". Ob dieser nun für die Definition eines Verhaltens als abweichend kämpft, weil er es moralisch mißbilligt (Becker) oder weil er damit den Fortbestand und Ausbau einer von ihm geführten Kontrollbehörde sichern will (Dickson), seine Motive sind eher persönlich; sie scheinen zumindest wenig beeinflußt von den Strukturen der industriellen Produktion, ihren Zyklen und dem damit verbundenen gesellschaftlichen Wandel. So gesehen erscheint der Erfolg des Moralunternehmers bei der Etablierung einer neuen Kategorie von Abweichung in erster Linie als Resultat seines persönlichen Geschicks und seiner Durchsetzungsfähigkeit.

Beckers und Dicksons – im übrigen durchaus kontroverse – Erklärungen für die Genese des Marihuanaverbots verführen gleichermaßen dazu, die Rolle des Moralunternehmers in ihrer Wichtigkeit zu überschätzen. Die Gegenthese wäre, daß die entscheidenden Ursachen für den Erfolg oder Mißerfolg eines Moralunternehmers außerhalb seiner Person und der Sphäre seines unmittelbaren Einflusses gesucht werden müssen. Mir scheint diese These vor allem für die hier unter dem Befriff 'Durchsetzung des Abstinenzprinzips' beschriebenen Vorgänge bedenkenswert.

Den – gewiß in die Kategorie 'moralisches Unternehmertum' zu rechnenden – Aktivitäten des Schatzministeriums bei der Transformation des Harrison-Acts in ein Strafgesetz war lange Zeit deshalb kein Erfolg beschieden, weil im politischen Klima der USA vor 1919 das für die Durchsetzung eines Drogenstrafrechts notwendige Maß von Eingriffsbefugnissen in Individual- und Bürgerrechte das verfassungsmäßig noch tolerierbare eindeutig überschritt. Während des gerade beschriebenen politischen Klimawechsels waren die Karten jedoch wieder neu verteilt worden: ob ein strafrechtliches Drogenverbot gegen die Verfassung verstieß, war wieder eine offene Frage.

Im Schatzministerium erkannte man die Situation und ließ seine Aktivitäten wieder aufleben. Man knüpfte dabei an die Tatsache an, daß die Bürgerrechte und -freiheiten vor allem der zum Dienst mit der Waffe Herangezogenen auf besondere Weise Einschränkungen erfahren hatten. Als kriegsentscheidender Faktor standen Disziplin und

Lebensführung der Armeeangehörigen unter hohem Konformitätsdruck; hier wurde keine Spielart von Nonkonformismus, geschweige denn Ausschweifungen geduldet. Daher hatte es große Besorgnis ausgelöst, als bei der Musterung junger Rekruten auch einige Fälle von Drogenabhängigkeit bekannt geworden waren. Das Problem schien ernst, denn eine von der Regierung umgehend in Auftrag gegebene Untersuchung von New Yorker Wehrpflichtigen ergab, daß die Mehrheit der abhängigen Soldaten nicht infolge ärztlicher Behandlung, sondern durch die Bekanntschaft mit anderen Abhängigen süchtig geworden war (McPherson/Cohen 1919).

Für die in patriotischer Berichterstattung überschäumende Presse, die stets, wenn ein Teil der amerikanischen Kriegsmaschine nicht funktionierte, dahinter das Werk feindlicher Agenten vermutete, waren die Opium konsumierenden Soldaten ein willkommenes Thema. In zahlreichen Zeitungen erschienen groß aufgemachte Berichte, in denen anhand angeblicher Geheimdienstberichte und Geständnisse überführter deutscher Spione groß angelegte Pläne Deutschlands zum Einschmuggeln von Drogen in Trainingscamps der US-Armee enthüllt wurden. Bald wurde auch in seriösen Blättern dieses Problem ernsthaft erörtert.

Im Bundessteueramt wurden solche Gerüchte fortgesponnen, und man veröffentlichte auf ihrer Grundlage abenteuerliche Schätzungen über die Zahl süchtiger Soldaten. So rechnete die Behörde die New Yorker Untersuchung von 100 Drogenkonsumenten zu der mehr als gewagten These hoch, daß der Armee der Vereinigten Staaten insgesamt über 80.000 junge Männer zwischen 21 und 35 Jahren wegen deren Narkotikaabhängigkeit rettungslos verlorengegangen seien. Die Narkotika stellten daher eine ernste Bedrohung für die Schlagkraft der Streitkräfte und das Erreichen der Kriegsziele dar.

Zugleich stellte das Steueramt in einem Memorandum die Behauptung auf, daß ein riesiges Netz illegalen Drogenhandels entstanden sei, das nicht von den Ärzten, Apothekern und Drogisten gespeist werde, sondern "sich zum ganz überwiegenden Teil in den Händen ehemaliger Häftlinge befindet, die ihre Ware auf dunklen Kanälen direkt von Großhändlern und Importeuren beziehen" (Roper 1941, 185).

Diese Verschmelzung der Kriegspropaganda mit der Furcht vor Opiaten wird verständlicher, wenn man sich erinnert, daß die verbreitetsten Narkotika in den USA damals Produkte waren, deren deutsche Markennamen – Heroin war ja eingetragenes Warenzeichen der Farbenfabriken Bayer in Elberfeld – damals in den USA ähnliche Assoziationen erzeugten wie es der Produktname *Coca Cola* heute bei uns tun mag.

So ist es nachvollziehbar, wie im Klima von Kriegspropaganda, Spionageangst und allgemeiner Intoleranz eine vage Angst vor Drogen sich mit Schreckensbildern deutscher Eroberer, Spione und Saboteure verband, welche nichts anderes im Sinn hatten, als gutgläubige Amerikaner mit Hilfe von Drogen zu ihren willfährigen Werkzeugen zu machen.

Zu den Berichten über deutschen Drogenschmuggel in US-Garnisonen kamen Gerüchte, denen zufolge deutsche Spione dabei ertappt worden waren, wie sie auf Schulhöfen mit Heroin angereicherte Süßigkeiten zu verteilen versuchten. Das wurde so ernst genommen, daß sich in Washington eine Gruppe von Abgeordnetenfrauen zu einem Komitee zusammenschloß, das bundesweit über entsprechende Vorsichts- und Gegenmaßnahmen aufklärte (King 1974).

Auf der Titelseite der angesehenen New York Times erschien im Dezember 1918 ein Artikel, der folgende Sätze enthielt:

> In bekannte deutsche Zahnpastaprodukte und Patentmedizinen – die natürlich nur für den Export bestimmt sind – werden abhängigmachende Mengen von Drogen gegeben, erst wenig, dann immer mehr, bis der Körper des nichtdeutschen Opfers nach immer stärkeren Mengen verlangt. Bei den Eingeborenen Afrikas wurde es – mit Erfolg – ausprobiert; wenn es der deutschen Regierung nicht so eilig wäre, hätten die deutschen Wissenschaftler eine leichte Aufgabe, denn in ein paar Jahren besäße Deutschland eine Welt, die nach deutschen Zahnpasten und Beruhigungsmitteln schreit – eine Welt von Koksern und Rauschgiftteufeln, die absolut hilflos wäre, wenn ein deutsches Embargo sie von ihrem Giftnachschub abschneiden würde (New York Times vom 18.12.1918, zit. nach King [1974]).

Mit derartigem Material versehen war man im Steueramt entschlossen, einen neuen Vorstoß zur Narkotikaprohibition zu wagen, und, wie Commissioner Daniel C. Roper, der Chef der Behörde, in seinem Memoiren festhielt, "So begann unsere Kampagne!" (Roper 1941, 186)

Mit der zum damaligen Zeitpunkt durch keine gesicherte Erkenntnis zu belegenden Behauptung, Narkotika würden von kriminellen Dealern und nicht durch Ärzte, Apotheker und Pharmahändler auf den Markt gelangen, zielte die Behörde auf eine ganz bestimmte, wie sie es sah, "Lücke" im Harrison-Gesetz, die zu schließen, wie gesagt, die Rechtsprechung bislang nicht bereit gewesen war:

Eine der Kernvorschriften des Harrison-Gesetzes sah vor, daß in die USA importierte Narkotika zu versteuern waren und die erfolgte Steuerentrichtung durch auf den einzelnen Frachtstücken anzubringende amtliche Banderolen nachgewiesen werden mußte. Diese Vorschrift betraf aber nur die großen, oft zentnerschweren Frachtstücke, so wie sie vom Herkunftsland in die USA geliefert wurden. Die aus diesen Kolli dann von den Importeuren über Händler und Apotheker an die Konsumenten gelieferten Teilmengen selbst brauchten keine Steuerbanderole mehr zu tragen.

Der ursprünglichen Intention der Harrison Gesetzes entsprechend war durch die so ermöglichte Kontrolle der gewerbsmäßig mit Narkotika Umgehenden der Gesetzeszweck erreicht. Ein direkter Zugriff auf den Konsumenten war mit dieser Bestimmung weder möglich noch beabsichtigt, der Besitz von Narkotika war legal.

Um den neuen Gesetzesvorstoß mit plausiblerem Material als bloßen Gerüchten und Vermutungen zu untermauern, beauftragte auf Vorschlag Commissioner Ropers Schatzminister William McAdoo im März 1918 ein Expertengremium mit der Evaluation des Harrison Gesetzes und gegebenenfalls der Ausarbeitung von Änderungsvorschlägen. Die Mitglieder der Kommission wählte die Regierung so aus, daß einerseits keine Zweifel an ihrer wissenschaftlichen Qualifikation aufkommen konnten, zugleich aber die drogenpolitische Position der Regierung durch sie nicht in Frage gestellt, sondern vielmehr bekräftigt wurde. Dafür bürgte schon die Mitgliedschaft von B.C. Keith, dem Referenten für Narkotikagesetzgebung des Steueramts, im Komitee.

Geflissentlich verzichtete das Komitee dann auch mit Hinweis auf die Eile, die der Kriegszustand gebiete, auf die Abhaltung des sonst üblichen Hearings und veröffentlichte schon nach vier Monaten seinen vorläufigen Abschlußbericht, dessen Grundlage einzig eine Umfrage bei Ärzten und Apothekern bildete, die zudem noch von drei Vierteln der Befragten unbeantwortet geblieben war.

Aus diesen spärlichen Daten produzierte das Komitee mittels von ihm auf nicht nachvollziehbare Weise gewonnener Multiplikatoren, Extrapolationsfaktoren, Dunkelzifferraten etc. einen Bericht, dessen dramatische Befunde mit den erhobenen Fakten gewiß nicht zu rechtfertigen waren.

Zum Beispiel rechnete das Komitee die Zahl von 73.000 real ermittelten Narkotikakonsumenten auf den absurden Wert von möglicherweise vier, "gewiß aber mehr als einer Million Süchtige zum gegenwärtigen Zeitpunkt" hoch. Mit diesem Verfahren gelangte das Komitee zu dem Ergebnis, daß der Narkotikakonsum sich derzeit mit rasanter Geschwindigkeit im ganzen Bundesgebiet ausbreite, daß das Durchschnittsalter der Konsumenten stetig abnehme, daß der illegale Drogenhandel bedrohliche Formen, nämlich die des organisierten Verbrechens angenommen habe und bereits jetzt der größte Teil der Narkotika illegal gehandelt werde.

Die vom Steueramt zuvor geäußerten Thesen über die Verbreitung von Narkotika unter Soldaten wurden nicht nur bestätigt, sondern noch übertroffen. Mindestens 100.000 Rekruten hätten aus der Armee wegen ihrer Drogenabhängigkeit entlassen werden müssen, unter ihnen viele, die eigens um ihre Entlassung zu bewirken, mit dem Konsum begonnen hätten; ein Heer von kriminellen Schwarzhändlern sichere den Soldaten ihren Drogennachschub und untergrabe die Disziplin der Truppe; die Schlagkraft der Armee sei ernsthaft bedroht (US Treasury Department 1918).

Der Abschlußbericht der Kommission erschien im Juni 1919; er empfahl Ausweitung, Verschärfung und Intensivierung der strafrechtlichen Kontrolle der Narkotika (US Treasury Department 1919).

4.5. Der Revenue-Act

Als dieser Bericht erschien, hatten sich durch andere Entwicklungen bereits neue Möglichkeiten zur Durchsetzung einer repressiven Drogenpolitik ergeben:

Die immensen Kosten, die Amerikas Teilnahme am Ersten Weltkrieg verursachte, hatten die Finanzreserven der Nation gänzlich erschöpft, und die Regierung wies deshalb das Bureau of Internal Revenue an, energisch und vorrangig alle Geldquellen des Staates möglichst restlos auszuschöpfen. "Der einzige, alles überragende Gedanke in jener Zeit, den wir nie aus den Augen verlieren durften, war: Wir mußten den Krieg gewinnen. Und das war nicht ohne Geld möglich" (Roper 1941, 197). Unter Leitmotiven wie "Ruhm und Ehre der Bezahlung von Einkommensteuer" begann das Steueramt mit Werbeaktionen in den Medien, die Steuersünder als Agenten des deutschen Kaisers und Verräter an der amerikanischen Sache brandmarkten (vgl. Schmeckebier 1923).

Mit dem Fortgang der militärischen Auseinandersetzungen wurde deutlich, daß die vorhandenen Gelder die Kosten des Krieges in Übersee nicht würden decken können: Steuererhöhungen waren unvermeidlich, und die Behörde wurde mit der Ausarbeitung eines neuen Steuergesetzes beauftragt.

Im Jahr 1918 wurde der *Internal Revenue Act*[12] entworfen und eilig durch die Gesetzgebungsinstanzen getrieben. Das Gesetz, das eine fast völlige Neuordnung des amerikanischen Steuerwesens vorsah, erhöhte nicht nur bestehende Steuern, sondern sah zugleich die Schaffung neuer Steuertatbestände vor.

Da auch das Harrison-Gesetz ein Steuergesetz war, wurde es für das Steueramt im Zuge dieser Maßnahmen möglich, in ihren rein finanzpolitischen Auftrag lautlos und unbemerkt drogenpolitische Neuerungen gewissermaßen einzuschmuggeln und gesetzlich zu sichern, und zwar ohne daß diese Neuerungen drogenpolitisch gerechtfertigt oder entsprechender medizinischer, therapeutischer oder kriminalpolitischer Fachkritik ausgesetzt werden mußten. Diese Änderungen des Harrison-Gesetzes traten wenig später, am 24. Februar 1919, in Kraft.

Dem finanzpolitischen Auftrag des Gesetzgebers noch am ehesten entsprach die Anhebung der jährlichen Steuer für am Drogenhandel teilnehmende Importeure, Hersteller, Verarbeiter und Ärzte auf $ 24 und der Erlaß einer zusätzlichen Handelsteuer von 1 Cent pro Unze auf die Einfuhr und Verarbeitung der dem Harrison-Gesetz unterfallenden Substanzen.

Die für Drogenkonsumenten ungeheuer bedeutsame Neuerung verbarg sich in der auf den ersten Blick unscheinbaren Änderung, wonach fortan Kauf und Besitz von Drogen auch in Einzelhandelsmengen nur dann straflos war, wenn der Besitzer eine auf der Drogenpackung angebrachte Steuermarke vorweisen konnte. Damit besaß die Steuerbehörde endlich den Eingriffstatbestand, den es sich zur Verfolgung der Drogenkonsumenten so lange gewünscht hatte, und der bis in die Gegenwart Kernstück aller repressiven Drogengesetze ist: Den Tatbestand des unerlaubten Drogenbesitzes.

Zugleich legte die Novelle fest, daß der Besitz von Drogen ohne Steuermarke als Anscheinsbeweis für einen Gesetzesverstoß zu gelten habe. "Erst diese Bestimmung", freute sich Commissioner Roper, "gab dem Gesetz den richtigen Biß" (Roper 1941, 187).

---

[12] 38 Statutes at Large, 785

4.6. Das Verbot der ärztlichen Drogenverschreibung

Daß der Besitz unversteuerter Drogen nun illegal war, hatte neben der Kriminalisierung der Konsumenten Auswirkungen auch auf das Verhältnis der Ärzte zu ihren Patienten. Denn die Angst vor Bestrafung war ein Hebel, mit dem die Polizei Abhängige dazu bringen konnte, den Namen des verschreibenden Arztes preiszugeben, was für diesen häufig bedeutete, daß er es nun ebenfalls mit den Behörden zu tun bekam.

Damit jedoch gab sich die Behörde nicht zufrieden. Ihr nächstes Ziel war nun, auch das Recht der Ärzte zur ungehinderten Drogenverschreibung zu ändern.

Die Chancen hierfür standen gut, denn das intolerante Klima der Kriegsjahre war voll auf die ohnehin sehr unternehmerfreundliche Rechtsprechung – die Mehrheit der Richter hatte ihre Laufbahn als Industrieanwälte begonnen – durchgeschlagen und hatte eine Vielzahl von Entscheidungen hervorgebracht, die, besonders nach den großen Bergarbeiterstreiks von 1919, zu Einengungen der Grundrechte, aber auch der Lebenschancen von Minderheiten geführt hatten. Im Steueramt erblickte man in dieser intoleranten Spruchpraxis die Chance, in einem neuen Anlauf den Harrison-Act auf dem Weg über die Obergerichte seinen Bedürfnissen anzupassen. Die Gerichtsentscheidungen, die nun Schritt für Schritt die Auffassung des Schatzministeriums nachvollzogen und ins Recht setzten, sind unübersehbar geprägt vom Geist der Intoleranz, der auch die amerikanische Rechtsprechung in jener Zeit beherrschte.[13]

Deutlich wird dies auch daran, daß die Richter Brandeis, Clarke, Day, Holmes und Pitney, die an den wegbereitenden Urteilen zur Drogenfrage mitarbeiteten, in einer Serie von Spionage- und Verschwörungsprozessen ebenfalls die Wegbereiter der restriktiven Grundrechtsinterpretation gewesen waren.

Richter John H. Clarke hatte 1918 das aufsehenerregende Urteil in *Abrams vs. US*[14] gefällt, mit dem fünf Arbeiter, die auf Flugblättern zum Generalstreik gegen Amerikas Kriegsteilnahme aufgefordert hatten, wegen "Verschwörung" zu Freiheitsstrafen zwischen 3 und 20 Jahren verurteilt wurden. Noch bemerkenswerter ist die Rolle von Richter Oliver W. Holmes. Unter seinem Vorsitz verurteilte der Su-

---

[13] Zum Wandel der amerikanischen Rechtsprechung während und nach dem Ersten Weltkrieg: Alfred H. Kelly/Winfred A. Harbison, The American Constitution, Its Origins and Development, Chicago 1963

[14] 250 U.S. 617 (1918)

preme Court den Sozialistenführer Eugene Debs wegen "Spionage" zu 10 Jahren Freiheitsentzug, weil dieser sich als Redner der Sozialistischen Partei gegen den Krieg ausgesprochen hatte.[15] Wenige Tage darauf verurteilte der Supreme Court, ebenfalls unter Holmes' Vorsitz, den Generalsekretär der Sozialistischen Partei, Charles T. Schenk, zu einer hohen Freiheitsstrafe, weil in unter seiner Verantwortung verteilten Flugblättern ein Recht zur Verweigerung des Kriegsdienstes aus der amerikanischen Verfassung hergeleitet worden war.[16]

Der gebürtige Österreicher und Begründer der amerikanischen sozialistischen Partei, Viktor L. Berger, wurde für die Sätze "Der Krieg der Vereinigten Staaten gegen Deutschland ist ungerechtfertigt" und "Das Blut amerikanischer junger Männer wird umgemünzt in wachsende Profite für amerikanische Plutokraten" wegen "Spionage" zu 20 Jahren Haft verurteilt.

Neben diesen politischen Prozessen hat es ungezählte Strafverfahren gegeben, in denen es angeblich um 'gewöhnliche Straftaten' ging, und in denen doch vor allem politische Gesinnung bestraft wurde. Der bekannteste dieser Fälle ist wohl der von Nicola Sacco und Bartolomeo Vanzetti, zwei erklärten Anarchisten, die im Jahre 1921 wegen gemeinschaftlichen Raubmordes unter Umständen zum Tode verurteilt (und 1927 hingerichtet) wurden, die es schwer machen, noch an einen Justiz'irrtum' zu glauben (Dos Passos 1962).

Der erste Fall zum ärztlichen Verschreibungsrecht, mit dem der Supreme Court sich nach dem Niedergang der Grundrechte zu befassen hatte, betraf die Berufung gegen ein Urteil des District Courts, der eine Anklage mit der noch auf gesicherter Rechtsprechung beruhenden Begründung abgewiesen hatte, ein Eingriff in die ärztliche Berufsausübung überschreite die Grenzen, die dem Harrison-Gesetz durch die Verfassung gesetzt seien.[17]

Am Tage der Verurteilung von Charles T. Schenk und eine Woche vor der Verurteilung des Arbeiterführers Eugene Debs hob der Supreme Court mit einer knappen 5:4-Entscheidung das freisprechende Urteil der Vorinstanz auf, verurteilte den behandelnden Arzt zu einer Freiheitsstrafe und statuierte, daß die Steuererhebung des Harrison-Gesetzes auch dann keinen Verstoß gegen die Verfassung darstelle, wenn sie nicht ausschließlich fiskalischen Zwecken diene.[18]

---

[15] 249 U.S. 217 (1919)

[16] 249 U.S. 47 (1919)

[17] US vs. Doremus, 246 Fed. Rep. 958 (1918)

[18] US vs. Doremus, 249 U.S 86 (1919)

Am selben Tag schließlich wurde dem Supreme Court im Rahmen eines Prozesses gegen einen weiteren Arzt, der mit Narkotika behandelt hatte, in einem Vorlagebeschluß folgende Frage gestellt:

> Wenn ein praktizierender und registrierter Arzt ein Rezept für Morphin einem gewohnheitsmäßigen Konsumenten dieser Droge erteilt und dieses Rezept nicht Teil einer kunstgerechten Behandlung mit dem Ziel der Überwindung der Abhängigkeit ist, sondern dem Zweck dient, den Konsumenten mit genug Morphin zu versorgen, daß dieser seinen gewohnten Konsum fortsetzen kann, fällt ein solches Rezept unter die Ausnahmeregelung (b) des § 2?[19]

In der hierauf ergangenen Entscheidung kommt der Wandel der moralischen Beurteilung des Drogenkonsums zu seinem entscheidenden Durchbruch. Richter Holmes, der auch hier den Vorsitz führte und der nur drei Jahre zuvor die Meinung vertreten hatte, der Harrison-Act dürfe nicht aus Drogenabhängigen mit einem Federstrich Kriminelle machen, legte nun apodiktisch und ohne die Anhörung von Sachverständigen oder Vertretern der Gegenauffassung fest:

> Eine derartige Anweisung für den Konsum von Morphin ein ärztliches Rezept zu nennen, wäre eine derartige Sinnverdrehung (*perversion of meaning*), daß sich jede Diskussion über diesen Tatbestand erübrigt.[20]

Diese Entscheidung entzog den meisten ärztlichen Bemühungen um Abhängige den Boden; die Legitimität ihrer Berufsausübung war damit unter die Überwachung durch das Bureau of Internal Revenue gestellt. Als legale ärztliche Drogenabgabe war einzig die Medikation bei akuten Krankheiten geblieben. Diese Auffassung wurde wenig später in einem weiteren Verfahren gegen Dr. Jin Fuey Moy bestätigt. Nach seinem Freispruch im Jahre 1916 hatte er seine Verschreibungspraxis unverändert fortgesetzt und stand jetzt erneut vor dem Obersten Gericht. Und dies legte nunmehr fest:

> Die Sätze "an einen Patienten" und "ausschließlich in Ausübung seiner beruflichen Praxis" (*in the course of his professional practice*

---

[19] Nach Regel (b) des § 2 des Harrison-Gesetzes waren Verschreibung und Abgabe von Drogen "an einen Patienten" durch einen beim Schatzministerium registrierten Arzt, der "ausschließlich in Ausübung seiner beruflichen Praxis" handelt, von den Bestimmungen des Gesetzes ausgenommen, vgl. oben Kapitel 3.6.

[20] Webb vs. US, 249 U.S. 96, 99 (1919)

> *only*) beabsichtigen eindeutig, die im Gesetz erwähnte Unantastbarkeit des ärztlichen Rechts zur Verschreibung von Narkotika strikt zu beschränken auf das Gebiet der anerkannten ärztlichen Heilpraxis. Es wäre eine Überdehnung dieses Rechtes, würde man es auch für den Verkauf von Narkotika an einen damit Handelnden oder zum Zwecke der Befriedigung des Drogenbedürfnisses eines Abhängigen gelten lassen.[21]

Diese Entscheidungen bedeuteten das Ende der Erhaltungsmedikation. Geblieben war den Ärzten nur noch das beschränkte Recht, Abhängigen Drogen im Verlauf einer Reduktionstherapie zu verschreiben.

4.7. Der Klinikgedanke entsteht

In die Genugtuung, die man im Steueramt hinsichtlich der Verschärfung der gesetzlichen Handhabe gegen Drogenkonsumenten empfand, mischte sich bald auch die Befürchtung, die neue Repressionsstrategie könne Begleiterscheinungen haben, die sich nachträglich durchaus gegen das Interesse der Behörden auswirken könnten, das nach wie vor ja hauptsächlich darin bestand, die Ärzte vom Umgang mit Drogenabhängigen ganz zu verdrängen. Obwohl dem Steueramt klar sein mußte, daß die im Umlauf befindlichen Schätzungen der Zahl von Narkotikakonsumenten mehr auf dem Wunsch zur Dramatisierung der Situation als auf nüchternen Erhebungen beruhten, befürchtete man doch, daß die gänzliche Unterbindung der ärztlichen Drogenabgabe ein derart großes Bündel von unerwünschten Folgen nach sich ziehen könnte, daß damit die Praktikabilität der neuen Repressionsstrategie sehr wirksam in Zweifel gezogen werden müßte.

Da war zunächst die Gefahr der Entstehung eines großen illegalen Drogenmarktes. Auch befürchtete man, daß das plötzliche Abschneiden der Süchtigen von legalen Drogenquellen als Folge der vom Supreme Court soeben statuierten Illegalität der Erhaltungsabgabe von Drogen zu einem Anstieg von Eigentums- und Beschaffungskriminalität führen könne und Gesundheitskomplikationen als Folge abrupten Drogenentzugs, von Fehldosierungen und verunreinigten Schwarzmarktdrogen auftreten könnten. Eine derartige Entwicklung erst würde das Narkotikaproblem in das Licht einer bislang noch immer eher desinteressierten kritischen Öffentlichkeit rücken.

---

[21] US vs. Jin Fuey Moy, 254 U.S. 189 (1920)

Damit aber war die Gefahr verbunden, daß die von der Kontrollbehörde verfolgte Strategie der totalen Drogenprohibition öffentlich als fehlgeschlagen eingeschätzt werden würde.

Auch die hier einzig mögliche Gegenstrategie, nämlich der Versuch, zumindest den illegalen Drogenhandel in einem beispiellosen Kraftakt der Strafverfolgungsbehörden erst gar nicht entstehen zu lassen, bot keine dauerhafte Lösung für das Dilemma der Steuerbehörde. Denn gleichgültig ob ein Drogenschwarzmarkt entstehen würde oder nicht, die Kriminalisierung des Drogenbesitzes wies den Ärzten, wenngleich auch in den Grenzen einer sehr eingeschränkten Rechtslage, eine Art Monopolstellung als letzte verbliebene Drogenlieferanten zu. Die Ärzte würden darauf verweisen können, als einzige die gesundheitsgefährdenden Symptome des Entzugssyndroms mittels Medikamenten lindern zu können.

Unter diesen Umständen erschien es mehr als zweifelhaft, daß es dem Schatzministerium – trotz der Erfolge, die es im Kampf gegen die Ärzteschaft um die Verschreibungsfähigkeit von Opiaten seit 1915 erzielt hatte – gelingen würde, die völlige Herausdrängung der Mediziner aus dem Bereich der Drogentherapie allein mit Hilfe einer immer noch restriktiveren Handhabung des Harrison-Gesetzes zu bewerkstelligen. Daß den Ärzten so ein auf lange Zeit wohl kaum antastbarer Freiraum bei der Narkotikaabgabe bleiben würde, wäre unter anderen Umständen vielleicht noch zu verschmerzen gewesen. Die nun herrschende Prohibitionssituation mit ihren Folgen für die Attraktivität des Schwarzhandels erhöhte in den Augen der Kontrollbehörden gerade für Ärzte und Apotheker den Anreiz zum Aufbau eines blühenden und schwer zu kontrollierenden Narkotikahandels.

Der einzige Ausweg aus diesem Dilemma, den man im Schatzministerium sah, lag darin, im Kampf gegen die Ärzte die juristische Strategie der Prohibition durch die scheinbar therapeutische Strategie der Konkurrenz zu ergänzen: Im Ministerium entstanden Pläne zur Schaffung von staatlichen Einrichtungen zur medizinischen Behandlung Abhängiger. Auf diese Weise, so hoffte man, war es möglich, den für die Behörde bedrohlichen Gefahren der Narkotikaprohibition auf eine Weise entgegenzutreten, die die Position der niedergelassenen Ärzte nicht stärken würde – ganz im Gegenteil.

Da auch die höchstrichterlichen Entscheidungen der Jahre 1919 und 1920 nicht unbedingt das letzte Wort der Rechtsprechung zum Recht der ärztlichen Narkotikaabgabe gewesen zu sein brauchten – die Verfassungsmäßigkeit der geltenden Auslegung des Harrison Gesetzes ruhte ja nur auf der schmalen Basis einer 4:5-Entscheidung des Supreme Court – hätte das Schatzministerium für den Fall, daß sich das Blatt der Rechtsprechung unter dem Eindruck der kontraproduktiven Folgen der Narkotikaprohibition noch einmal zugunsten der ärztlichen Verschreibungsfreiheit von Narkotika wenden würde, mit dem konkurrierenden System staatlicher Kliniken noch immer ein wertvolles Instrument an der Hand, in diesem Fall wenigstens eine Monopolstellung der niedergelassenen Ärzte zu verhindern.

Die Entscheidung zugunsten der Einrichtung von Kliniken bedeutete keineswegs eine Lockerung der rein punitiven Strategie der Steuerbehörde. Im Gegenteil, man erhoffte sich von der Existenz der Kliniken eine härtere Gangart beim Umgang mit Besitzern illegaler Drogen, weil Abhängige nicht mehr auf den Schwarzmarkt als einzige Drogenquelle verweisen können würden. Commissioner Roper hatte bereits davor gewarnt, daß das Fehlen von Einrichtungen zur Behandlung Drogenabhängiger zur Rechtfertigung einer milden Bestrafung geführt habe, "(weil) der normale Geschworene das Gefühl hat, die Regierung dürfe Abhängigen nicht den Zugang zu Drogen verwehren ohne Vorkehrungen für ihre Behandlung zu treffen". Und so war es aus der Sicht der Behörde nur folgerichtig, daß jeder Versuch zur Behandlung Abhängiger "eine Zeitlang von einer Kampagne der konsequenten und entschlossenen Strafverfolgung gefolgt und begleitet" werden müsse (Roper 1941, 189).

Die im Steueramt erarbeiteten Vorschläge liefen auf die Schaffung staatlicher Kliniken hinaus, die stark am Modell einer kurz zuvor vom *Public Health Service* eingerichteten Kette von dezentralen Einrichtungen zur medizinischen Behandlung von Geschlechtskrankheiten orientiert waren.

Ein für die Behandlung von Drogenabhängigen angemessenes Therapiekonzept suchte die Steuerbehörde in einer Umfrage Ende 1919 bei führenden Ärzten und Wissenschaftlern des Landes zu ermitteln. Hauptthema der Umfrage war die Praktikabilität der ambulanten Erhaltungs- und Entzugsbehandlung. In den Antworten der Experten herrschte die Meinung vor, daß ein solches Behandlungsprogramm die Wahrscheinlichkeit von Gesundheitskomplikationen sowie von Beschaffungs- und Folgekriminalität zwar reduziere, eine dauerhafte Abstinenz auf diese Weise aber nicht notwendig erreicht würde. Dies hänge vielmehr von der freiwilligen Entscheidung des Patienten ab, auf die eine solche Therapie nur indirekten Einfluß habe.

Bis nach der Etablierung der Kliniken verlautete aus dem Schatzministerium nur Vages zur ihrer therapeutischen Aufgabe, etwa daß sie in erster Linie als Notfall- und Übergangseinrichtungen die weitere Behandlung der Abhängigen ermöglichen sollen. Erstmals deutlicher über die mit den Kliniken verbundenen therapeutischen Vorstellungen wurde die Behörde in ihrem Jahresbericht 1918/1919:

> Bei der Ausführung des (Harrison-)Gesetzes in seiner geänderten Fassung (nach dem Revenue-Act, *P.S.*) wird offenkundig, daß Vorsorge für Behandlung und Heilung derjenigen Abhängigen getroffen werden muß, die außerstande sind, ihren notwendigen Bedarf an Drogen sicherzustellen. Denn sobald dem normalen Abhängigen abrupt die gewohnte Droge entzogen wird, bekommt er extreme psychische und körperliche Beschwerden, die zu Beeinträchtigungen von Leben und Eigentum führen können...
> Um den unmittelbaren Bedürfnissen der Betroffenen zu entsprechen, ist dieses Thema zum Gegenstand von Verhandlungen mit staatlichen und kommunalen Gesundheitsämtern gemacht worden, und vielerorts wurden Kliniken eingerichtet, um in derartigen Fällen vorübergehend Abhilfe schaffen zu können (US Treasury Department 1919 b, 61).

4.8. Der Konflikt um die ambulante Therapie

Die Art, wie das Steueramt hier die Möglichkeit zur vorübergehenden Bereitstellung von Drogen für Abhängige beurteilt, steht in krassem Widerspruch zu der Haltung, die die Behörde jahrelang gegenüber der gleichen therapeutischen Methode eingenommen hatte, wenn sie von niedergelassenen Ärzten angewendet wurde. Hier schien sich eine drogenpolitische Kehrtwendung der Behörde anzudeuten, die vollzogen schien, als ein vom Steueramt ausgearbeiteter Gesetzentwurf publik wurde, der die rechtliche Absicherung der ambulanten Behandlung von Abhängigen, einschließlich der Behandlung mit Opiaten, anstrebte. Kernstück der Novelle war die juristische Absicherung der Drogenkliniken, die künftig unter die Regie des Public Health Service stehen sollten. Am 15. August 1919 wurde der Entwurf von Senator Joseph I. France in den Kongreß eingebracht.[22]

In Wirklichkeit beabsichtigte das Steueramt von vornherein, die Narkotikaabgabe lediglich für die staatlichen Kliniken freizugeben. Gegenüber den niedergelassenen Ärzten hielt es an seiner alten Politik der Unzulässigkeit der Narkotikamedikation fest. So bekräftigte

[22]House of Representatives 11, 778, 66th Congress, 1st Session, 1919

das Amt, zur gleichen Zeit, wie es für die Zulässigkeit der Opiatmedikation zwecks Linderung der Entzugsbeschwerden des "normalen Abhängigen" in den Staatskliniken warb, seine alte Auffassung, wonach die niedergelassenen Ärzte zu derartigen Medikationen nicht berechtigt seien. In einer Verordnung zum ärztlichen Verschreibungsrecht vom März 1919 heißt es etwa:

> Ein einem Süchtigen oder gewohnheitsmäßigen Opiatkonsumenten erteiltes, vorgebliches Rezept, das nicht zur ärztlichen Heilung, sondern dem Zweck dient, den Konsumenten mit den Drogen zu versorgen, die er zu seinem gewohnten Wohlbefinden benötigt, gilt nicht als Rezept im Sinne des Gesetzes; und diejenigen, die ein solches Rezept erteilen oder aufgrund eines solchen Rezeptes Drogen erwerben, machen sich eines Gesetzesverstoßes schuldig (US Treasury Department 1919 c, 756)

Ende Juli 1919 schließlich, als in den ersten von der Steuerbehörde eingerichteten Drogenkliniken bereits viele Abhängige großzügig mit Drogen versorgt wurden, legte das Steueramt in einer weiteren Verordnung noch einmal einen äußerst restriktiven Katalog von Ausnahmefällen fest, der sich gegen die niedergelassenen Ärzte richtete, und deren Verschreibungsrecht auf eine Weise einschränkte, die weit restriktiver war als die Praxis, die in den staatlichen Kliniken inzwischen gang und gäbe war:

> Ausnahmen (vom Verbot der Narkotikaverschreibung, *P.S.*) sind nur zulässig bei der Behandlung von unheilbaren Krankheiten wie Krebs, fortgeschrittener Tuberkulose und anderen anerkanntermaßen in diese Kategorie fallenden Erkrankungen, wo der unmittelbar behandelnde Arzt im Auftrag eines Patienten mit ehrlichen Absichten, der an einer solchen Krankheit leidet, in Ausübung seines Berufes und für strikt legitime medizinische Zwecke ein Rezept erteilt und dabei auf dem Formular angibt, daß die Droge zur Linderung einer tödlichen Krankheit benötigt wird (US Treasury Department 1919, 756).

Der Gedanke, daß für jeden Abhängigen der abrupte Entzug der Droge ernsthafte Gesundheitsgefährdungen birgt, wurde also nur sehr begrenzt in praktische Politik umgesetzt. Die Behörde ließ sich nur so weit von therpeutischen Gedanken leiten, wie dies ihren institutionellen Interessen entgegenkam. Ihr angeblicher Wunsch, den Bedürfnissen der Abhängigen zu dienen, war weniger als die halbe Wahrheit. Denn hätten die Bedürfnisse der Betroffenen tatsächlich im Vordergrund der Überlegungen gestanden, so hätte man die Zulässigkeit der ambulanten Behandlung auch unter diesem Gesichtspunkt und nicht danach – entgegengesetzt – beurteilt, ob die Behandlung von einem frei praktizierenden, niedergelassenen Arzt oder dem – zumeist medizinisch nicht ausgebildeten – Angestellten einer staatlichen Abgabestelle durchgeführt wurde.

4.8.1. Die Kliniken

Im Sommer 1919 schickte das Bundessteueramt eine Gruppe von Beamten auf eine Rundreise durch die Großstädte der USA, wo sie bei den örtlichen Verwaltungen für die Einrichtung von Drogenkliniken warben. Zugleich wies Roper die Repräsentanten seiner zahlreichen Außenbüros an, die örtlichen Gesundheitsbehörden bei den Hilfsmaßnahmen zugunsten von Abhängigen ohne Drogenquelle zu unterstützen (US Treasury Department 1919 c; Roper 1941).

Die Mission hatte Erfolg; Ende 1919 waren ungleichmäßig über die Vereinigten Staaten verteilt etwa 50 Drogenkliniken in Betrieb. Organisation und Methoden der verschiedenen mit 'Drogenklinik' bezeichneten Einrichtungen waren höchst unterschiedlich. Einige wurden tatsächlich den vom *Public Health Service* betriebenen Kliniken für Geschlechtskrankheiten angegliedert, andere schuf man als gesonderte Abteilungen in Tuberkuloseheilstätten oder Nervenkliniken. Manche der Behandlungsstellen befanden sich gar in Rathäusern, Verwaltungsbehörden oder Polizeistationen. Nur wenige waren ausschließlich mit der Behandlung Drogenabhängiger befaßt.

Weil den Kliniken freie Hand beim Aufbau ihres jeweiligen Therapieprogrammes gelassen wurde, waren die dort praktizierten Behandlungsmethoden bald so vielfältig wie ihre Organisation, Größe und Ausstattung. Wegen der Direktiven aus dem Schatzministerium herrschte freilich kein Zweifel daran, daß die Abgabe von Opiaten an Abhängige im Rahmen einer ambulanten Behandlung zulässig war.

In der Praxis wurden daher an Alte und Kranke Opiate und Kokain weiterhin abgegeben, wobei zwar von Klinik zu Klinik leicht unterschiedliche Ansichten über die jeweiligen Indikationen herrschten, die Abgabepraxis im allgemeinen aber – verglichen mit heutigen Maßstäben – extrem großzügig, man kann fast sagen unbeschränkt war.

Bei den anderen, vom Schatzministerium so genannten "normalen" Abhängigen bestand die Behandlung im Versuch eines stufenweisen Entzuges und der Abschwächung der Entzugssymptome durch Erhaltungsmedikation. Weitere Behandlungsversuche, etwa sozial- oder psychotherapeutischer Art, fanden nicht statt. Nur die rein somatischen Folgen des Entzuges wurden behandelt.

Die größte dieser Kliniken befand sich in New York City. Dort wurde jeder, der um Behandlung nachsuchte, in ein "Entzugsprogramm" aufgenommen und erhielt anfangs 10-15 Grain Heroin oder Morphin täglich. Bei jeder folgenden Abgabe wurde die Menge um 1/2 Grain reduziert, bis die Gesamtdosis zur völligen Unterdrückung der Entzugssymptome nicht mehr ausreichte. Dann wurde dem Patienten ein Bett im Riverside Hospital, einer ehemaligen Lungenheilstätte angeboten, wo die Entzugsbehandlung unter ärztlicher Kontrolle bis zur Abstinenz des Patienten fortgesetzt werden sollte.

Die meisten Patienten lehnten freilich die stationäre Weiterbehandlung ab. In diesen Fällen wurde die Reduktionstherapie so lange fortgesetzt, bis die angewiesene Medikation nicht mehr zur völligen Unterdrückung der Entzugssymptome ausreichte. Erst dann wurde der Patient von der Behandlung ausgeschlossen.

Als die Klinik am Morgen des 10. April 1919 ihre Tore öffnete, bildete sich vor ihr eine Menschenschlange, die sich durch das halbe Stadtviertel zog. Insgesamt kamen 7.464 Patienten (Nyswander 1963, 26). Für die stationäre Therapie standen in einer anderen Klinik, dem Riverside Hospital, nur wenige Betten zur Verfügung. Die meisten der Patienten, die sich für eine stationäre Therapie entschieden, kamen auf eine Warteliste. Die Klinikleitung beschloß, bei diesen Patienten die Erhaltungsbehandlung bis zum Freiwerden eines Bettes fortzusetzen. Auf diese Weise bürgerte sich in New York eine Praxis ein, in der Opiate nicht nur zur Linderung von Entzugssymptomen, sondern auch an im übrigen gesunde Abhängige zur Deckung ihres Drogenbedarfs verabreicht wurden.

Von den über 5.000 Personen, die zur Überbrückung von Wartezeit Erhaltungsmedikationen erhielten, haben lediglich 2.000 mit einer stationären Therapie begonnen. Wegen der vorzeitigen Schließung der Kliniken, läßt sich nachträglich nicht mehr feststellen, ob die übrigen 3.000 Personen tatsächlich ernsthaft ihre Opiatabstinenz anstrebten. Sicherlich wird ein großer Anteil von ihnen die Klinik lediglich als Drogenlieferanten betrachtet haben. Wie in New York, so bestand auch bei den anderen Drogenkliniken für den weitaus größten Teil der Patienten die Therapie einzig in der kostenlosen Abgabe von Drogen.

Alle diese Kliniken verstießen somit gegen die soeben statuierte, enggefaßte Interpretation des Harrison-Gesetzes, vor allem aber verletzte die ihnen vorgesetzte Steuerbehörde selbst eigene und bislang für unabdingbar erklärte Grundsätze für die Abgabe von Narkotika (Brill 1973).

4.9. Der Einfluß der Alkoholprohibition

Am 17. Dezember 1917 passierte mit dem 18. Zusatzartikel zur Verfassung die Alkoholprohibitiion mit der notwendigen Zwei-Drittel-Mehrheit beide Häuser des Kongresses. Das Gesetz verbot Herstellung, Verkauf, Transport und Import alkoholischer Getränke und beendete vorläufig die in den USA seit einem halben Jahrhundert andauernde Auseinandersetzung über die Legitimität des Alkoholkonsums. Im Oktober 1919 verabschiedete der Kongreß mit dem *National Prohibition Act* ein weiteres, für das Inkrafttreten der Prohibition notwendiges Gesetz. Nachdem am 16. Januar 1918 der 18. Zusatzartikel von der notwendigen Zweidrittelmehrheit der Bundesstaaten ratifiziert worden war, trat ein Jahr später, im Januar 1920, die nationale Alkoholprohibition bundesweit in Kraft.

Bei dem Konflikt zwischen Gegnern und Befürwortern des Alkohols ging es nur vordergründig um die Frage der ethischen, moralischen und gesundheitlichen Rechtfertigung des Konsums dieser Droge. Zugrunde lag dieser Auseinandersetzung vielmehr ein weit tiefergehender Statuskonflikt zwischen den primär ländlichen, eingeborenen, ganz überwiegend protestantischen Angehörigen der Mittelschichten, großenteils Farmern – den Befürwortern der Alkoholprohibition – und den städtischen, überwiegend katholischen Neueinwanderern und deren unmittelbaren Nachkommen – den Gegnern des Alkoholverbots.

Der Erlaß der Alkoholprohibition war Resultat einer Zuspitzung dieses Statuskonflikts, der sich ausdrückte in einem – seit Beginn der Industrialisierung sich vollziehenden – beträchtlichen Rückgang des sozialen Gewichts der Gruppe der eingesessenen Protestanten und dem gleichzeitigen Zuwachs von politischer Bedeutung, Größe, Macht und Status der katholischen Schichten in den Städten – den neuen Mittelklassen. Die Abneigung gegen den Alkohol war Symbol für die puritanische Lebensweise, für das asketische Ethos, mit dem die protestantischen Schichten identifiziert wurden, und die durch den Erlaß der Alkoholprohibition vollzogene Erhebung dieses Ethos' zum

Gesetz war letzte, symbolische Bekräftigung dieses zum allmählichen Verschwinden verurteilten Lebensstils (Gusfield 1963).

Die Auseinandersetzung über die Legitimität des Alkoholkonsums beeinflußte natürlich auch die Ansichten über den Konsum von Narkotika. Die Anhänger der Alkoholprohibition, vor allem die *Women's Christian Temperance Union* (WCTU) und die *Anti Saloon League*, hingen einer Ideologie an, wonach jeder die individuelle Verantwortung für die Kontrolle seiner Handlungen ganz allein trage. Korrelat dieser Vorstellung war die Forderung nach dem Verbot aller Substanzen, die die Selbstkontrolle des Einzelnen zu gefährden in der Lage waren, also alles dessen, was seine Konsumenten betrunken machen oder auf andere Weise ihr Bewußtsein verändern konnte. Obwohl Opiatkonsumenten ganz und gar nicht die Verhaltensweisen an den Tag legten, die für den Zustand der Betrunkenheit typisch sind, galten diese doch gleichfalls als Opfer einer schädlichen Substanz, weil es bei den Narkotika ähnlich wie beim Alkohol eine Form der Abhängigkeit von der Droge gab.

Zur Ideologie der Abstinenzbewegung gehörte auch die Vorstellung, daß der Bürger die Freuden seines Alltag nicht um ihrer selbst Willen herbeiführen dürfe, sondern diese legitimerweise nur als Früchte von Fleiß, harter Arbeit, aufgeschobenen Bedürfnissen und ähnlichem "höheren" Streben genießen dürfe. Und so übertrug sich die Ablehnung des Alkohols als Vermittler unverdienter Freuden auch auf die Einstellung gegenüber den Opiaten, deren Konsum den Abstinenzlern von denselben intolerablen Motiven herzurühren schien.

Als dritter Faktor, der als ideologisches Element der Abstinenzbewegung auch die Narkotikapolitik beeinflußte, ist die Vorstellung zu nennen, daß Strafgesetze nicht nur als legitime, sondern als einzig erfolgversprechende Mittel galten, um sowohl dem Konsum von bewußtseinsverändernden Substanzen Einhalt zu gebieten, als auch den Einzelnen und die ganze Gesellschaft zu bessern (vgl. Zentner 1975).

Kurz vor dem Inkrafttreten des 18. Zusatzartikels führte der Bewilligungsausschuß (*Appropriations Committee*) des Senats eine Anhörung durch, in der neben der Höhe der für die Ausführung des Gesetzes notwendigen Finanzmittel auch geklärt werden sollte, welcher Behörde die Zuständigkeit für die Gesetzesausführung übertragen werden sollte. Der Ausschuß befragte auch Commissioner Roper, den Chef des Bureau of Internal Revenue.

> Ich bat das Komitee, uns die Verantwortung für die Durchsetzung der Prohibition nicht zu übertragen, weil dies eine reine Polizeiaufgabe sei... "Aber wem sollen wir diese Aufgabe denn überantworten", fragte mich ein Ausschußmitglied. "Dem Justizministerium", antwortete ich... Die Ausschußmitglieder teilten meine Auffassung, daß diese Aufgabe irgendwann einmal dorthin abgegeben werden sollte, beauftragten aber mich, die organisatorischen und alle übrigen Voraussetzungen für unverzügliche Ausführung der Prohibition zu schaffen ... Das Resultat war, daß man die Verantwortung für die Prohibition dem Steueramt hinwarf. So erhielt ich vom Kongreß ein Geschenk, das ich weder angestrebt noch gewünscht hatte, Uncle Sam's unverbesserliches Kind (Roper 1941, 191).

Die Ansiedelung der Prohibitionsgesetze beim Finanzministerium war von Präsident Wilson als Konzession an die Opponenten des Alkoholverbots beschlossen worden. Sie war von politisch-taktischen, nicht von praktischen Überlegungen geleitet.

Im Zuge der mit der neuen Aufgabe notwendig gewordenen organisatorischen Neubestimmung der Aufgaben innerhalb des Schatzministeriums wurde am 22. Dezember 1919 als Unterabteilung des Steueramts die *Prohibition Unit* gegründet. An ihre Spitze berief der Schatzminister mit dem Verwaltungsjuristen John F. Kramer einen glühenden Anhänger der Prohibition. Im Gegensatz zu seinem gemäßigten Vorgesetzten Roper, der die Ansicht vertrat, "daß sowohl Whisky wie Narkotika ihren berechtigten Platz und ihre legitime Verwendungsformen haben" und die Aufgabe der Regierung darin bestehe, "den Rahmen für die richtigen Konsumformen zu schaffen und Mißbräuche zu verhindern" (Roper 1941, 192), war Kramer von Beginn an Verfechter einer rücksichtslosen, mit repressiven Mitteln zu verwirklichenden Ausmerzungsstrategie.

Bis zum Ende des laufenden Haushaltsjahres, im Juni 1920, bewilligte der Kongreß der Prohibition Unit einen Etat von 2,2 Millionen Dollar. Für das Haushaltsjahr 1921 wurde der Behörde ein Etat von 6,35 Millionen Dollar zur Verfügung gestellt. Der Kongreß folgte damit den Vorstellungen der Anti Saloon League über die für die Durchsetzung der Prohibition notwendigen Finanzmittel.

Die Prohibition Unit bestand aus zwei Abteilungen. Neben der Zentrale im Schatzministerium gab es in jedem Staat einen Bundesprohibitionsbeauftragten (*Federal Prohibition Director*), dem je nach Bedarf verschieden große Stäbe von Mitarbeitern zu Gebote standen. Dieser Zweig war in erster Linie mit der Überwachung der regulativen Bestimmung der Prohibitionsgesetze befaßt, also mit der

Erteilung von Ausnahmegenehmigungen an Ärzte, Apotheker, Sanatorien etc. und mit der Überwachung ihrer Einhaltung.

Der andere Zweig der Prohibition Unit hatte rein repressive Aufgaben. An der Spitze von zehn Distrikten, in die die Vereinigten Staaten aufgeteilt wurden, stand jeweils ein ***Prohibition Agent***, dem ein Stab von mit polizeilichen Befugnissen ausgestatteten Beamten unterstand, deren Aufgabe die Entdeckung und Zerstörung von Schwarzbrennereien, die Verfolgung und Festnahme von Schmugglern und illegalen Händlern war. Nach Abschluß der Gründungsphase verfügte die Prohibition Unit über insgesamt 1.520 Strafverfolgungsbeamte, die in Anspielung auf die Beamten des Bundeskriminalamts (*FBI*), den sogenannten G-Men (*Government-Men*), im Volksmund bald T-Men (*Treasury-Men*) genannt wurden (Schmeckebier 1923; 1929).

Außer für das dem Justizministerium unterstehende FBI war die polizeiliche Verfolgung von Straftätern für eine Bundesbehörde zur Zeit der Gründung der Prohibition Unit eine neue und völlig unbekannte Aufgabe, und so existierten hierfür im Schatzministerium keinerlei einschlägige Regeln oder eingeübte Praktiken, die den Verfolgungseifer der T-Men in rechtsstaatlichen Grenzen hätten halten können. Zumeist waren diese Beamten nicht nach ihrer Qualifikation, sondern aufgrund persönlicher Beziehungen und politischer Patronage verpflichtet worden. Sie waren oft "käufliche Polit-Schläger", schnell bei der Hand mit der Anwendung brutaler Gewalt, dem Gebrauch von Schußwaffen und der überfallartigen Durchsuchung von Privatwohnungen auf den leisesten Verdacht hin. "...sie schienen bei ihrer Aufgabe ebenso gesetz- und rücksichtslos vorzugehen wie die Menschen, die sie bekämpfen sollten" (Leuchtenburg 1958, 214).

Was die Überwachung des Umgangs mit Narkotika betrifft, so hatte das Finanzministerium mit der Novellierung des Harrison-Gesetzes vom Februar 1919 ja den strafbaren Tatbestand des unerlaubten Drogenbesitzes im Gesetz verankert und so die Voraussetzungen für dessen Überantwortung an eine repressive Kontrollbehörde geschaffen. Daher lag es jetzt nahe, weil mit der Prohibition Unit nun eine auf Strafverfolgungsaufgaben spezialisierte Behörde existierte, dieser Behörde ebenfalls die Ausführung des Harrison-Gesetzes zu übertragen. So geschah es. Die Überwachung des Harrison-Gesetzes wurde dem Aufgabenbereich des Bureau of Internal Revenue entzogen und der Prohibition Unit übertragen, innerhalb derer zu diesem Zweck am 1. Januar 1920 die *Narcotic Unit* gegründet wurde.

Zusätzlich zum allgemeinen Etat der Prohibition Unit erhielt die

Narcotic Unit 500.000 Dollar für das Geschäftsjahr 1920, das war knapp doppelt so viel wie im Vorjahr für diesen Geschäftsbereich aufgewendet worden war. 270 Beamte gegenüber 170 im Vorjahr waren mit der Überwachung der regulativen und repressiven Bestimmungen des Harrison-Gesetzes befaßt (Schmeckebier 1929, 309).

Mit dieser Neuorganisierung gingen die Kompetenzen für die Drogenkontrolle von einer regulativen Behörde auf eine Abteilung über, deren Kontrollprinzip die radikale Ausmerzung des unerwünschten Verhaltens war. So erklärte bei seinem Amtsantritt der Leiter der Prohibition Unit mit Blick auf das Anti-Alkohol-Gesetz:

> Dieses Gesetz wird in Stadt und Land, in großen wie in kleinen Städten befolgt werden, und wo man es mißachtet, da wird es durchgesetzt werden. Und dieses Gesetz will, daß alkoholische Getränke nicht hergestellt werden. Und dafür werden wir sorgen. Wir werden dafür sorgen, daß niemand diese Getränke herstellt, verkauft, abgibt, transportiert etc., und zwar weder auf der Erde, noch unter der Erde, noch in der Luft (Ashbury 1950, 143).

Die Ideologie der Abstinenz, die seit Bestehen einer Anti-Alkohol-Bewegung die Durchsetzung des absoluten Alkoholverzichts forderte, wurde also mit der gleichen Rigorosität auch Modell für die Handhabung der Narkotikafrage. Dabei ging unter, daß Narkotika eine dem Alkohol entgegengesetzte Wirkungsweise haben. So verursacht die chronische Einnahme großer Mengen von Alkoholika unweigerlich ernsthafte Gesundheitsschäden, was bei den Opiaten nicht der Fall ist. Während der Zustand der Intoxikation beim Alkoholiker dessen normales Funktionieren, seine Arbeits- und soziale Handlungsfähigkeit zerstört, ist beim Opiatabhängigen ein gewisser Intoxikationszustand notwendige Voraussetzung für seine Fähigkeit zu normalem sozialen Verhalten. Und während beim Alkoholiker der totale Entzug der Droge Voraussetzung für dessen Heilung ist, verursacht beim Opiatabhängigen der abrupte Drogenentzug ernsthafte, bisweilen lebensgefährliche Gesundheitsprobleme.

Die am Alkoholismus gebildete Ideologie der Abstinenz führte zwangsläufig zu einer neuen Sicht der Behandlung von Opiatabhängigkeit. Anders als eine regulative Kontrollkonzeption, die die Besonderheiten und Unterschiede der Opiate gegenüber dem Alkohol kennt und berücksichtigt und die lediglich Auswüchse und Mißbräuche bei der Opiatabgabe zu verhindern hätte, während sie sonst die Frage von Konsum und Therapie unangetastet lassen kann, ebenso verengen sich die am Modell des Alkoholismus gebildeten Therapievorstellungen allein auf die Forderung nach völliger Abstinenz. Die zu Beginn der Durchführung des Harrison-Gesetzes vom Bureau of Internal Revenue ergriffenen Kontrollmaßnahmen betrafen im wesentlichen nur die Rahmenbedingungen der Abhängigkeit. Mit der Vorstellung, daß "Heilung" von Opiatabhängigkeit gleichzusetzen ist mit absoluter Drogenfreiheit verband sich die ebenso verführerische wie falsche Vorstellung, die Opiatfrage könne durch den dauerhaften, abrupten und totalen Entzug der Droge gelöst werden. Und so wurde die Abhängigkeit selbst erstmals zum Gegenstand des kontrollierenden Zugriffs der Behörden: Anfang des Jahres 1920 fällte die Narcotic Division den Beschluß, alle Kliniken zu schließen.

4.10. Das Ende der Kliniken

Die neu gebildete Vorstellung von der Heilbarkeit der Opiatabhängigkeit durch abrupten und dauerhaften Entzug der Droge vertiefte natürlich den Widerspruch, der seit jeher zwischen der ablehnenden Haltung der Regierung gegenüber der ambulanten Erhaltungsbehandlung und der therapeutischen Praxis bestand, wie sie seit 1919 in den staatlichen Kliniken geübt wurde. Wie gesagt, beruhte die Entscheidung des Schatzministeriums für die ambulante Behandlung von Abhängigen ja weniger auf der Einsicht in die Notwendigkeit einer derartigen Therapie als auf der Absicht, mit der Möglichkeit zur vorübergehenden Drogenbereitstellung ein Mittel an der Hand zu haben, mit dem sich die erwarteten kontraproduktiven Begleiterscheinungen der von der Regierung eigentlich favorisierten repressiven Strategie auffangen ließen.

Die Entscheidung zugunsten der Kliniken war zu einem Zeitpunkt gefallen, wo die Strafbarkeit des Konsums erst kurze Zeit bestand und sich das Ausmaß ihrer negativen Folgen deshalb noch nicht absehen ließ. Anfang des Jahres 1920 jedoch war wegen der inzwischen mit den Kliniken gemachten Erfahrungen in dieser Hinsicht ein besserer Überblick möglich. Und sofort wurde deutlich, wie falsch die vom Schatzministerium seinerzeit verbreiteten Behauptungen über die Zahl der Opiatkonsumenten gewesen waren. So hatte die Klinik in New York City während der gesamten Dauer ihres Bestehens nur 7.500 Klienten. Das waren, so schätzte die Klinikleitung in New York, rund ein Drittel aller Opiatabhängigen dieser Stadt, und sie resümiert:

> Es ist offenkundig, daß die Zahl der Narkotikaabhängigen enorm übertrieben wurde. Es hat sich deutlich herausgestellt, daß diese Zahl statt 1 bis 2 Prozent der Bevölkerung allerhöchstens ein Viertelprozent umfaßt. Das in New York streng gehandhabte Harrison-Gesetz hat lediglich eine Population von 6.000 Abhängigen sichtbar werden lassen, und nicht wie vorher behauptet wurde 100.000 oder 200.000 (Lambert 1920, 8).

Noch eklatanter war der Gegensatz zwischen der Schätzung von bundesweit über 4 Millionen Abhängigen und der Klientenpopulation aller anderen Kliniken der USA, die insgesamt zu keinem Zeitpunkt mehr als 3.000 Personen umfaßte (Nyswander 1956).

Eine andere Erkenntnis, die man in New York gewonnen hatte, war, daß die Abhängigen nur in den seltensten Fällen mit der Absicht in die Klinik gingen, um nun ein für allemal Schluß mit dem Opium zu machen.

> Über 95 % aller Abhängigen, die im Riverside Hospital behandelt wurden, haben durch ihr Verhalten unter Beweis gestellt, daß sie die Einrichtungen der Klinik nicht wirklich in Anspruch nehmen wollten, haben wiederholt um vorzeitige Entlassung aus dem Programm gebeten oder auf sonstige Weise gegen das Programm verstoßen (Brill 1973, 119).

Einen Grund für das geringe Interesse an den Leistungen der Klinik erblickte man darin, daß es in New York für Abhängige mit einigem Geschick noch immer möglich war, den eigenen Drogenbedarf über illegale Kanäle mit qualitativ gutem Stoff zu decken.

Im Schatzministerium schloß man aus diesen Befunden, daß die Strategie der repressiven Bekämpfung der Opiatkonsumenten offenbar leichter durchzuführen sei als angenommen. Das Drogenproblem schien nun durchaus wieder mit den Mitteln der Behörde zu bewältigen zu sein; das anfangs beängstigend große und allein mit strafrechtlichen Mitteln kaum einzudämmende Süchtigenheer, das in Millionenstärke alle offiziellen Berichte zum Drogenproblem seit Ende des Weltkriegs durchzogen hatte, war plötzlich auf unerwartet wenig Menschen geschrumpft. Diese Menschen hatten auf die Illegalisierung des Drogenbesitzes überdies weder mit der befürchteten Panik oder sonstigen unkontrollierten Verhaltensweisen reagiert noch eine Welle von kriminellen Delikten zur Drogenbeschaffung ausgelöst oder bedrohliche Gesundheitsprobleme bekommen.

Besonders das Ausbleiben von Gesundheitskomplikationen bestärkte die Behörde in ihrem Glauben, daß abrupter Entzug der

Droge eine durchaus praktikable Methode der Heilung sei, und so nahm das Steueramt in seinem Jahresbericht 1920 gegenüber den Kliniken eine völlig andere Position ein als noch im Vorjahr:

> Im Juli 1919 wurden die staatlichen Steuereinnehmer angewiesen, in Zusammenarbeit mit den örtlichen Strafverfolgungs- und Gesundheitsbehörden, in ihren jeweiligen Distrikten Pläne zu erarbeiten, um *bona-fide*-Fälle von Narkotikaabhängigkeit angemessen behandeln zu können.
> Zur zeitweisen Lösung dieser anscheinend kritischen Situation wurde eine Reihe von Drogenkliniken bzw. -ambulanzen eingerichtet. Einige dieser sogenannten Kliniken, die seither im ganzen Land ohne Wissen und Einverständnis des Steueramtes gegründet wurden, dienten reinen Profitinteressen und dem ausschließlichen Zweck, die Betroffenen mit all jenen Drogen zu versorgen, die diese zur Befriedigung ihres morbiden Bedürfnisses verlangten. In einigen dieser Kliniken wurden keinerlei oder nur wenige Versuche unternommen, Therapieerfolge zu erzielen, und prominente Ärzte und Wissenschaftler, die sich mit Drogenabhängigkeit befaßt haben, sind praktisch einhellig der Meinung, daß solche Kliniken nichts Positives bewirken und daß die Heilung von Drogenabhängigkeit unmöglich ist, wenn sie nicht von institutioneller Therapie begleitet wird. Jetzt werden Schritte zur Schließung dieser Kliniken unternommen, welche nicht nur zur gesellschaftlichen Bedrohung, sondern auch zum Mittel der Perpetuierung der Sucht geworden sind. In vielen Fällen stellen sie überdies flagrante Rechtsbrüche dar (US Treasury Department 1920, 33 f.).

Man mag auch hieran sehen, wie schnell und nachhaltig das die Alkoholprohibition leitende Kernprinzip der völligen Abstinenz nach Übernahme der Narkotikakontrolle durch die für die Prohibition zuständigen Behörden auch zum Maßstab für die Beurteilung von Maßnahmen auf diesem Gebiet wurde: Obwohl es bei ihrer Gründung gerade nicht Aufgabe der Kliniken war, ihre Klienten zur dauerhaften Abstinenz zu erziehen, wurde nun dennoch die mit Abstinenz gleichgesetzte Heilung zum Maßstab für ihre Beurteilung der Kliniken.

Tatsächlich war die Praxis der Kliniken von Anfang an die ambulante Erhaltungstherapie gewesen, mit der die Patienten vor den gesundheitlichen Gefahren plötzlichen Drogenentzuges bewahrt werden sollten. Ob und wann der Patient die Droge ganz absetzen wollte, blieb seiner freiwilligen Entscheidung überlassen – wenngleich gerade bei dieser Therapieform oft für diese Entscheidung ausschlaggebende Motivationshilfen gegeben werden können. Jedenfalls war es dieses Freiwilligkeitsprinzip, das den Beamten der Narcotic Divison im

Lichte ihrer neu gewonnenen Erkenntnis, Abhängige müßten zwangsweise zu einem abstinenten Leben geführt werden, im Wege stand. Die Kliniken mußten verschwinden, weil sie die letzte Verkörperung eines primär kurativen, auf die freiwillige Entscheidung des Patienten aufbauenden Konzepts der Bewältigung der Drogenabhängigkeit darstellten.

Das war auch der Grund, warum die Narcotic Divison von vornherein auf die Schließung aller Kliniken, auch derjenigen abzielte, die anerkannt erfolgreich arbeiteten.

Da die Drogenkliniken nicht dem Schatzministerium und seinen Institutionen, sondern den Kommunen unterstanden, konnte die Narcotic Division die Kliniken nicht aus eigener Kompetenz, sondern nur nach dem Nachweis von Gesetzesverstößen durch Herbeiführung oder Androhung eines Strafverfahrens schließen lassen. Bei dem offenkundig laxen Umgang mit den Vorschriften des Harrison-Gesetzes in New York bildete dies dort keine besondere Schwierigkeit. Daher begann die Narcotic Division ihre Kampagne gegen die Kliniken auch gerade hier: New York war das schwächste Glied der Kette; Fehler und Nachlässigkeiten waren in der Tat vorgekommen. Es existierte beispielsweise kein wirksames Kontrollsystem, mit dem verhindert wurde, daß einzelne Abhängige sich gleich mehrere Tagesrationen abholten, einfach indem sie sich mehrfach in die Schlange der wartenden Klienten einreihten. Auch war es in New York vorgekommen, daß bereits an 15jährige Jugendliche Opiate ohne weitere Kontrolle abgegeben wurden.

New York City war aber auch noch aus einem anderen Grund der Schwachpunkt des Kliniksystems. In dieser Stadt hatte sich, anders als im übrigen Bundesgebiet, ein illegales Verteilungs- und Handelssystem für Drogen bereits relativ weit entwickelt, das natürlich in nur 9 Monaten – so lange bestand die New Yorker Klinik – nicht gänzlich verschwinden konnte. Abgesehen davon, daß nicht nur wegen der relativ großen Zahl von Abhängigen die Situation in New York besonders schwierig war, machte ein solches, mit dem staatlichen gewissermaßen konkurrierendes System den Abhängigen den Ausstieg aus dem staatlichen Therapieprogramm ziemlich leicht. Und hier dürfte auch die Hauptursache für die relativ große Fluktuation der Klienten liegen.

Die Drogenbehörde interpretierte dies freilich ganz anders. Sie leitete aus der inkonsistenten Klientenbeteiligung die These ab, daß die Folgen des abrupten Drogenentzugs wohl nicht so gefährlich seien wie angenommen, daß Drogenkonsumenten offenbar nicht unbedingt auf kontinuierlichen Konsum angewiesen seien, und daß ein Kliniksystem deshalb nicht vonnöten sei. Andernfalls hätten nicht so viele Abhängige das Programm vorzeitig beendet. Dabei ignorierte die Behörde, daß die Abhängigen aus ganz anderen Gründen ihre Therapien gefahrlos abbrechen konnten, nämlich weil sie das gefährliche Entzugssyndrom durch die Benutzung anderer Beschaffungsquellen für Narkotika vermeiden konnten. Das war der Grund, weswegen sie nicht auf dauerhafte Beteiligung an dem Behandlungsprogramm angewiesen waren. Die Behörde hingegen benutzte die Existenz eines Drogenschwarzmarktes für die Stützung der Abstinenzthese.

Diese am falschen Objekt falsch gezogenen Schlüsse übertrug die Prohibition Unit kurzerhand auf alle anderen Kliniken in den Vereinigten Staaten (vgl. Nyswander 1956; 1963).

4.10.1. Das Beispiel der Shreveport-Klinik

Besonders das Beispiel der Schließung der Klinik in Shreveport, Louisiana, belegt, daß vereinzelte Versäumnisse bei dem Klinikexperiment nur Vorwand für die Ausschaltung einer unliebsamen, nämlich therapeutisch-kurativen statt repressiv-punitiven Lösungsstrategie waren. Die Beamten des Schatzministeriums hatten bei ihren zahlreichen Kontrollbesuchen in Shreveport nicht das kleinste Indiz für irgendwelche Unregelmäßigkeiten gefunden, sie waren vielmehr, wie es in einem früheren Report über die Arbeit der Klinik hieß, "positiv beeindruckt von der Klinik und auch von Dr. Butler (dem Klinikleiter, *P.S.*), der hier sehr effektiv arbeitet und ein Verfahren zu besitzen scheint, wie den Abhängigen in der Klinik geholfen werden kann" (Nyswander 1963, 35).

Während den Beamten der Narcotic Division bis 1921 die Schließung fast aller Drogenkliniken des Landes geglückt war, hatte die Klinikleitung in Shreveport, der nicht verborgen geblieben war, was sich gegen sie zusammenbraute, ihr Behandlungsprogramm weiter ausgebaut und verbessert. Als im Oktober 1921 Beamte der Narcotic Division ein weiteres Mal eine Revision der Klinik vornahmen, fanden sie daher nicht das geringste Anzeichen von Unregelmäßigkeiten. Eine penible Überprüfung aller Ärzte und Apotheker des Ortes und der Umgebung erbrachte kein einziges unzulässig ausgestelltes Rezept. "Jedes Gran konnte belegt werden" (Musto 1973,

168). Für jeden einzelnen der 135 Patienten, die als "unheilbar abhängig" Erhaltungsmedikationen erhielten, konnte die Klinik mindestens drei Gutachten unabhängiger Mediziner vorweisen. Nach Anhörung der lokalen Polizeispitze registrierten die Beamten: "Es herrscht ein Klima absoluter Kooperation zwischen Dr. Butler und den Behörden der Polizei, der Stadtverwaltung und den Beamten der Bundesbehörden" Sie mußten feststellen, daß die Klinik "die volle Unterstützung der städtischen Beamten genießt, die in der Stadt Shreveport und der Gemeinde Caddo mit der Aufrechterhaltung von Recht und Ordnung befaßt sind" (Nyswander 1956, 98).

So bot sich für die Beamten des Narcotic Division keinerlei unmittelbare Handhabe für die Schließung der Klinik, was für die Narcotic Division umso bedrohlicher wurde, je mehr Shreveport zum Symbol einer alternativen Handhabung der Drogenfrage wurde. Die Klinik wurde zum "Angelpunkt für diejenigen, die nach 1919 an die Notwendigkeit eines bundesweiten Kliniksystems glaubten".

Die Geschichte der Schließung der Klinik in Shreveport ist vielleicht das anschaulichste Beispiel für den Konflikt der punitiven und kurativen Lösungsansätze, für die dahinter liegenden Interessen und zugleich für die Niederlage der nicht-repressiven Strategie. Nachdem die Narcotic Division keine handfesten Verdachtsmomente für Gesetzesverletzungen hatte finden können, ging sie zu einer Strategie der Verleumdung über und stellte die absurde These auf, das reibungslose Arbeiten der Klinik sei Resultat einer Verschwörung und Dr. Butler der Rädelsführer einer "die Klinik unterstützenden Propagandaorganisation und im Geheimen ein oppositioneller Gegner des Harrison-Gesetzes" (Lindesmith 1965, 158).

Ende 1922 setzte die Narcotic Division einen Spezialagenten auf die Klinik an, der Weisung hatte, mit Geheimdienstmethoden, mit Spitzeln und *agents provocateurs* Material gegen Dr. Butler und seine Klinik zu beschaffen und Gegenpropaganda zu betreiben. Das Material, das auf diese Weise zustandekam, bestand aus Anschuldigungen ungenannter Informanten, anonymen Briefen und Spitzelberichten und war, wie Musto (1973) vermutet, wahrscheinlich von Gruppen lanciert, die vom illegalen Drogenhandel profitierten oder der Klinik aus politischen Gründen den Garaus machen wollten.

> Es existiert in den Unterlagen des Finanzministeriums wohl kaum eine einzige Behauptung über die Klinik, die als zutreffend akzeptiert werden könnte oder nicht erhebliche Einschränkungen verdiente (Brill 1965).

Wohl wissend, daß mit diesem äußerst dürftigen Material kein Staat zu machen war, sandte die Narcotic Division eine diplomatische Abordnung zu den für die Klinik zuständigen Richtern und Staatsanwälten, die dort massiv für die Schließung der Klinik intervenierte. Das brachte schließlich das gewünschte Resultat. Dr. Butler wurde im Januar 1923 vom zuständigen Staatsanwalt vorgeladen, wo ihm von Beamten des Schatzministeriums eröffnet wurde, "daß sie mit dem ausschließlichen Auftrag entsandt worden waren, die Klinik zu schließen, 'weil sie die einzig verbliebene in den Vereinigten Staaten' ist" (King 1974, 60).

Mit massiver Einschüchterung brachte man Butler dazu, einer "einvernehmlich" genannten Schließung der Klinik zuzustimmen. Dr. Butler notierte einige Tage später die Begründung, mit der man von ihm die Klinikschließung verlangte: "Mir wurde gesagt..., daß meine Arbeit hier für Unruhe sorgen würde, weil andere Städte argumentierten, daß wenn Shreveport eine Klinik haben könne, sie ebenfalls dieses Privileg beanspruchen könnten". Die Behandlung der Patienten, etwaige Fehler oder Versäumnisse seitens der Klinik kamen nicht zur Sprache: "Keine Unterlage wurde geprüft, weder Patienten noch Mitarbeiter oder Ärzte wurden befragt, es ging um nichts anderes als die Schließung unserer Ambulanz" (King 1974, 61).

Nach Schließung der Klinik bemühte sich Dr. Butler, seine Patienten in anderen Institutionen unterzubringen – mit wenig Erfolg. Von denen, die er auf die Straße setzen mußte, landete ein Teil im Gefängnis, einige starben, und den Übrigen zwang die Abhängigkeit, ihr Geld zu Schwarzhändlern zu tragen; "sehr rasch sanken sie zu einem Zustand der zerrütteten persönlichen und finanziellen Verhältnisse ab" (Brill 1973, 112).

4.11. Der Einstellungswandel der Mediziner zur Therapie

Wie erwähnt, bedeutete die Einrichtung der Kliniken und die dort praktizierte ambulante Erhaltungstherapie nicht die grundsätzliche Freigabe dieser Behandlungsform. Ganz im Gegenteil, das Schatzministerium verband mit der staatlichen Praxis der Erhaltungsabgabe die Absicht, das Monopol der frei praktizierenden Ärzte auf diesem Gebiet zu brechen, und so entsprach der Praktizierung der Erhaltungstherapie in den staatlichen Einrichtungen ein verschärftes Vorgehen gegen die, welche dieselbe Therapie als frei niedergelassene Ärzte anwandten.

Weil nur sehr wenige Ärzte bei der Drogenverschreibung Verstöße begingen, die für eine sichere Verurteilung ausgereicht hätten, verfuhr man dabei im Schatzministerium mit einer Strategie der Bedrohung und Einschüchterung. In großem Stil wurden Ermittlungsverfahren gegen Ärzte eingeleitet, die zwar – das wußte man auch im Schatzministerium – mangels nachweisbarer Rechtsverletzung oder Beweisen früher oder später eingestellt werden mußten, mit denen sich aber die beabsichtigte einschüchternde Wirkung erzielen ließ, ohne daß gleichzeitig das Risiko von Urteilen eingegangen wurde, die den Interessen des Schatzministeriums hätten zuwiderlaufen können. So wurden im Jahr 1918 vom Schatzministerium 14.714 Ermittlungsverfahren gegen Ärzte eingeleitet – und später eingestellt. Diese Zahl stieg 1919 auf 22.595 und schnellte 1920 auf die Höhe von 47.835 (King 1974, 27).

Das alles beobachtete die Ärzteschaft mit Besorgnis. Und zwar umso mehr, wie in der Politik des Ministeriums deutlich wurde, daß das Problem der Erhaltungsmedikation nicht Streitpunkt in einer Auseinandersetzung um den richtigen Weg zur Heilung Abhängiger war, sondern sich in ihm der Konflikt um das Monopol der Drogentherapie zwischen Staat und freier Ärzteschaft zuspitzte. Aber für die Ärzte ging es noch um mehr als nur die Drogentherapie:

Parallel zur Frage der Drogentherapie debattierte die amerikanische Politik und Öffentlichkeit nämlich über die Notwendigkeit einer Neuordnung des Gesundheitswesens. Es ging hauptsächlich um die Einführung einer staatlichen Krankenversicherung nach dem Vorbild Großbritanniens. Arbeiter und Angestellte, so die Pläne, sollten einen Teil ihres Lohnes an eine staatliche Krankenversicherung abführen, was bedeutet hätte, daß die Ärzte ihre Honorare nicht mehr direkt bei ihren Patienten, sondern bei einer Staatsbehörde hätten eintreiben müssen.

Während die *American Association of Labor Legislation* dieses Vorhaben guthieß, wurde es von den medizinischen Standesorganisationen so aufgenommen, als sei damit das Ende des freien ärztlichen Berufsstandes gekommen. Sie glaubten, daß es die eigentliche und geheime Absicht der Regierung sei, die medizinische Profession unter ihre totale Kontrolle zu bringen und die Ärzte zu Quasi-Angestellten in einem staatlich kontrollierten Gesundheitswesens zu machen. Für viele Ärzte wurde diese Befürchtung zur Gewißheit, als die Regierung mit Vorschriften gegen die Vivisektion und der Einführung einer Meldepflicht für Geschlechtskrankheiten tatsächlich Eingriffe in die ärztliche Berufspraxis vornahm (Rosen 1958).

Gegenüber der Furcht vor "der wachsenden Versklavung des ärztlichen Berufsstandes" – wie die American Medical Association dies ausdrückte –, der Angst, ganz von einem staatlichen Gesundheitssystem aufgesogen zu werden, verlor das Interesse der Ärzteschaft am Recht zur freien Drogenverschreibung seine Bedeutung. Ja, es schien sogar, als stehe dieser Anspruch der Wahrung der Autonomie der Ärzte entgegen. Denn die Kliniken, denen so offenkundig von der Regierung größere Rechte als den Ärzten gewährt wurden, hielten viele für eine Art Pilotprojekt der staatlichen Gesundheitsfürsorge und daher für die Speerspitze des staatlichen Angriffs auf die ärztliche Berufsfreiheit. Dieser Angriff mußte abgewehrt werden, und so begann die Ärzteschaft gegen die Kliniken zu argumentieren. Diese Argumentation konnte nur darin bestehen, daß die Ärzte ihre lange Zeit eingenommene Position räumten, gegen die ambulante Erhaltungstherapie sei vom ärztlichen Standpunkt aus gesehen nichts einzuwenden, und nun die umgekehrte Position einnahmen, um sie als Argument gegen die staatlichen Institutionen in der Auseinandersetzung um ihre vermeintlich im ganzen bedrohte Unabhängigkeit ins Feld zu führen. So verabschiedete die AMA auf ihrer Jahreshauptversammlung 1921 folgende, von einem speziellen Komitee vorbereitete Resolution:

> Ihr Komitee möchte seiner festen Überzeugung Ausdruck verleihen, daß jede Methode zur Behandlung von Narkotikaabhängigkeit, sei sie privat, institutionell, offiziell oder staatlich, die der süchtigen Person die abhängigmachende Droge zur Selbstmedikation in die Hände gibt, eine unzureichende Behandlungsmethode ist, die ein trügerisches Bild erzeugt, den Mißbrauch abhängigmachender Drogen verlängert und einen Anstieg der Kriminalität verursacht. Deswegen empfiehlt ihr Komitee, die *American Medical Association* möge sowohl die Staats- als auch die Bundesregierungen dringend ersuchen, ihre ganze Macht und Autorität dafür einzusetzen, daß der Duldung aller Spielarten der sogenannten ambulanten Behandlung von Abhängigen, gleichgültig ob diese von privaten Ärzten oder von sogenannten 'Drogenkliniken' oder Ambulanzen geübt wird, ein Ende bereitet wird (American Medical Association 1921, 1669).

Die AMA stimmte damit in den Chor derjenigen ein, die Drogenabhängigkeit nicht als Krankheit, sondern als moralische Beeinträchtigung ansahen, die notwendig zu Kriminalität führe. Überdies bot eine solche Stellungnahme der AMA zugleich Gelegenheit, öffentliche Verantwortung einem kritischen Tatbestand gegenüber zu demonstrieren, was, wie man hoffte, dem einer Anhebung dringend bedürftigen öffentlichen Ansehen der Ärzte zugute kommen würde (vgl. Rosen 1958).

Das Einschwenken der medizinischen Standesorganisation auf die Linie der Abstinenz erleichterte dem Schatzministerium die weitere Durchsetzung seiner Politik. Die nun auch von den Ärzten gutgeheißene neue therapeutische Prämisse drückte sich erstmals in einer Verordnung des Schatzministeriums vom Oktober 1921 aus, wo festgelegt wurde, daß alle Abhängigen, die nicht wegen akuter schwerer Krankheiten (Krebs, fortgeschrittene Tuberkulose etc.) oder unheilbarer Alterskrankheiten Opiate erhielten, der Kategorie "gewöhnliche Abhängige" zuzurechnen seien. Das Prinzip der Drogenfreiheit wird hier erstmals als Maßstab des Therapieerfolges formuliert:

> Es ist eine anerkannte Tatsache, daß der normale Fall von Abhängigkeit nach angemessener Therapie verlangt, und daß Abhängige dauerhaft geheilt werden, wenn die Drogeneinnahme gestoppt und sie auch auf anderer Weise körperlich wiederhergestellt und in ihrer Willenkraft gestärkt werden (US Treasury Department 1921).

Dieser Erhebung der Abstinenz zum obersten Prinzip der Drogentherapie entsprach gleichzeitig, daß Zwang als Mittel zu ihrer praktischen Durchsetzung ins Arsenal der therapeutischen Methoden eingereiht wurde. So fügte das Ministerium seiner Verordnung auch gleich hinzu, auf welche Weise die Drogenfreiheit nur erzielt werden könne:

> Medizinische Fachleute sind einhellig der Meinung, daß eine mit ernsthafter Heilungsabsicht durchgeführte Drogentherapie erfolglos bleiben muß, wenn keine Vorkehrungen für die zwangsweise Einschließung des Abhängigen während der Phase des Drogenentzuges getroffen werden (US Treasury Department 1921, 758).

4.12. Das Behrman-Indictment

Noch auf eine andere Weise suchte sich die Ärzteschaft vor den zudringlichen Nachforschungen des Schatzministeriums zu schützen. Die AMA wandte sich an das Justizministerium mit der Bitte, für eine Entscheidung des Supreme Court zu sorgen, mit der die ambulante Behandlung von Drogenabhängigen verboten, zugleich aber auch festgehalten werden sollte, daß die übrige ärztliche Verschreibungspraxis rechtens sei. Neben den genannten Motiven erhoffte man sich von diesem Vorstoß – neben der Demonstration problembewußter Kooperationsbereitschaft – die Ablenkung der staatlichen Strafverfolgungsmaßnahmen auf einige Schwarze Schafe des Berufsstandes (Isbell 1963).

Das Justizministerium folgte dem Ansinnen der AMA, und im Jahr 1922 brachte das Schatzministerium in einer Sprungrevision einen beim District Court anhängigen Fall direkt zum Supreme Court und begründete dies so:

> (Der vorliegende Fall) betrifft eine Frage von öffentlichem Interesse, nämlich die Bedeutung der Worte "ausschließlich in Ausübung seiner beruflichen Praxis" in jenem Abschnitt des Gesetzes, das von seinen Vorschriften die ärztliche Abgabe und Verschreibung von Drogen an einen Patienten "ausschließlich in Ausübung seiner beruflichen Praxis ausnimmt. Die praktische Anwendung des Harrison-Drogengesetzes hängt in einem großen Ausmaß von der Entscheidung ab, die das angerufene Gericht in diesem Fall zu treffen haben wird (King 1953).

So saß im Jahr 1922 der Supreme Court über einen Arzt aus New York City zu Gericht. Dr. Behrman war ein sogenannter 'dope doctor'. Sein Fall schien ideal, um für die Narcotic-Division eine weitere Einschränkung der Voraussetzungen für die Drogenabgabe zu erzielen. Dr. Behrman war festgenommen worden, weil er einem einzigen Abhängigen Rezepte für insgesamt 150 Gramm Heroin, 360 Gramm Morphin und 210 Gramm Kokain erteilt hatte. Das war, wie der Supreme Court festhielt,[23] genug für über 3.000 Injektionen. Da mit dieser Anklage beabsichtigt war, selbst das medizinisch indizierte Verschreiben von Drogen zu illegalisieren, wurde in ihr das Verhalten Dr. Behrmans nicht als gesetzwidrige Überdehnung eines im übrigen durchaus bestehenden Verschreibungsrechts, sondern als Beispielsfall für den Schaden dargestellt, den das Recht zur ambulanten Behandlung von Abhängigen insgesamt anrichte. So hieß es in der Anklagebegründung des Generalstaatsanwaltes:

> Der Zweck dieser Anklage und des vorliegenden Revisionszulassungsbeschlusses (*writ of error)* ist es, die Frage zum Gegenstand einer gerichtlichen Entscheidung zu machen, ob die sogenannte "ambulante Therapie" von Drogenabhängigen durch einen Arzt *im Sinne des Gesetzes* in Abschnitt 2 des Harrison-Gesetzes verboten ist oder nicht... Mit dem Begriff "ambulante Therapie" ist die Behandlung eines Drogenabhängigen durch einen Arzt gemeint, in de-

[23] US vs. Behrman, 285 U.S. 280, 189 (1922)

> ren Verlauf er dem Abhängigen Drogen in Mengen verschreibt oder aushändigt, von denen der Arzt guten Glaubens ist, daß der Zustand des Abhängigen zum Zeitpunkt der Erteilung des Rezeptes dies erforderlich macht, die der einmaligen oder periodischen Anwendung durch den Abhängigen anheimgegeben werden, und die es dem Abhängigen erlaubt, das Rezept so zu verwenden, wie dieser es für richtig hält, ohne Überwachung und Kontrolle durch den Arzt oder in sonst irgendeiner Weise. Um den Sachverhalt des vorliegenden Falls deutlich klarzustellen, muß hervorgehoben werden, daß nach Auffassung der Anklage der sogenannte "Patient" in diesem Fall an keiner weiteren Krankheit litt als an der Drogenabhängigkeit selbst. Es muß eingeräumt werden, daß Drogenabhängigkeit eine Krankheit ist, und daß der Angeklagte in gutem Glauben war, dieselbe mit seiner Behandlungsmethode heilen zu können. Gleichwohl ist es eine wohlbekannte Tatsache, daß Drogenabhängige einer Klasse von Menschen angehören, die sowohl in ihrem Sinn für moralische Verantwortung wie in ihrer Willenskraft ernsthaft beeinträchtigt sind... Daher geht es um die Frage, ob jeder Arzt die Freiheit hat, wenn er es für medizinisch geboten hält, Personen mit dem Charakter von Drogenabhängigen die Möglichkeit zu verschaffen, ohne jegliche Überwachung über Drogen zu verfügen... Es trifft zu, daß in den Fällen *Doremus*, *Webb* und *Jin Fuey Moy* davon ausgegangen wurde, daß diese Ärzte nicht beabsichtigten, mit ihrer Verschreibungspraxis eine Heilung der Abhängigen zu bewirken, sondern die Drogen allein deshalb verschrieben, um die Sucht der Abhängigen zu befriedigen; und im vorliegenden Fall ist das Gericht gefordert, noch weiter zu gehen als in diesen Entscheidungen und festzulegen, daß unabhängig von Absicht und Glauben des Arztes das Gesetz verletzt ist, wann immer er Abhängigen Drogen zu deren alleiniger, unkontrollierter Verfügung überläßt (*US vs. Behrmann*).[24]

Mit einer Mehrheit von 6:3 Stimmen urteilte der Supreme Court im Sinne der Anklage und setzte so nicht nur der nichtmedizinischen Verwendung von Opiaten, sondern auch der Legalität einer kunstgerechten und mit ehrlichen Heilungsabsichten durchgeführten ambulanten Drogentherapie ein Ende. Selbst eine erfolgreich durchgeführte schrittweise Entzugsbehandlung war nun strafbar. Die einzige Drogenquelle, die Abhängigen noch verblieb, war der Schwarze Markt – für etwas anderes als abstinentes Konsumverhalten bei Narkotika gab es keine Rechtsgrundlage mehr.

---

[24] 258 U.S. 280 (1922), Hervorhebungen im Original

Kapitel 5
Die Folgen der Kriminalisierung

Zu Beginn der 20er Jahre war der politische Prozeß abgeschlossen, durch den alle Narkotikakonsumenten zu potentiellen Kriminellen geworden waren.

Die mit diesem Prozeß einhergegangenen Aktivitäten in der Sphäre von Gesetzgebung und Rechtsprechung, der Ministerien, der beteiligten Standesorganisationen und Berufsgruppen etc. waren mit ihren Begleiterscheinungen der öffentlichen Berichterstattung, Problematisierung und Legitimierung natürlich nicht ohne Einfluß auf die Einstellung der Bevölkerung gegenüber dem Narkotikakonsum geblieben. Doch weil die politische Meinungsbildung relativ isoliert vor sich gegangen war, ohne daß die Öffentlichkeit dabei mehr als eine nur passive Funktion gehabt hatte, blieb in der öffentlichen Meinung die Figur des Drogenkonsumenten weit ambivalenter und vielschichtiger als der vom Gesetzgeber entworfene Typ des Abhängigen als krimineller Außenseiter.

Die frühere Toleranz gegenüber den Narkotika war nun zwar dem Verdacht gewichen, daß Drogenkonsum mit psychischen Störungen, Unmoral und unsozialem Verhalten zusammenhängen könnte, doch überwog bei seiner Beurteilung noch immer die eher verhaltene Ablehnung, die man etwa gegenüber Promiskuität oder Glücksspiel hegte. Trotz dieser gewiß negativen Beurteilung wurden Drogenkonsumenten nicht automatisch als Kriminelle betrachtet. Der Narkotikakonsum war im öffentlichen Denken zwischen Krankheit und Fehlverhalten angesiedelt, er galt in moralischer und medizinischer Hinsicht als schädlich und für schwer heilbar. Man gab dem Drogenabhängigen zwar eine Mitschuld am Entstehen seines Zustandes, weil er sich vielleicht in "schlechte Gesellschaft" begeben hatte und dort verführt wurde, die nun aber für ganz zwangsläufig gehaltene Entwicklung und ihre demoralisierenden Begleiterscheinungen bewahrte ihn jedoch weitgehend vor der Zuschreibung der individuellen oder gar strafrechtlichen Verantwortlichkeit für die Folgen. Während der

Gesetzgeber den Drogenabhängigen als eindeutig "kriminellen Abweichenden" definiert hatte, hielt sich in der Öffentlichkeit parallel dazu das konkurrierende Konzept vom Abhängigen als "krankem Abweichenden" (Isbell 1963; Gusfield 1963).

Nachdem ihre drogenpolitischen Vorstellungen inzwischen Gesetz geworden waren, ließen nun auch die normorientierten Aktivitäten des Gesetzgebers sowie des Schatzministeriums und seiner nachgeordneten Behörden nach. Das Thema 'Narkotika', das während des Krieges und der Phase der Ausweitung der Narkotikagesetzgebung vorübergehend eine gewisse Publizität genossen hatte, war kein sehr ergiebiges Objekt mehr für die Medien. Bis auf gelegentliche Einzelfälle – meist im Zusammenhang mit spektakulären Kriminalfällen – überwand das Thema Opium- und Kokainkonsum kaum noch die Grenzen der Expertenöffentlichkeit. In seinem Nachrichten- bzw. Unterhaltungswert hielt es keinem Vergleich stand mit den dramatischen Berichten über Razzien bei Schwarzbrennereien, Aushebungen von Schmugglerringen und Gangsterkriegen, die die Kriminalberichterstattung der Prohibitionszeit eindeutig beherrschten (Leuchtenburg 1958).

Die Drogenkonsumenten waren zu dieser Zeit zwar eine leicht diskreditierbare, aber mangels in dieser Hinsicht engagierter Protagonisten und verglichen mit anderen Gruppen von Abweichenden, gewiß keine besonders stark diskreditierte Population. Und wenn wir mit Lautmann (1978) unterstellen, daß zur Konstituierung eines sozialen Problems nicht nur ein als öffentlicher Mißstand wahrgenommener Tatbestand existieren, sondern auch eine relevante Zahl von Menschen dies so definieren und artikulieren muß, so war das Phänomen des gewohnheitsmäßigen Narkotikakonsums zu Beginn der 20er Jahre gewissermaßen ein soziales Problem im Wartestand: ein *potentielles* soziales Problem.

5.1. Narkotikakonsum und Statuspolitik

Wie oben dargelegt, war das Narkotikastrafrecht nicht dadurch entstanden, daß aus der Bevölkerung ein Wunsch nach staatlicher Kontrolle – etwa auf dem Weg über die Skandalisierung spektakulärer Einzelfälle, die Agitation moralisch indignierter, normorientierter Bürgerinitiativen, den Druck der öffentlichen Meinung etc. – "von unten nach oben" an den Gesetzgeber herangetragen wurde und diesen zum Handeln verpflichtet hätte. Würde man Howard Beckers

(1973) Rat folgen, beim Erlaß von Strafgesetzen nach dem moralischen Unternehmertum zu suchen, das dahinter steckt, so würde man im Falle des frühen amerikanischen Narkotikastrafrechts am ehesten noch auf den Staat selbst und seine Institutionen stoßen.

So haben wir es hier mit einem Prozeß zu tun, der mit jenen Befunden der Normgeneseforschung inkonsistent ist, die eine in einer moralisch indignierten Bevölkerung entstandene normorientierte Bewegung als regelmäßige Voraussetzung für den Erlaß von Strafrecht ansehen (Becker 1973; Gusfield 1963; Zurcher et al. 1971; Sutherland 1969).

Hier stellt sich eher die umgekehrte Frage, nämlich danach, wieso der Narkotikakonsum erst *nach* seiner Kriminalisierung zum Objekt normorientierter Bewegungen und schließlich zum akuten sozialen Problem wurde, während er zuvor in der Allgemeinheit jenes Ausmaß von Indignation nicht hervorrief, das in der Regel als ursächlich für solche Entwicklungen angesehen wird. Unbeschadet der Tatsache, daß normorientierte Bewegungen tatsächlich häufig dem Erlaß von Strafrecht vorausgehen, wird im folgenden die umgekehrte Situation beschrieben, nämlich die, in der das Strafrecht die Voraussetzungen für normorientierte Bewegungen schafft.

Wie Joseph Gusfield es am Beispiel der *Womans Christian Temperance Union* (WCTU) nachgewiesen hat, kann über die Regelung eines manifesten Mißstandes hinaus mit den Aktivitäten normorientierter Bewegungen zugleich auch "Statuspolitik" verbunden sein. Das ist der Fall, wenn die Haltung gegenüber einem bestimmten sozialen *issue* zugleich auch Symbol für eine weitergehende kulturelle Einstellung ist. Die umkämpften Devianzdefinitionen sind dann lediglich die Mittel, die die Konfliktparteien im Kampf um fernere Zwecke als Werkzeug einsetzen (Gusfield 1963). Man darf annehmen, daß in dieser oder jener Form in die meisten Kontroversen um Abweichung Statusaspekte hineinspielen. Denn ein Verhalten als abweichend zu bezeichnen, ist zugleich immer auch eine soziale Degradierung seiner Träger. So gesehen sind Fragen des Status' stets implizit in Konflikten um Devianzdefinitionen enthalten (Schur 1979; Chambliss/Mankoff 1976).

Das heißt nicht, daß die Mitglieder normorientierter Bewegungen stets auch Statuspolitik betreiben wollen; Statuspolitik ist eine Funktion solcher sozialer Bewegungen, die weitgehend unabhängig von den bewußten Motiven ihrer Mitglieder ist. Diese Motive können sehr verschieden und sogar dergestalt sein, daß es ziemlich gleichgültig ist, wogegen gekämpft wird, solange dies nur überhaupt mit Aussicht auf Erfolg möglich ist.

> Eine Möglichkeit moralisch, und zwar moralischer als die anderen zu sein, ist es, sich freiwillig als Soldat im Krieg gegen das Böse zu verpflichten und irgendeine Verruchtheit anderer Leute aufzuspüren und zu bestrafen (Cohen 1973, 11).

Derartige, durchaus nicht altruistische Gründe für das Entstehen normorientierter Bewegungen sind nicht ungewöhnlich. So fand etwa Anthony Platt bei seiner sozialhistorischen Untersuchung der amerikanischen Jugendgerichtsbewegung, daß die Arbeit der Reformer nicht nur von ihrem sozialen Gewissen und Gerechtigkeitsgefühl diktiert war, sondern auch der Suche nach einer sinnvollen Freizeitbeschäftigung in einer immer komplexeren und anonymeren Umwelt entsprang:

> Die 'child saver' waren sich darüber klar, daß ihr Engagement für soziale Außenseiter ... nicht nur von uneingennützigen Idealen der Gerechtigkeit und Gleichheit herrührte. Ihre philanthropische Arbeit sollte ein Lücke in ihrem eigenen Leben schließen, eine Lücke, die durch den Verfall der traditionellen Religion, größere Freizeit und wachsende Langeweile sowie den Zusammenbruch sozialer Bindungen in unpersönlichen, überbevölkerten Städten entstanden war (Platt 1969, 77).

Ein Beispiel für die geradezu bizarren Motive, die Moralunternehmungen zuweilen haben können, bietet die Geschichte des Town-Boylan-Gesetzes des Staates New York. Dort hatte sich der famose William K. Vanderbilt nach einer langen – und von der Boulevardpresse gierig ausgeschlachteten – Ehebruchsaffäre von seiner Frau scheiden lassen und nach kurzer Zeit deren Nebenbuhlerin geheiratet. Bald waren die neue Mrs. Vanderbilt und seine inzwischen mit dem Industriellen Belmont ebenfalls reich wiederverheiratete erste Frau tödliche Rivalinnen. Es ging um die Vorherrschaft in der feinen Gesellschaft New Yorks und in den Klatschspalten und Gesellschaftsnachrichten. Mrs. Belmont schien diese Auseinandersetzung für sich entschieden zu haben, indem sie der Suffragettenbewegung beitrat und als eine ihrer Sprecherinnen auf den Frontseiten der Zeitungen erschien. Daraufhin begann nun die neue Mrs. Vanderbilt aktiv zu werden: Sie gründete und finanzierte Anti-Drogen-Komitees, veranstaltete Brief- und Telegrammkampagnen und führte Anti-Narkotika-Märsche die Fifth Avenue hinauf und hinunter. Der publizistische

Erfolg, den sie dabei hatte, brachte einerseits Mrs. Belmont zur Verzweiflung und wird andererseits als ein wichtiger Faktor für die Genese des ersten New Yorker Anti-Drogengesetzes angesehen (Reasons 1974).

In der Regel hängen die Motive der Mitglieder normorientierter Bewegungen natürlich stark von den Problemstellungen ab, die in der jeweiligen Gesellschaft gerade aktuell sind. In den Vereinigten Staaten, wo die Bildung normorientierter Bewegungen schon damals eine lange Tradition hatte, bot vor allem die lange Zeit hin und her wogende Auseinandersetzung um den Erlaß der Alkoholprohibition jahrzehntelang ein weites Betätigungsfeld für Moralunternehmungen, zu denen während der Kriegsjahre noch ungezählte kleinere, aber auch den ganzen Staat umspannende patriotische Bürgerinitiativen, Hilfskomitees etc. hinzukamen. Mit dem Kriegsende und der Verabschiedung der Alkoholprohibition hatten diese Vereinigungen ihre Ziele erreicht und waren so über Nacht gewissermaßen beschäftigungslos geworden. Die Situation, in der der Moralunternehmer sich nun befindet, beschreibt Howard Becker so:

> Der Erfolg eines Kreuzzuges läßt... den Kreuzfahrer ohne neue Aufgabe zurück. Ein solcher Mensch, der nicht weiß, was er tun soll, kann sein Interesse verallgemeinern und etwas Neues entdecken, das Besorgnis erregt, ein neues Übel, gegen das etwas getan werden sollte. Er wird ein professioneller Entdecker von Unrecht, das zurechtgerückt werden sollte, und von Situationen, die neue Regeln erfordern (Becker 1973, 138).

Nach dem Erlaß der Alkoholprohibition standen vor allem die Mitglieder der Abstinenzbewegung vor einer Neuorientierung. Die WCTU blieb zwar als Organisation bestehen und hielt rigide an ihrer immer unpopulärer werdenden Mission fest, die Struktur ihrer Mitgliedschaft änderte sich jedoch stark. Die Angehörigen der unteren Mittelschichten blieben ihr als "Moralprediger auf dem Rückzug" erhalten, während die Mitglieder der oberen Mittelschichten, das einstige Rückgrat der Bewegung, abwanderten (Gusfield 1963, 129 f.).

Aber nicht nur die ehemaligen Aktivisten der Prohibitionsbewegung bildeten ein wachsendes Mitgliedsreservoir für kommende Moralunternehmungen. Der Aufbruch zu immer neuen moralischen Kreuzzügen wurde nach Beendigung des Weltkrieges vielmehr fast zu einer Art Gesellschaftsspiel, das alten und neu entstehenden Gentlemen-Klubs, Frauenvereinigungen, religiösen Gemeinden, Sekten und Logen, denen bloße Geselligkeit als Rechtfertigung ihres Zusammenschlusses zu dürftig erschien, zugleich Zeitvertreib und Zusammenhalt versprach. Der Kampf gegen Mißstände diente sonst zu keinem "produktiven" Zweck organisierten Klubs und Vereinigungen als rationale Klammer, er half, ein zunehmend auch das Freizeitleben beherrschendes Prinzip des Pragmatismus und Utilitarismus auch hier zu wahren (vgl. Davis 1938).

Was moralische Unternehmer für soziale Problemlagen halten und wie sie dagegen vorgehen, wird vor allem von der Sichtweise bestimmt, die in der sozialen Sphäre des Moralunternehmers, nämlich in der Regel den mittleren und oberen Gesellschaftsschichten obwaltet. Der Standpunkt des Moralunternehmers ist folglich der, von dem aus Mittelschichtenangehörige die Mitglieder der unteren sozialen Schichten beurteilen. Das bedeutet, daß die Auseinandersetzung um die Devianzdefinition von vornherein ein ungleicher Kampf ist:

> Moralische Kreuzfahrer wollen bezeichnenderweise den sozial unter ihnen stehenden zu einem besseren Status verhelfen... Doch dieses Faktum – daß moralische Kreuzzüge von den oberen Rängen der Sozialstruktur beherrscht werden – bedeutet, daß sie die Macht, die sie aus der Legitimation ihrer moralischen Position ableiten, noch um jene Macht verstärken, die sie aus ihrer höheren Position in der Gesellschaft ableiten (Becker 1973, 135).

Die Ideologie der amerikanischen Mittelklasse zu jener Zeit war geprägt von der vorerst abgeschlossenen Herausbildung einer modernen Industriegesellschaft. Auf ideologischer Ebene ging damit die Durchsetzung des von Max Weber beschriebenen, und die Protestantische Ethik genannten, Systems von Glaubenssätzen, Normen und Maximen der Lebenführung einher, das mit seinen Grundprinzipien von Individualismus, Rationalismus und Utilitarismus auch für die Arbeits- und Kulturmuster des Amerikas der 20er Jahre bestimmend wurde. Wie in den europäischen Industriestaaten war die moderne Industriegesellschaft auch hier vor allem eine Massengesellschaft, in der der Einzelne als Spielball der Demagogen, der Reklame und der Massenkommunikationsmittel seine Individualität immer schwerer zu behaupten vermochte. In den ausufernden, gleichförmigen Wohn- und Arbeitsstätten, in der Monotonie der Arbeitswelt und im modischen Massenverhalten der Freizeit drohte er zum ununterscheidbaren Sandkorn unter lauter anderen seinesgleichen zu werden. Wer nicht qua Geburt über die Statusmerkmale 'Stand' und 'Besitz' verfügte, konnte seine soziale Position nur durch Leistung verbessern. Nicht zuletzt aus diesem Grund ist der Begriff 'Industrielle Massengesellschaft' synomym mit dem Ausdruck 'Leistungsgesellschaft' (vgl. Dahrendorf 1974).

Am stärksten verinnerlicht war dies alles umfassende Leistungsprinzip bei denen, die sich der Schwelle der gehobenen Lebensweise am nächsten glaubten, bei den Mittelschichten. In seiner Arbeit über "Geistige Gesundheit und Klassenstruktur" hat Kingsley Davis (1938) beschrieben, wie dieses Leistungsprinzip gerade in den Mittelschichten ein Konzept von 'Normalität', d.h. von psychischer Gesundheit hervorbrachte, das "ganz und gar von den Werten der Protestantischen Ethik bestimmt war" (S. 56). Davis zeigt, wie die Befolgung der geltenden Prinzipien der Protestantischen Ethik – individuelle Initiative, Fleiß, Sparsamkeit, Bedürfnisaufschiebung, strikte Nüchternheit, Askese und Vernunft – in dem Maße, wie dieses Konzept der Anpassung vorherrschendes Kulturmuster wurde, auch als Maßstab dafür diente, ob jemand als gesund und angepaßt oder krank und abweichend galt (Davis 1938).

Wie erwähnt, war ja bereits die Prohibitionsbewegung stark von den Prinzipien der Protestantischen Ethik beeinflußt gewesen und hatte großen Einfluß auf die Beurteilung der Narkotikafrage gehabt. Nachdem das Prinzip der Abstinenz hier auf eindrucksvolle Weise, und mit Implikationen, die weit über das Problem des Alkoholkonsums hinauswiesen, bestätigt worden war, lag es im Grunde nahe, auch den Narkotikakonsum zum Gegenstand normorientierter Aktivitäten zu machen. Bestrebungen in diese Richtung schienen von vornherein Erfolg zu versprechen.

Denn die Narkotikakonsumenten waren ein geradezu idealer Konfliktgegner. Anders als die mächtige Gruppe der Alkoholanhänger, der *Wets*, waren sie unorganisiert, besaßen weder die Möglichkeit zur eigenen Artikulation noch verfügten sie über Fürsprecher, mächtige Verbündete oder gar eine Wirtschafts- und Industrielobby. Die Auseinandersetzung mit ihnen brauchte nicht gefürchtet zu werden.[25]

Insgesamt wies die Narkotikafrage so alle Merkmale eines sozialen Phänomens auf, das zur Transformation in ein soziales Problem für eine gut gerüstete, finanzstarke und schlagkräftige Organisation geradezu einlud. Bedenkt man zudem, daß die moralisches Unternehmertum begünstigenden Bedingungen nicht erst seit den 20er Jahren existierten, daß die Protestantische Ethik schon länger Bestandteil der amerikanischen Kultur und die Narkotikakonsumenten schon im-

---

[25]Zu den Voraussetzungen des Bestehens von Gruppen unterschiedlichen Organisationsgrades in sozialen Konflikten vgl. Lofland 1969.

mer eine kleine, unorganisierte und schwache Gruppe gewesen waren, daß ferner, wie die lange Geschichte der Temperance-Bewegung zeigt, auch die Überzeugung von der Verwerflichkeit des Konsums berauschender Substanzen keine Errungenschaft der 20er Jahre war, so erscheint es nicht zuletzt auch im Licht der Einengung der Individual- und Bürgerrechte während des Weltkrieges verwunderlich, daß bis Mitte der 20er Jahre moralisches Unternehmertum gegen den Narkotikakonsum der weißen Amerikaner ausblieb.

5.2. Statuspolitik und Segregation

Die Behauptung ist hier, daß es die Art der gesellschaftlichen Verteilung des Verhaltensmusters 'Drogenkonsum', also die soziale und räumliche Segregation von Narkotika konsumierenden Individuen ist, mit der sich das lange Ausbleiben moralischen Unternehmertums gegen den Narkotikakonsum erklären läßt. Zwar ist Heinz Steinert (1973) zuzustimmen, daß unter bestimmten Umständen die Segregation abweichender Verhaltensweisen in "Subkulturen mit Statuskriterien" vor der Abstempelung ihrer Mitglieder als kriminell schützen kann. Doch funktioniert dies nur dann, wenn mit der Segregation die Bildung einer vor unerwünschten Einblicken Dritter geschützten Zone der Geheimhaltung einhergeht, wofür sich als Beispiel bestimmte Subkulturen von sexuell abweichenden Mittelklasseangehörigen nennen lassen (vgl. Bartell 1971; Lindenstein-Walshock 1971). Fehlt es an einer solchen Abschirmung, so zeigt sich eine für die Betroffenen gefährliche Kehrseite, denn das gehäufte Vorkommen von Abweichung in einer bestimmten gesellschaftlichen Zone schafft auch eine Grenzlinie, trennt sie von der angepaßten Welt und erleichtert so die moralische Entrüstung derjenigen, die sich außerhalb dieser Zone befinden.

Eine solche Grenzlinie zu markieren ist stets das Ziel normorientierter Bewegungen. Das bedeutet aber nicht, daß vor Beginn solcher Aktivitäten keine Unterschiede zwischen den Moralunternehmern und ihren Objekten existieren. Im Gegenteil: es muß so etwas wie ein diskriminierender Anknüpfungspunkt von vornherein gegeben sein. Denn Moralunternehmer betreiben nicht die Schaffung von Verhaltensunterschieden zwischen sozialen Gruppen, sondern die Transformation vorhandener Verhaltensunterschiede in diskreditierende Kategorien. Die Existenz einer statusrelevanten Grenzlinie zwischen dem Moralunternehmer und seinen Objekten ist auf unterschiedlichen Ebenen zugleich Ziel und Voraussetzung seines Tuns. Wieso es von vornherein Unterschiede sind, an die normorientierte Bewegungen anknüpfen, macht Albert Cohen deutlich:

> Die Mitglieder eines Kollektivs haben ein Interesse an einer kollektiven Identität oder an einem gemeinschaftlichen Selbst (*corporate self*), denn dieses ist Bestandteil ihrer eigenen Identität. Sie tragen seinen Namen und, bis zu einem gewissen Grad, auch seine Aura, wie immer diese beschaffen sein mag. Es ist für sie Quelle von Scham und Stolz. Wir sollten deswegen davon ausgehen, daß die Regeln, an denen Mitglieder von Kollektiven sich gegenseitig messen, Verhaltensweisen vorschreiben, die die Unterschiede (*claims of distinction*) hervorheben, durch die eben dieses Kollektiv sich von anderen Kollektiven in der jeweiligen Gesellschaft abzuheben beansprucht (Cohen 1973, 14).

Auch aus Howard Beckers Arbeit (1973) geht hervor, daß moralisches Unternehmertum ohne eine gewisse, von vornherein bestehende grenzmarkierende Segregation kaum denkbar ist. Die alleinige Legitimationsgrundlage für sein Tun ist die “überlegene” Moral des Moralunternehmers. Diese kann aber nur so lange überlegen sein, wie ein grundsätzlicher und wesentlicher Unterschied zwischen dem Moralunternehmer und seinen Objekten existiert.

> Er geht mit einer absoluten Ethik vor; was er sieht, ist wahrhaft und total schlecht, ohne Einschränkung. Jedes Mittel ist recht, um es aus dem Weg zu räumen. Der Kreuzfahrer ist leidenschaftlich und gerecht, häufig selbstgerecht (Becker 1973, 133).

Wo mit einem solchen Absolutheitsanspruch vorgegangen wird, kommen als Kampfobjekte ausschließlich solche sozialen Tatbestände und Verhaltensweisen in Frage, von denen der Moralunternehmer allenfalls als Opfer betroffen, von denen er selbst aber ganz und gar frei ist. All seine Legitimation, sein moralischer, missionarischer Anspruch und sein Wunsch zu bekehren, ruhen auf der Überzeugung, daß das zu bekämpfende Phänomen in den eigenen Reihen nicht vorkommt (vgl. Becker 1973, 133 f.).

Auch Joseph R. Gusfield betont in seiner Untersuchung über den “Symbolischen Kreuzzug” gegen den Alkohol, daß für statuspolitische Zwecke die Eigenart der symbolisierenden Verhaltensweise weniger wichtig ist als ihre von Anfang an vorhandene Fähigkeit zur Markierung einer sozialen Trennungslinie:

> Grundsätzlich ist jedes Verhalten dazu geeignet, den sozialen Status und die Gruppenidentität einer Person zu symbolisieren. Entschei-

> dend ist nur, daß damit tatsächlich eine Unterscheidung zwischen den sozialen Ebenen möglich ist, und dies auch so wahrgenommen wird" (Gusfield 1963, 27).

Im Statuskonflikt um den Alkoholkonsum zwischen den ländlichen, protestantischen Mittelschichten und den städtischen Unterschichten war diese Voraussetzung gegeben. Ihn zum vordergründigen Objekt in dieser Auseinandersetzung zu machen, war deshalb ganz folgerichtig. In den beiden konfligierenden Lagern herrschten unterschiedliche Weisen des Umgangs mit dem Alkohol: während die protestantische Landbevölkerung tatsächlich überwiegend alkoholabstinent lebte, war die Mehrheit der städtischen Unterschichten dem Alkohol durchaus zugetan. Das stand fest. Mit dieser Segregation war die notwendige Trennungslinie zwischen den Moralunternehmern und ihren Objekten gegeben. Nur deshalb konnten auf ihren beiden Seiten – ganz ohne definitorisches Hinzutun Dritter, etwa des Gesetzgebers – die jeweiligen Konsumgewohnheiten zu Symbolen bestimmter Lebenseinstellungen werden, an die die Abstinenzbewegung dann anknüpfen konnte. Unterschiedliche Gewohnheiten beim Umgang mit dem Alkohol entsprachen den Unterschieden zwischen sozialen Gruppen, d.h. eine Trennungslinie zwischen Trinken und Nichttrinken war vorhanden und weitgehend identisch mit der Trennungslinie zwischen den konfligierenden Parteien. Und darauf kommt es an, wenn eine marginale Handlungsweise, ein kleiner Ausschnitt aus einem großen Spektrum von Verhaltensweisen, klares Kriterium für die Unterscheidung sozialer Gruppen sein soll. Hierin liegt ihre Fähigkeit, als Symbol für etwas anderes, umfassenderes zu stehen. Trinken und Nichttrinken waren diskriminierende Merkmale mit Statusrelevanz. Wie Feldzeichen, unter denen die Anhänger bestimmter Lager sich sammeln, waren sie

> signifikante Zeichen für die Gegensätze bzw. Gemeinsamkeiten..., durch die aus den Differenzierungen von Gruppenmitgliedern die Substanz eines sozialen Klassensystems gemacht wurde (Gusfield 1963, 28).

Anders als beim Alkohol lag die Sache dagegen bei den Narkotika. Ihr Konsum war in den Vereinigten Staaaten eine überaus äquivoke Erscheinung, deren Verteilung hinweg über alle gesellschaftlichen Ebenen ziemlich gleichmäßig war. Die Trennungslinie zwischen Konsum und Abstinenz verlief im Gegensatz zum Alkoholkonsum hier nicht parallel zu bestimmten sozialen Grenzlinien, sondern quer durch alle Gesellschaftsschichten. Das Attribut "Drogenkonsument" hatte deswegen keine Statusrelevanz oder auch nur klare gruppen- oder schichtspezifische Konnotationen. Weder herrschte Konsens darüber, welche Art von Abweichung Drogenkonsum überhaupt bedeutete und wie man angemessen hierauf zu reagieren hatte, noch herrschte Einigkeit über seine Ursachen und Folgen. Stereotype Klassifizierungen waren noch nicht zum Tragen gekommen, die Figur des 'typischen Narkotikakonsumenten' existierte nicht. So war die Haltung den Narkotika gegenüber in keiner Weise gleichbedeutend mit einem Bekenntnis zu einer bestimmten kulturellen Einstellung; die Betonung der Vorschrift, keine Narkotika zu konsumieren, war nicht dazu geeignet, eine bestimmte Gesellschaftsschicht oder Gruppe symbolisch von einer anderen abzuheben.

Wo im Hinblick auf die Beurteilung einer bestimmten Form von Abweichung eine derartige Ambiguität herrscht, bleibt das nicht ohne Einfluß auf die Wahrscheinlichkeit von mißbilligenden oder strafenden gesellschaftlichen Reaktionen auf sie. Wie Alexander Clark und Jack Gibbs es nennen, beeinträchtigt die Vieldeutigkeit von Abweichung die Herausbildung von klar umrissenen "reaktiven Normen" ihr gegenüber. Je geringer der gesellschaftliche Konsens darüber ist,

- daß tatsächlich eine Regelverletzung vorliegt (und nicht etwa ein Unfall, ein Irrtum oder eine Krankheit etc.),
- welche Reaktion auf die Abweichung die angemessene ist,
- wer im Hinblick auf Kompetenz und Status zu der Identifikation des Verhaltens als abweichend berechtigt ist,

desto größer ist die Wahrscheinlichkeit, daß eine Reaktion auf die Abweichung ganz ausbleibt (Gibbs 1966; Clark/Gibbs 1975).

Wo es an diesem Konsens fehlt, bedeutet es ein gewisses Risiko, Handlung und Handelnden als abweichend zu bezeichnen. Der Bezeichnende sitzt gewissermaßen in einem Glashaus. Die Bezeichnung kann einen Bumerang-Effekt in der Weise bekommen, daß sie in Form von Bezeichnungen der Intoleranz, Heuchelei, Spießigkeit, Arroganz etc. auf den Bezeichnenden zurückfällt. Dieses Risiko wird noch größer, wenn es um Abweichungen geht, die – wie der Narkotikakonsum – relativ weit verbreitet sind, die man den Abweichenden aber nicht ansieht. Die zusätzliche Gefahr besteht dann darin, daß diejenigen, denen gegenüber jemand als Abweichler bezeichnet wird, selbst Abweichende der bezeichneten Art sind. Der Bezeichnende kann hier in die Situation desjenigen kommen, der in der Gesellschaft von Homosexuellen 'Schwulenwitze' erzählt (vgl. Hawkins/Tiedeman 1975, 114).

Ein ähnliches Risiko wären Angehörige der Mittelschichten eingegangen, wenn sie sich zu normorientierten Aktivitäten gegen jede Form des Narkotikakonsums zusammengeschlossen hätten. Wegen des verbreiteten Narkotikakonsums in diesen Kreisen hätten solche Moralunternehmer hier keine große Unterstützung erwarten können. Möglicherweise wären sie sogar Gefahr gelaufen, in einen offenen Konflikt mit den Angehörigen der eigenen Schicht zu geraten; der Vorwurf "Nestbeschmutzer" fällt ja bekanntlich schnell, wenn jemand Fehlverhalten seiner eigenen Gruppe anprangert.

Derartige Unsicherheiten im Umgang mit abweichenden Verhaltensweisen verhindern also in der Regel deren offene Mißbilligung. Vielleicht besonders im angelsächsischen Kulturraum ergibt sich daraus die Neigung, das Unklare der Situation mit in einer, wie Emerson (1970) es nennt, "Nothing-unusual-is-happening-Haltung" zu kaschieren, einer Demonstration scheinbarer Unbeteiligtheit: die Regelverletzung wird einfach ignoriert. Man spricht nicht über sie und zeigt auch nicht mit Fingern auf den Abweichenden. Niemand will der sein, der den ersten Stein wirft (Emerson 1970).

Das sind die Gründe, warum der Narkotikakonsum nicht die Symbolkraft aufwies, die notwendig ist, um potentiell konfligierende gesellschaftliche Gruppen zu polarisieren und so statuspolitische Unternehmungen auszulösen. Seine Ambiguität verhinderte die Herausbildung klarer reaktiver gesellschaftlicher Normen, vor allem innerhalb der Mittelschichten, dem Ausgangspunkt moralischen Unternehmertums. Das erklärt, warum die latent vorhandene moralische Indignation gegenüber dem Narkotikakonsum sich nicht bis zur Organisation normorientierter Bewegungen verdichtete, obwohl die übrigen Umstände dafür günstig waren. So blieb moralisches Unternehmertum gegen den Narkotikakonsum aus, bis schließlich ein entscheidender Wendepunkt erreicht wurde.

5.3. Selektive Stigmatisierung

Dieser Wendepunkt war die Definition des Narkotikakonsums als kriminelles Delikt: das Strafrecht zog eine klare und nachvollziehbare Trennungslinie durch die Population der Drogenkonsumenten. Dies allerdings nicht dadurch, daß nun anscheinend abstrakt und generell jeder, der unerlaubt mit Narkotika umging, mit Strafe bedroht wurde. Vielmehr bestand die Hauptfunktion der strafrechtlichen Definition darin, eine Perspektive dafür zu eröffnen, welchem sozialen Ort das

Strafdelikt Narkotikakonsum vor allem zuzuordnen sei. Jener Zone der Gesellschaft nämlich, wo man seit jeher zuerst nach Straftätern zu suchen gewohnt war, bei den Randgruppen, den Ausgeschlossenen und den Unterdrückten, kurz, in der Unterschicht, die man in den Vereinigten Staaten damals die "Klasse der Kriminellen" nannte.

> Es herrschte der verbreitete Glaube an die Existenz einer "Klasse der Kriminellen", die durch eine "unsichtbare Grenzlinie" vom Rest der Menschheit getrennt war. Es gab keinen vernünftigen Grund, warum diese Klasse nicht identifiziert, diagnostiziert, segregiert, erzogen und kontrolliert werden konnte. Kriminalität enthüllte sich dort wie eine Krankheit "im Gesicht, in der Stimme, in der Person und ihrer Haltung" (Platt 1969, 23).

Zu dieser Klasse zählten öffentliche Meinung wie wissenschaftliche Literatur das Milieu des unangepaßten Lebenswandels, die Boheme, die Jazzmusiker, Schauspieler, Komödianten und Prostituierten ebenso wie die Welt der professionellen Kriminalität, der *Rackets* und *Gangs*. Der Abscheu, den das konventionelle Amerika diesem so unproduktiven und schon deshalb zutiefst unmoralischen Lebensstil entgegenbrachte, wurde zum bestimmenden Faktor bei der Beurteilung des Narkotikakonsums.

Das Strafrecht verdinglichte die äquivoken und vielfältigen Verhaltensmuster des Narkotikakonsums im Stereotyp des potentiell kriminellen Unterschichtangehörigen. Es ordnete zuvor höchst ambivalente Einstellungen in ein klares Schema, inszenierte gewissermaßen den kriminellen Drogenabhängigen, schrieb ihm Rolle, Bühne und Text vor. Erst das Stereotyp des kriminellen Drogenkonsumenten schuf eine konkrete Figur, in der man sich erschreckt wiedererkannte oder von der man sich wohltuend unterschied. So vergrößerte das Strafrecht die subjektive Distanz zwischen Narkotikakonsum und der angepaßten Welt, und verringerte sie zugleich zwischen ihm und der Unterschicht.

Daß mit seiner Kriminalisierung dem Narkotikakonsum Eigenschaften verliehen wurden, die ihn einer eindeutig definierbaren und abgrenzbaren sozialen Schicht zuweisbar machte, ist nur die eine Seite der Medaille. Die Sache hat noch einen anderen wichtigen Aspekt. Denn Konzepte von Gut und Böse, Abweichung und Konformität etc. sind auf eine dialektische Weise miteinander verbunden. Jeder derartige Begriff wird nicht nur anhand dessen, was er ist, an gleichartigen Modellen, Beispielen und Vorbildern gebildet, sondern auch an seinem Gegenteil, an dem was er nicht ist. Jedes Konzept von

Respektabilität hängt ab von einem Gegenbild, einer Art negativem Referenzmodell, ohne das es seine volle Bedeutung nicht entfalten kann (Douglas 1970).

Ein solches Gegenbild bedeutet nicht nur, daß bestimmte Normen anderer nicht akzeptiert werden, sondern setzt "die Bildung von Gegennormen" voraus (Merton 1957, 300). So läßt sich erklären, daß mit der Herausbildung des Unterschichtenstereotyps zugleich eine Kontrastkonzeption des Narkotikakonsums in den Mittel- und Oberschichten entstand. Die durch das Strafrecht hergestellte Assoziation von Drogenkonsum und städtischer Unterschichtenkriminalität exkulpierte so die angepaßten Drogenkonsumenten, indem es ihnen Entschuldigungen und Rechtfertigungen an die Hand gab. Damit wurde es nun auch möglich, Narkotikakonsumenten ohne weiteres als soziale Außenseiter, willensschwache Psychopathen oder gefährliche Kriminelle zu klassifizieren, ohne damit mit dem eigenen Selbstbild des angepaßten Normalbürgers in Konflikt zu geraten.

Die Zuweisung des Stigmas 'Drogenkonsument' in eine bestimmte soziale Sphäre und die damit verbundene Bildung einer Kontrastkonzeption vom Narkotikakonsum in den Mittelschichten können nicht lediglich als Umverteilung einer bestimmten fixen Menge des "negativen Gutes Kriminalität" (Sack) angesehen werden. Es veränderte sich hierdurch vielmehr auch die Vorstellung von der Größe dieses negativen Gutes, in diesem Fall der "Drogenkriminalität" selbst. Wie Popitz (1965) nachgewiesen hat, kann ein Normensystem die Entdeckung aller Rechtsbrüche nicht überstehen, ohne daß die Strafe ihr moralisches Gewicht verliert. In der Konsequenz ähnlich argumentiert Wilkins (1965), daß nämlich das moralische Gewicht einer Abweichung eng zusammenhängt mit ihrer Seltenheit und Unerwartetheit. Damit meint Wilkins nicht die tatsächliche, sondern die relative Häufigkeit, mit der Abweichung innerhalb der Gesamtinformation eines bestimmten Individuums oder einer bestimmten Gesellschaft auftritt, d.h. bekannt wird. In diesem Sinne reduzierte die selektive Zuweisung des kriminellen Stigmas 'Drogenkonsument' an eine bestimmte Gruppe das Gesamtphänomen auf ein Ausmaß, das noch groß genug war, um den ungehemmten Einsatz des Strafrechts zu verdienen, das aber nicht jene Größe erreichte, welche die Wirksamkeit der Strafe in Frage stellte.

Das Unterschichtenstereotyp schuf eine Realität, in der das einheitliche Wirkungspotential der Narkotika bei der Beurteilung ihres Konsums immer mehr in den Hintergrund trat. Das Gefährdungs-

und Suchtpotential bestimmter Substanzen, ihre Indikationen und Nebenwirkungen, das alles waren Themen, die mehr und mehr von der Frage überlagert wurden: wer bedient sich der Drogen und zu welchem Zweck? Der rührige Geschäftsmann, der zum Wohl der Familie oder des Unternehmens seine Kräfte überspannt? Oder der Barkeeper, die Stripteasetänzerin, der schwarze Jazzmusiker und die Prostituierte? Von der Beantwortung solcher Fragen hing es ab, ob Drogenkonsum toleriert oder verurteilt wurde.

Die frühere Ambivalenz des Narkotikakonsums wurde nach seiner Kriminalisierung abgelöst von Beurteilungskriterien, in der der Konsum eine geringere Rolle spielte als sein sozialer Kontext. Weniger hing die moralische Beurteilung einer Person davon ab, ob und welche Drogen sie konsumierte, als daß die moralische Bewertung des Drogenkonsums dem jeweiligen Status der Person folgte, die ihm anhing. Die Konzeption des illegitimen Narkotikakonsums spiegelte so die Wertvorstellungen der Mittelschichten, ihre moralischen Präferenzen und sozialen Standpunkte wider, denen er in fast schrankenloser Fungibilität unterworfen war.

Dadurch waren jetzt die Voraussetzungen dafür gegeben, daß der Narkotikakonsum zum Gegenstand moralischen Unternehmertums werden konnte: seine Kriminalisierung hatte die notwendige Trennungslinie geschaffen, die solche Bewegungen zur Voraussetzung haben.

Gegen Mitte der 20er Jahre schrieben in den Vereinigten Staaten zahlreiche Bürgervereinigungen den Kampf gegen Narkotika auf ihre Fahnen.

Das Wirken der größten und mächtigsten von ihnen ist mit dem Namen Richmond P. Hobsons verknüpft, eines "Helden" des japanisch-amerikanischen Krieges. Hobson, der bis zur Verabschiedung des Volstead-Gesetzes als am höchsten bezahlter Redner der *Anti-Saloon-League* für die Alkoholprohibition gearbeitet hatte, war ein professioneller Moralkreuzzügler. Nach dem Versiegen der Einnahmequelle, die für ihn der Kampf gegen den Alkohol gewesen war, gründete er im Jahre 1923 *The International Narcotic Education Association*, 1926 *The World Conference on Narcotic Education* und 1927 *The World Narcotic Defence Association.* Als ehemaliges Mitglied des Repräsentantenhauses verfügte Hobson über ausgezeichnete Verbindungen und verstand es glänzend, den von ihm geleiteten Organisationen immer wieder öffentliches Gehör zu verschaffen. Ohne sich von besonnenen, realistischen Untersuchungen oder kritischen

Stimmen in ihrer Arbeitsweise irgendwie dämpfen zu lassen, verbreiteten diese Organisationen in Zeitschriften, Anzeigenkampagnen, Telegramm- und Briefaktionen, Rundfunksendungen etc. furchterregende und vermeintlich abschreckende Darstellungen des Drogenproblems und seiner verheerenden Folgen, Darstellungen die von anderen aufgenommen und – gutgläubig oder nicht – weiterverbreitet wurden. Nach dem Muster der Propaganda für das Alkoholverbot griff man auch bei dem Anti-Drogen-Feldzug zum Mittel der Angsterzeugung mittels Übertreibung – mit großem Erfolg. Zu ihren besten Zeiten verfügten allein die von Hobson gegründeten Organisationen über einen aus Spenden gewonnenen finanziellen Grundstock von mehr als 10 Millionen Dollar, was groß angelegte Kampagnen erlaubte und den Anti-Drogen-Botschaften sogar Eingang in die Schulbücher verschaffte.

Die Kampagnen dieser Organisationen, die bis in die 30er Jahre aktiv blieben, richteten sich nicht generell gegen den Konsum berauschender Substanzen, sondern der Vorstellung entsprechend, daß einzig und allein der Drogenkonsum der Unterschichten verdammenswert sei, nur gegen diesen Teil der drogenkonsumierenden Bevölkerung, und zwar vor allem gegen den Heroinkonsum der städtischen Unterschichten. In einem typischen, 1928 bundesweit im Rundfunk ausgestrahlten Vortrag Hobsons über Heroinabhängige heißt es:

> Um seine Heroinversorgung zu sichern, unterstützt der Abhängige nicht nur eine Politik gegen das allgemeine Wohl, sondern er wird lügen, stehlen, rauben und wenn nötig auch morden. Die meisten Raubüberfälle, Straßenraube, grausamen Morde und ähnliche Gewalttaten, das wissen wir jetzt, werden hauptsächlich von Drogensüchtigen begangen, welche die Hauptursache der alarmierenden Kriminalitätswelle bilden, die uns gegenwärtig überschwemmt. Von dieser Frage hängt das Fortbestehen der Zivilisation, das Schicksal der ganzen Welt und die Zukunft des menschlichen Geschlechts ab (Hobson 1928, 54).

Die verschiedenen Nebenbedeutungen, die Drogenabhängigkeit durch ihre Verknüpfung mit moralischer Schwäche, Gewalttätigkeit, Kriminalität und Unproduktivität erhielt, verbanden sich allmählich zu einer festen Mythologie, die sich in dem zunehmend geläufigen Begriff "dope-fiend" (zu deutsch etwa Drogenteufel) niederschlug. Kokain rief unweigerlich das Bild des aggressiven, gewalttätigen Südstaatennegers, Opium das des verschlagenen Chinesen und der Prostituierten, Morphium das des Tramps und Skid-row-Bewohners und Heroin das des Kriminellen hervor.

Diejenigen Drogenkonsumenten hingegen, die im übrigen durchaus im Einklang mit der angepaßten Welt waren, befanden sich nun in sicherer Entfernung vom Problemkreis Narkotikakonsum. Ihnen begegnete man mit sehr viel Verständnis, gar mit Wohlwollen. Das Ergebnis von all diesem war schließlich die Klassizifizierung der Narkotikakonsumenten in zwei distinkte Gruppen, einerseits in die Gruppe des " 'Unfall'-Abhängigen, der die Sucht entwickelt, nachdem er die Droge als Schmerzmittel benutzte" und andererseits in "die größere Gruppe derjenigen, die zu Narkotika wegen nervlicher Instabilität greifen – weil sie psychopathische Persönlichkeiten besitzen" (Hall 1932).

Der Grund, warum Drogenkonsum verurteilt wurde, verlagerte sich in immer neuen Formulierungen vom Konsum als solchem zu einer nicht angepaßten Werthaltung im Hinblick auf Arbeit, Lebensstil und dem Streben nach bürgerlichem Fortkommen. Typisch für diese Auffassung ist die Behauptung von Sceleth und Kuh, man könne Drogenkonsumenten daran erkennen, daß dies Personen seien, "die sich nicht im Einklang mit der angepaßten Welt" befänden (Sceleth/Kuh 1924, 680).

Ein weiteres typisches Beispiel für diese Doppelbeurteilung bietet folgende Stellungnahme der American Medical Association aus dem Jahr 1925:

> Zu Klasse eins (der Drogenkonsumenten, *P.S.*) zählen wir alle physisch, geistig und moralisch Defekten, die Penner, Tramps, Müßiggänger, Nichtstuer, verantwortungslosen Kriminellen und die Angehörigen der Unterwelt... Klasse zwei setzt sich aus vielen guten Bürgern zusammen, die schuldlos abhängig wurden und die im wahrsten Sinne des Wortes "Opfer" sind. Morphin nimmt keine Rücksicht auf den Stand, und seine Opfer sind Ärzte, Rechtsanwälte, Künstler, Schauspieler, Richter, Kongreßabgeordnete, Senatoren, Priester und Schriftsteller. In all diesen Fällen ist die Opiatabhängigkeit keine Sünde, sondern ein Alptraum (Terry/Pellens 1928, 495).

Dieses Erklärungsschema reduzierte bei Oberschichtangehörigen die Ursachen des Drogenkonsums auf singuläre, vorübergehende Faktoren, während es bei Unterschichtangehörigen die Ursachen zu einem pathologischen Syndrom ausweitete, das den ganzen Lebensbereich der Unterschichten betraf.

Wo Drogenkonsum nicht nur singuläre Erscheinung, sondern eingebettet in ein umfassendes Muster vielfältiger abweichender Handlungen und Neigungen war, mußte auch die Reaktion umfassend und vielfältig sein. Beispielhaft für den Symptomcharakter, den Drogenkonsum für einen abweichenden Lebensstil bekam, ist die Schilderung von Claude:

> In diesen Gruppen ist der Drogenkonsum nur eines von vielen Symptomen, darunter Lügen, sexuelle Ausschweifungen, Feigheit, Niederträchtigkeit etc. All dies finden wir bei den Konsumenten, gewöhnlich labilen Individuen, häufig Kriminellen aller Art und auch Individuen, die aufgrund von Überempfindlichkeit instabil sind, und die früher als hochgradig geistesgestört klassifiziert wurden (Claude 1928, 126).

Die von den Anti-Narkotika-Organisationen verbreitete Vorstellung, daß die Population der Narkotikakonsumenten in zwei unterschiedliche Gruppen einzuteilen sei, hatte seine Entsprechung auch in Stellungnahmen offizieller Instanzen. So heißt es in einer Erklärung des Schatzministeriums aus dem Jahr 1920:

> Die Abhängigen können in zwei Klassen aufgeteilt werden, einmal die Klasse, die hauptsächlich aus Süchtigen der Unterwelt besteht, und zum anderen diejenigen Abhängigen, die so gut wie alle den gehobenen sozialen Schichten entstammen (US Treasury Department 1920, 120).

Ein anschauliches Beispiel für die Doppelzüngigkeit bei der Beurteilung des Drogenproblems bietet der bereits erwähnte Daniel C. Roper, der für die Durchsetzung des Narkotikastrafrechts verantwortliche Chef des Bureau of Internal Revenue. Roper, der einer der Wegbereiter der Kriminalisierung der Drogenabhängigen war, legte gegenüber den Abhängigen aus seiner eigenen Schicht eine bis zur Rechtsbeugung gehende Nachsicht an den Tag, zu der er sich in seinen 1941 erschienenen Memoiren sogar öffentlich bekannte. So berichtet er von folgender Begebenheit:

> Eines Tages kam ein junger Rechtsanwalt aus North Carolina in mein Washingtoner Büro. "Mr. Commissioner", bat er, "wegen ihrer neuen Drogengesetze muß ich das Land verlassen und nach Kanada gehen". "Wegen welcher Gesetze?", fragte ich. Der Mann war makellos gekleidet und von angenehmer Erscheinung. "Ihrer Bestimmung, die das ärztliche Verschreibungsrecht für Opiate drastisch einschränkt. Ich muß meine Frau und zwei Kinder verlassen und eine erfolgreiche Anwaltspraxis aufgeben." Ich betrachtete ihn. "Wie groß sind sie?", fragte ich. "Sechs Fuß", kam die Antwort. "Und sie wollen behaupten", sagte ich, "daß ein Mann wie sie, mit ihrer Ausbildung und Stellung, die höchsten Güter, die das Leben zu bieten hat, wegen einer lächerlichen Drogenabhängigkeit aufgeben will?" Vor Scham schlug er die Augen nieder, und seine Stimme

> verriet Erregung, als er sagte: "Ich kann nichts dagegen tun, Mr. Commissioner".
> "Weiß ihre Familie davon", fragte ich. "Nein", erwiderte er, "sie haben mich nie in Verdacht gehabt". Ich überlegte einen Augenblick und faßte schließlich einen Entschluß. Den jungen Rechtsanwalt betrachtend sagte ich, "Wie wäre es, wenn sie mir den Namen ihres Hausarztes geben? Ich werde ihm einen Brief schreiben und ihn bitten, ihren Fall zu überprüfen. Ich werde ihm die Erlaubnis erteilen, nach den Vorstellungen zu handeln, von denen er das Gefühl hat, daß sie in ihrem Fall gerechtfertigt sind" (Roper 1941, 188).

Die Doppelbeurteilung der Drogenkonsumenten nach ihrer sozialen Stellung kam auch den Interessen der American Medical Association und der American Pharmaceutical Association, den Standesorganisationen der Ärzte und Apotheker, entgegen. Und zwar aus mehreren Gründen. Beide Berufsstände standen ja in dem Verdacht, wegen ihrer großzügigen Abgabepraxis an der Verbreitung des Drogenkonsums mitschuldig zu sein. Bereits während des Philippinenkrieges im Jahr 1898 waren *AMA* und *APhA* für die Verbreitung des Opiumkonsums unter den amerikanischen Soldaten verantwortlich gemacht worden.

Die Aufteilung des Drogenkonsums in zwei distinkte, klassengebundene und moralisch unterschiedlich zu bewertende Verhaltensmuster erlaubte es nun der AMA und der APhA, sich nachträglich von der Schuld an den negativen Folgen des Drogenkonsums freizusprechen. Indem alle negativen Begleiterscheinungen des Narkotikakonsums dem moralischen Tiefstand einer per se kriminellen Klasse zugeschrieben wurden, verfolgte man die Absicht, sich auch für die Zukunft der Teilhabe am einträglichen Drogenverkauf und -verschreiben zu versichern. Ferner erlaubte dieser Standpunkt der beträchtlichen Anzahl Morphinabhängiger in der Ärzteschaft selbst, sich der repressiven Drogenkontrolle anzuschließen, ohne dabei in Konflikt mit der eigenen Wahrnehmung als moralisch intakten Bürger zu geraten.

Es liegt auf der Hand, daß sich aus der den Drogenkonsum relativierenden Haltung auch die Forderung nach jeweils unterschiedlichen Kontrollformen ergab. Kriterium dafür war auch hier die Klassenzugehörigkeit der Konsumenten, nicht der Drogenkonsum als solcher. Wo in den oberen Schichten Drogenkonsum Begleiterscheinung von "geistiger Überbeanspruchung, anstrengenden Geschäften" (Anders/Musser 1928, 123) bei ansonsten normalen und gesunden Persönlichkeiten war, galten andere Bekämpfungsstrategien als dort, wo er aus "der Perversität, die bei den lasterhaften und sündigen

Prostituierten und Angehörigen der Halbwelt üblich ist" resultiere (Claude 1928, 126). So empfehlen etwa Sceleth und Kuh eine Drogentherapie, deren Anknüpfungspunkt die Klassenzugehörigkeit des Abhängigen ist:

> Von diesen beiden Gruppen (den angepaßten und den Konsumenten aus der Unterschicht, *P.S.*) stellt die erste nur einen relativ kleinen Teil und verdient eine weitaus bessere Prognose. Die Mehrheit dieser Patienten jedoch fällt in die zweite Gruppe, und bei ihr ist die Chance einer dauerhaften Heilung unter den gegebenen Verhältnissen sehr klein. Hier gibt es nur ein Mittel gegen den Rückfall, und das besteht darin, die Verfügbarkeit der Droge zu unterbinden (Sceleth/Kuh 1924, 680).

Die weitere Argumentation von Sceleth und Kuh läuft auf die Verharmlosung der Abhängigkeit der Angepaßten und die Suggestion hinaus, daß problematische Begleiterscheinungen sich hier im Zuge ärztlicher Behandlung mit der Zeit von selbst erledigen würden, weshalb auch keine besonderen Maßnahmen gegen diese Konsumenten zu ergreifen seien, während für die andere Gruppe eine völlige Unterbindung der Drogenquellen für notwendig gehalten wurde.

Auch die ärztlichen Standesvertreter argumentierten, daß für den respektablen Narkotikaabhängigen freiwillige ärztliche Behandlung ausreiche:

> Diesem Typ ist offenkundig nur mit der Hilfe von Ärzten zu helfen, und jede Beschränkung sollte aufgehoben werden, die dem Arzt die angemessene Therapie für solche Leidende erschweren könnte (Simon 1924, 677).

Der "kriminelle Süchtige" hingegen,

> dessen Sucht in ihrem Ursprung und in ihrer Fortdauer auf Lasterhaftigkeit, schlechte Einflüsse und kriminelle Assoziationen zurückgeht, stellt ein völlig anderes, nämlich ein Problem für die Polizei dar (Simon 1924, 678).

5.4. Selektive Stigmatisierung und Statusmanagement

Die sozialen Prozesse, an deren Ende sich Menschen sowohl mit kleinen Elementen ihres Verhaltensarsenals wie auch mit ihrer gesamten Identität plötzlich jenseits der Grenze des gesellschaftlich noch Tolerierten, im Bereich von verderbter Moral und Kriminalität wiederfinden, können, was die Art der Grenzüberschreitung anbetrifft, grob in zwei Kategorien eingeteilt werden.

Zum einen kann nämlich jemand die Überschreitung einer sozial gewachsenen oder strafrechtlich gesetzten Grenze zwischen Konformität und Abweichung in einem mehr oder weniger bewußten Akt selbst vollziehen. In diesem Fall ist die die Grenzen verletzende Bewegung eine Bewegung des Abweichenden.

In die zweite Kategorie fallen dagegen jene Grenzverletzungen, die sich ohne aktives Dazutun der Betroffenen ereignen. Dieser will vielmehr in seiner sozialen Position verharren und wird dem Bereich des Abweichenden dadurch nähergerückt, daß Verschiebungen moralischer Demarkationslinien Bereiche seiner bislang konformen Verhaltensmuster ausgrenzen. Das Individuum gerät so in eine Lage eingeengter Verhaltensgrenzen. Das kann dazu führen, daß schließlich Verhaltensweisen mit einem negativen Bewertungsakzent belegt werden, an die er gewohnt ist, die Bestandteil seiner Identität sind und derer er zu ihrer Aufrechterhaltung bedarf.

Die erste Variante der Abweichung kann man in Anlehnung an Lofland (1969) offensive, die zweite defensive Grenzüberschreitung nennen. Beide Varianten erfordern unterschiedliche Erklärungen. Denn wenn jemand aktiv eine strafrechtliche Grenze überschreitet, dann ist in ihm etwas vorgegangen, das ihn zu dem Schritt in die Kriminalität bewogen hat, und man kann sich nun Gedanken über die Ursachen hiervon machen. Sind hier pathologische Anlagen des Betroffenen zum Durchbruch gekommen? Wurde er von anderen "verführt"? Verfolgt er mit der Abweichung ein bestimmtes Ziel, auf das er fixiert ist und das er mit legalen Mitteln nicht erreichen kann? Glaubte er, daß das Verbot auf Personen wie ihn eigentlich nicht angewendet werden brauche? Suchte er den Reiz des Verbotenen? Oder erschien ihm einfach die Abweichung lohnender als die Konformität; hat die Generalprävention versagt?

Wenn hingegen jemand kriminell wird, weil neu definierte Verhaltensgrenzen über ihn hinweggingen, nicht weil er einen aktiven Schritt in die Kriminalität tat, so können für dieses Kriminell-Werden offensichtlich weder sozialpathologische, kriminelle oder irgendwie sonst abweichende Bezugssysteme des Betroffenen verantwortlich sein. Lern- und sozialisationstheoretische Erklärungsversuche, als deren prominenteste vielleicht Sutherlands Theorie der differentiellen Assoziation zu nennen ist, sind hier ganz unangebracht. Und nicht nur sie. Genau genommen, wäre hier nämlich jeder Erklärungsversuch verfehlt, der mit Ursachenforschungen bei den Betroffenen ansetzte. Die Ursachen für diese Form der Kriminalität sind hingegen identisch mit den Ursachen für die Genese der Strafnorm.

Bei defensiver Devianz, um die es sich – wie ich noch darlegen werde – bei der hier in Rede stehenden Drogenkriminalität handelt, stellt sich daher die Frage nach ihrer Ätiologie nicht. Statt dessen geht es um das Problem, wie der Betroffene auf die moralische Transformation einer seiner Eigenschaften in eine diskreditierende Kategorie reagiert. Für solche diskreditierenden Attribute, deren Zuschreibung den erfolgreich so Bezeichneten als befleckte, beeinträchtige Persönlichkeit ausweist, hat sich in der Soziologie seit den Arbeiten Erving Goffmans der Terminus 'Stigma' eingebürgert (Goffman 1977; 1981)

Für die Betroffenen liegt das allgemeine Problem des Stigmas in der Bewältigung der Vorbehalte, die man ihm gegenüber hegt und die ihn für die vollen Teilhabe am sozialen Leben disqualifizieren. Welche Probleme das Stigmamanagement im einzelnen aufwirft, hängt jedoch von der Art des Stigmas ab. In dieser Hinsicht gibt es beträchtliche Unterschiede.

Personen etwa, die diskreditiert sind, weil man ihnen ihr Stigma, etwa eine angeborene Behinderung oder körperliche Entstellung etc., äußerlich ansehen kann, stehen vor der Aufgabe, mit der "Spannung, die während sozialer Kontakte erzeugt wird" (Goffman 1977, 56) fertig zu werden. Für sie ist Stigmabewältigung hauptsächlich ein Problem des sozialen Fernraums, da sie in Familie und Peer-Gruppe noch am ehesten akzeptiert werden.

Anders verhält es sich bei denen, deren Stigma, etwa die Eigenschaft Narkotikakonsument zu sein, unsichtbar ist. In den Augen der anderen sind sie noch nicht diskreditiert, aber sie sind diskreditierbar, und sie wissen dies. Für den "Diskreditierbaren" besteht das Problem des Stigmas darin, daß nun eine Diskrepanz zwischen seiner "virtuellen sozialen Identität", d.h. seiner in der sozialen Routine, anhand konventioneller Charakteristika vermuteten Identität, und seiner "aktuellen sozialen Identität", d.h. der Gesamtheit seiner tatsächlich vorhandenen Eigenschaften, existiert. Hier besteht das Problem des Betroffenen darin, die Information über sein Stigma zu steuern bzw. zu verbergen. Er muß "unwissentlicher Akzeptierung seiner selbst durch Individuen begegnen, die voreingenommen sind gegen Personen von der Art, als deren Angehöriger er enthüllt werden kann" (Goffman 1977, 57). Der Betroffene steht also vor der Frage, sich entweder zu offenbaren und die daraus resultierenden Konsequenzen zu erdulden oder zu dem Maß von Unaufrichtigkeit und Täuschung Zuflucht zu nehmen, das notwendig ist, um den Zustand geheimzuhalten. Dies Problem stellt sich dem Betroffenen besonders in seinem sozialen Nahraum. Die Interaktion im sozialen Fernraum hingegen bleibt für den Träger eines unsichtbaren Stigmas zunächst relativ unproblematisch.

Zwar weiß er, daß er mit einem Makel behaftet ist, der ihn in den Augen der anderen herabqualifiziert, doch bleibt er vor dem tatsächlichen Ausschluß so lange geschützt, wie das Publikum nicht für die Wahrnehmung seines Makels sensibilisiert ist. Erst wenn der Öffentlichkeit die Fähigkeit vermittelt wurde, das Stigma, seine Begleiterscheinungen und Folgen, seinen Herd etc. zu erkennen – gleichgültig, ob diesem "Erkennen" die tatsächlichen Gegebenheiten entsprechen oder nicht –, erst dann verliert der Betroffene die Herrschaft über seine Abweichung vollends. Jetzt liegt es nicht mehr allein bei ihm, wer Kenntnis von seiner Abweichung bekommt. Nicht mehr nur derjenige, dem er sich anvertraut, sondern jedermann kann seinen Makel sehen. Erst jetzt trägt er ein Stigma im eigentlichen Sinne des Wortes: Die sichtbare Brandmarkung des Außenseiters (vgl. Goffman 1977, 56 ff).

Es ist normal, daß der Diskreditierbare versucht, seine Identität vor Stigmatisierung zu schützen. Doch greift er dabei zum Mittel der Geheimhaltung, gerät er in einen Circulus vitiosus, denn wie das Stigma, so bedroht auch dessen Geheimhaltung die Identität des Betroffenen, denn sie schränkt sein Interaktionsfeld ein:

> Identitäten werden gesellschaftlich erworben. Sie können folglich nur in der sozialen Interaktion, und zwar in einer ziemlich kontinuierlichen, aufrechterhalten werden. Ganz allein kann man nicht menschlich sein, und offenbar kann man auch eine bestimmte Identität ganz allein nicht aufrechterhalten (Berger 1963, 100).

Der Preis der Geheimhaltung ist die Reduzierung der Chancen zum offenen, freien Austausch mit anderen. Der Betroffene schließt so zwar die Möglichkeit der Stigmatisierung seiner Person durch andere fürs erste aus, er geht dadurch aber zugleich der Gelegenheit verlustig, durch andere Hilfestellung und Zuspruch zu erfahren, und damit der Chance, sein 'Problem' im Kontext informeller Hilfestellung und Kontrolle zu bearbeiten und zu lösen. Das paradoxe Resultat der Geheimhaltung ist also, daß sie einerseits vor öffentlicher Enthüllung des Stigmas schützt, den Betroffenen zugleich aber befangen für seine Umwelt macht und ihn isoliert. Mit der Zeit entsteht so eine Mauer des Schweigens und des Mißtrauens um den Betroffenen. In dieser Situation der "Einkapselung" (Lofland 1969) beginnt der Betroffene an sich selbst zu zweifeln, es entstehen Unsicherheit, Angst, Scham und vor allem Schuldgefühle. Sein konformes Selbstbild gerät ins Wanken, die Abwehrkräfte gegen die Übernahme des abweichenden Stereotyps erlahmen, und schließlich ist er bereit, die Rolle des Abweichenden zu übernehmen. Dieses Selbst-Labeling hat die gleichen Konsequenzen wie der Prozeß, in dem jemand erfolgreich von anderen als abweichend bezeichnet wird (Matza 1973; Schur 1971; 1979; Scheff 1980)

Mit der Offenbarung wird der Umwelt des Betroffenen dessen Abweichung bekannt. Für ihn sind mit dieser Bekanntheit freilich nicht nur Risiken, sondern auch Chancen verbunden. Denn wird er trotz des Bekanntwerdens seiner Abweichung von seiner Umwelt nicht ausgeschlossen, so kann man ihm eine günstige Prognose stellen. Im Kontext von informeller sozialer Kontrolle, durch emotionale und materielle Unterstützung und in einer Situation der "Nicht-Intervention" durch staatliche Sanktionsinstanzen bestehen die besten Voraussetzungen dafür, daß die Probleme des Stigmas gelöst werden, sei es durch ersatzlose Aufgabe der inkriminierten Verhaltensweise, sei es durch die Entwicklung funktional äquivalenter, aber konformer Verhaltensalternativen (Schur 1979).

In einer Arbeit über die Dynamik des Ausschlusses von Geisteskranken hat Lemert (1962) gezeigt, daß die Umwelt eines Stigmatisierten bis zu einem gewissen Grad dessen abweichende Verhaltensweisen in ein den Betroffenen noch als "normal" akzeptierendes Bild integrieren kann, daß aber mit einer gewissen Kumulierung als abweichend deutbarer Aspekte all jenes, was vorher noch als Variation eines normalen Verhaltensspektrums verstanden, entschuldigt oder übersehen wurde, zu Mosaiksteinen eines neu zusammengefügten Bildes des Betroffenen als Außenseiter wird.

> An einem gewissen Punkt in der Kette der Interaktionen jedoch bilden die Wahrnehmungen, die die anderen von dem Betroffenen haben, eine neue Konfiguration. Das Individuum... ist eine am-

> bivalente Figur, ähnlich Vexierbildern von Treppen oder Würfeln, die bei genauem Betrachten sich umkehren. Aus jemandem mit normaler Bandbreite von Verhaltensspielarten wird plötzlich eine "unzuverlässige", "unehrliche" oder "gefährliche" Person, mit der andere "nichts mehr zu tun haben" wollen (Lemert 1962, 8).

Die Technik, mit der die Umwelt des Abweichenden dessen Verhaltensweisen normalisiert, ist eine Technik der Neutralisation. Eine Möglichkeit ist etwa, die Abweichung in einen Kontext einzubetten, in dem sie nicht ins Gewicht fällt. Zum Beispiel können die Hersteller erotischer Druckwerke versuchen, die Stigmatisierung ihrer Produkte als Pornographie zu vermeiden, indem sie sie durch entsprechende Gestaltung in Kontexte wie Kunst, Literatur oder Wissenschaft stellen (Polsky 1967). Oder bestimmte Formen der Wirtschaftskriminalität werden mit der Legitimität einer besonderen "Ethik des Geschäftslebens" neutralisiert (Cressey 1953; Clinard/Quinney 1973).

Mit dem Begriff "Exzentrizitätsguthaben" beschreiben Jones und Gerard eine weitere Möglichkeit der Stigmaneutralisation.

> Ein Exzentrizitätsguthaben besteht aus der Summe der positiven Neigungen anderer gegenüber diesem Menschen. Man macht ihm Zugeständnisse als Belohnung dafür, daß er die übrigen Erwartungen der Gruppenmitglieder erfüllt, oder nimmt sie ihm weg, wenn er diese Erwartungen nicht erfüllt. Je mehr Guthaben ein Mensch anhäufen kann, desto höher ist sein Status und desto mehr wird er von den anderen akzeptiert (Jones/Gerard 1967, 75).

An diesen Beispielen wird deutlich, daß darüber, ob ein Stigma zum Ausschluß des Betroffenen führt, nicht die inhärenten Eigenschaften des Stigmas entscheiden, sondern daß dies von der weitergehenden Frage abhängt, ob der Betroffene in der Lage ist, ein das Stigma aufwiegendes Quantum von "Normalität" in die Waagschale zu werfen. Dazu noch einmal Erving Goffman:

> Der Normale und der Stigmatisierte sind nicht Personen, sondern eher Perspektiven... bestimmte stigmatisierende Attribute determinieren nicht die Natur der zwei Rollen 'normal' und 'stigmatisiert', sondern allein die Häufigkeit, mit der eine von ihnen gespielt wird (Goffman 1977, 170).

Durch selektive Induzierung von Selbstlabeling wie auch durch ebenfalls selektive Bezeichnung durch andere wurden die Narkotikakonsumenten der Unterschichten dazu gebracht, das speziell auf ihre Lebenswelt zugeschnittene Stigma 'Narkotikakonsum' als Teil ihres Selbst in ihre Identität zu integrieren. Mit der Übernahme dieser abweichenden Rolle wurden sie zugleich einem Prozeß anheimgegeben, den Schur (1979, 213) "Retrospektive Interpretation" nennt: Die Betroffenen erscheinen anderen und sich selbst in einem völlig neuen Licht; ihr ganzes vergangenes Leben wird im Sinne der ihnen zugeschriebenen Abweichung so rekonstruiert, daß der Erwerb der abweichenden Rolle nicht mehr als das erscheint, was er eigentlich ist, nämlich eine Zuschreibung, der Endpunkt einer erfolgreichen und selektiven "Degradierungszeremonie", sondern als logischer Abschluß einer stetigen und zwangsläufigen Karriere:

> Die Person wird nicht verändert, sie wird neu gebildet. Die frühere Identität erhält bestenfalls den Stellenwert des Scheins. In der sozialen Einschätzung dessen, was Wirklichkeit darstellt, erscheint die frühere Identität als Zufall; die neue Identität ist die "Basiswirklichkeit". Was jemand jetzt ist, "nach allem was geschehen ist", ist er immer schon gewesen (Garfinkel 1977, 34).

5.5. Materielle Folgen der selektiven Stigmatisierung

Bislang wurde lediglich von der Bewältigung der moralischen Vorbehalte gesprochen, mit denen Drogenkonsumenten sich konfrontiert sahen. Stigmamanagement schließt aber für den Betroffenen auch das Problem ein, mit den materiellen Einschränkungen fertig zu werden, die seine Diskriminierung nach sich ziehen. Im Falle der Drogenkonsumenten ist dies vor allem das Vorhandensein einer zuverlässigen Drogenquelle.

Die einzig verbliebene Möglichkeit der Drogenbeschaffung war der Besitz eines ärztlichen Rezeptes. Alle anderen legalen Beschaffungsquellen waren versiegt. Aber auch das ärztliche Verschreibungsrecht war nun extrem eingeschränkt. Die Erhaltungsabgabe von Opiaten war illegal, und ebenso illegal war es, Abhängige mit Hilfe der schrittweisen Reduktionsbehandlung heilen zu wollen. Gleichwohl befanden sich die Opiate noch immer auf der Liste der verschreibungsfähigen Medikamente. Als zulässig galt deren Verabreichung noch in schweren Krebsfällen und als Schmerzmittel im Endstadium anderer tödlicher Krankheiten. Diese Möglichkeiten eröffneten natürlich ein weites Feld für Mogeleien und boten Schlupflöcher vor allem auch für die Behandlung von Abhängigen. Dies allerdings war für die Ärzte mit einem erheblichen Risiko verbunden, denn

> die soziale und wirtschaftliche Position der Ärzte war so empfindlich, Gerichtsverfahren so zeitraubend und Revisionen so kostspielig und ungewiß, daß böswillige Agenten (des Schatzministeriums, *P.S.*) straflos Anzeigen gegen Ärzte erstatten und diese ruinieren konnten, egal ob die Vorwürfe gerechtfertigt waren oder nicht (Musto 1973, 185).

Kein Arzt konnte sicher sein, ob sich unter seinen Patienten nicht auch Polizeispitzel oder Behördenagenten befanden oder ob ein angeblich hilfesuchender Patient nicht wenig später bei dem Versuch erwischt wurde, die soeben bei dem Arzt erhaltenen Opiate an einen solchen Agenten der Strafverfolgungsbehörden weiterzuverkaufen. Den meisten Ärzten war bekannt, daß es eine Mitarbeiterin der Narcotic Division gewesen war, die – Krankheitssymptome vortäuschend – ein Drogenrezept erhalten und den verschreibenden Arzt vor Gericht gebracht hatte, wo diesem in *US vs. Doremus* ein lebenslanges Berufsverbot erteilt worden war. Selbst nach Maßstäben der Narcotic Division war die Verfolgung von Ärzten oft übertrieben und ungerechtfertigt. Als Grund hierfür enthüllte das Amt Jahre später "den Wunsch einiger unserer Mitarbeiter, sich eine gute persönliche Erfolgsbilanz auf Kosten der freien Berufe zu verschaffen" (Musto 1973, 319).

Unter dem Damoklesschwert drohender Festnahme, Bestrafung und Berufsverbot wuchs die Vorsicht der Ärzte bei der Erteilung von Opiatrezepten für unbekannte Patienten, besonders für solche, die wenig vertrauenerweckend wirkten. Opfer dieser Vorsicht waren vor allem Angehörige der Unterschichten, Personen die man der 'Klasse der Kriminellen' für zugehörig halten konnte. Auch diejenigen, die aus finanzieller Mangellage möglicherweise Drogen auf dem illegalen Markt anbieten würden oder irgendwie dem Halbweltmilieu anzugehören schienen, verschwanden von den Patientenlisten. Es wurde nahezu unmöglich, als Fremder bei einem niedergelassenen Arzt ein Opiatrezept zu bekommen.

Auf der anderen Seite war die Behandlung von Drogenabhängigen eine ergiebige und bei dem finanziellen Status vieler Ärzte der damaligen Zeit mitunter sogar eine notwendige Einnahmequelle. Aus diesem Grunde konnten jene Drogenabhängigen, deren Behandlung dem Arzt relativ risikolos erschien, auch weiterhin mehr oder weniger legal ihren Narkotikabedarf decken. Das waren zunächst die unbescholtenen und zahlungswilligen Patienten, die über lange Zeit Drogen bezogen hatten, ohne daß dies zu medizinischen oder juristischen Komplikationen geführt hatte. Diese Patienten besuchten in der Regel stets denselben Arzt ihres Vertrauens und waren wegen der Regelmäßigkeit und Häufigkeit ihrer Besuche nicht nur deren einträglichste, sondern auch zuverlässigste Patienten. Bei ihnen konnten die Ärzte erwarten, daß die Opiatmedikation innerhalb des Vertrauensverhältnisses zwischen ihnen und ihren Langzeitpatienten ziemlich geschützt vor Entdeckung war.

Da vor allem eine langjährige Arzt-Patient-Beziehung Voraussetzung für weitere Drogenversorgung war, waren bereits alle jene Abhängigen benachteiligt, deren sozialer Status eine hohe Mobilität verlangte, also vor allem die lohnabhängigen Angehörigen der Unterschichten.

Auch die vorübergehende Existenz der Drogenkliniken wirkte sich auf die Versorgungssituation aus. Deren Patienten waren ja überwiegend Angehörige der ärmeren Schichten. Wer Geld genug hatte, besorgte sich auch während der Klinikära seine Drogen anderswo, vor allem bei seinem Arzt. Diese Patienten behielten so ihre Drogenquelle, während eine mögliche Arzt-Patient-Beziehung bei den ärmeren Abhängigen, die vorübergehend Klienten der Kliniken waren, unterbrochen wurde. Weil nach Schließung der Kliniken kaum noch ein Arzt bereit war, den Kreis seiner Drogenpatienten zu erweitern, standen diese Patienten deshalb nachher schlechter da als je zuvor (Nyswander 1963).

So reduzierte sich die Klientel der Ärzte auf einen bestimmten Typ von Abhängigen, nämlich jenen, der zunächst bereit und in der Lage war, die – mitunter beträchtlich gestiegenen – Arzthonorare zu zahlen, der dem Arzt bekannt und vertrauenswürdig war, und der von seiner Erscheinung den Ärzten Gewähr bot, nicht Angehöriger der Unterschichten zu sein.

Eine nach diesem Muster gebildete Grauzone vor den Kontrollbehörden abgeschirmter, halblegaler Drogenversorgung entstand vor allem in den überwiegend ländlichen Süd- und Weststaaten der USA. In denselben Gegenden also, wo Alkohol eher verpönt, der Konsum von Narkotika in den angepaßten Mittel- und Oberschichten aber seit jeher die größte Verbreitung gehabt hatte. Nirgendwo sonst in den USA gab es eine so große Population von Langzeitabhängigen, die als akzeptierte Mitglieder in der Gesellschaft lebten. Nirgendwo sonst waren Opiate ein ähnlich fester Bestandteil des Heilmittelarsenals wie hier, und nirgendwo kannten die Ärzte wie auch die Bevölkerung Wirkungsweisen, Gefahren und Therapiechancen besser als hier.

Wie genau in dieser Umgebung mit dem Phänomen Narkotikaabhängigkeit nach dessen Kriminalisierung umgegangen wurde, läßt sich nicht feststellen. Sicher ist, daß besonders innerhalb des sozialen Gefüges der Landgebiete, mit ihrer höheren informellen und ihrer zugleich weniger dichten formellen Sozialkontrolle, eine geheime Enklave des tolerierten Opiatkonsums weiterbestand.

Wer dieser Enklave angehörte, hatte die Chance, seinen Drogenkonsum zunächst fortzusetzen, bis er zu seiner schrittweisen Verringerung in der Lage war. Manche Abhängige lösten sich auf dem Weg über Ersatzdrogen, vor allem die voll verschreibungsfähigen Barbiturate und Amphetamine aus der Abhängigkeit. Wie viele Abhängige auf diesem Weg die Sucht überwanden, kann natürlich nicht gesagt werden. Gewiß falsch ist es jedoch, den statistischen Rückgang des Opiatkonsums der Oberschichten den generalpräventiven Wirkungen der Narkotikagesetze zuzuschreiben, wie dies vielfach geschehen ist. Viel wahrscheinlicher ist, daß gerade die kollektive Umgehung dieser Bestimmung zur Reduzierung des Problems beitrug.

Es ist frappierend, als wie stabil und langlebig sich das Phänomen der "verborgenen Abhängigkeit" in der amerikanischen Gesellschaft erwies. Noch im Jahr 1962 stellte Ball (1970) bei der Auswertung der persönlichen Daten von Patienten der Drogenkliniken von Lexington und Fort Worth (N=3.301) ein eigenständiges "Southern Pattern" des Drogenkonsums fest.

> Die Staaten mit hoher Rate von Drogenabhängigkeit... fallen in zwei unterschiedliche Kategorien mit deutlich unterschiedlichem Konsumverhalten. Das erste Muster umfaßt vorwiegend den Heroinkonsum... Man findet es vor allem in den Staaten New York, Puerto Rico, dem District of Columbia, Illinois, Arizona und New Mexiko. Das andere Muster besteht entweder im Konsum von Opiaten außer Heroin oder synthetischen Analgetika. Dies Muster des Drogenverhaltens, das man das "Southern Pattern" nennen könnte, findet man in Alabama, Georgia und Kentucky. Patienten aus dieser Region konsumierten zu weniger als 5% Heroin (Ball 1970, 90).

Da einerseits Heroin legal nicht verfügbar, andererseits aber die bevorzugte Schwarzmarktdroge war, während die anderen Opiate ebenso wie die Analgetika verschreibungsfähig waren und selten auf dem Schwarzen Markt auftauchten, steht das eine Muster für den kriminellen, abweichenden, das andere für den angepaßten, legalen Drogenkonsum.

Aus der Studie Balls ergibt sich, daß die aus legalen Drogenquellen versorgten Abhängigen der Südstaaten sich auch sonst auf signifikante

Weise von den übrigen Konsumenten unterschieden: Sie waren durchschnittlich acht Jahre älter, sie wiesen keine nennenswerten kriminellen Vorbelastungen auf und entstammten überwiegend den weißen Mittelschichten, während die übrigen Konsumenten durchweg vorbestraft waren und aus den urbanen Randgruppen und Unterschichten kamen (Ball 1970).

Das Muster des illegalen Drogenkonsums in den großen Städten wurde nach dem Aufkommen des Marihuana noch um den Konsum dieser Droge bereichert. In Staaten wie New York, Illinois und Kalifornien war um das Jahr 1965 der Marihuanakonsum hoch mit dem illegalen Konsum von Schwarzmarktheroin assoziiert, während das halblegale Southern Pattern der Südstaaten den Marihuanakonsum nicht umfaßte (Ball/Chambers 1970).

In den Südstaaten ging der Opiatkonsum mit dem von Barbituraten, Tranquilizern, Amphetaminen etc. einher. Wie weit die Vorstellung von der Abnahme des nichtmedizinischem Drogenkonsums und seiner Konzentrierung in den proletarischen Milieus der großen Städte an der Realität vorbeigeht, belegen die Zahlen über den nichtmedizinischen legalen oder halblegalen Drogenkonsum in den Vereinigten Staaten, der in den angepaßten Schichten den Opiatkonsum teilweise ablöste. So wurde etwa festgestellt, daß im Jahr 1967 27% aller erwachsenen Amerikaner regelmäßig Sedativa, Antidepressiva, Amphetamine oder Tranquilizer konsumierten (Parry et al. 1973).

1970 wurden in den Vereinigten Staaten 202 Millionen Rezepte für Psychopharmaka eingelöst (Chambers 1971). Im selben Jahr produzierte die amerikanische Pharmaindustrie 45,5 Tonnen Amphetamine, die mit einem Werbeaufwand von über einer Milliarde Dollar jährlich allein auf dem amerikanischen Markt abgesetzt wurden und ausreichten, um jeden Amerikaner durchschnittlich 50 Mal auf einen Amphetamin-Trip zu schicken (Inciardi/Chambers 1972). Nach Erhebungen von Kramer et al. liegt in den Vereinigten Staaten die Zahl von Amphetamin-Fixern, d.h. von Personen, die regelmäßig hohe Amphetamindosen intravenös injizieren, höher als die Zahl der Heroin-Fixer (Kramer et al. 1967).

Trotz des erschreckenden Ausmaßes des Mißbrauchs dieser Drogen blieben sie bis heute in den USA legal. Und der Konsum dieser Wachmacher ist unter Ärzten, Lastwagenfahren, Nachtarbeitern etc. weiter steigend. Noch im Jahr 1970, als zuletzt eine Gesetzesinitiative gegen den Amphetaminmißbrauch ergriffen wurde, hieß es zwar in einer Erklärung Präsident Nixons, daß die Amphetamine "gefährlicher sind als das Heroin" (Graham 1976, 122), doch das Gesetz passierte den Kongreß erst, nachdem es lediglich auf geringfügige Abgabeerschwernisse für injizierbare Amphetamine zurückgestutzt worden war.

Die Gründe für das Scheitern des Entwurfs verdeutlicht die Erklärung, mit der der Kongreßabgeordnete Robert McCloy seine ablehnende Stimmabgabe begründete:

> Offen gesagt gibt es in meinem Wahlkreis starke Interessen der pharmazeutischen Industrie. Ich bin stolz sagen zu können, daß die bekannten Firmen Abbott Laboratories und Baxter Laboratories große Fabriken in meinem Bezirk haben. Ich erwarte auch, daß die Firma C.D. Searl & Co. hier bald eine Produktionsstätte errichten wird. Am vergangenen Samstag erfuhr ich, daß die American Hospital Supply Co. beschlossen hat, einen neuen Gebäudekomplex in Lake County zu bauen (Graham 1972, 20).

Kapitel 6
Die Urbanisierung des Narkotikakonsums

In diesem Kapitel soll die Geschichte jener weiterverfolgt werden, die den Konsum illegaler Drogen nicht aufgeben, durch den Konsum legaler Drogen ersetzen oder in einer halblegalen Grauzone verbergen konnten. Es geht also um diejenigen, die als Folge ihrer Sucht zwangsläufig strafrechtliche Verbote verletzten. Die Ursachen für die Kriminalität dieser Personen sind abhängige Ursachen – Resultat der vorangegangenen Gewöhnung an bestimmte, ehemals legale Drogen.

Zur Unterscheidung zwischen den ursprünglichen und abhängigen Ursachen für abweichendes Verhalten hat Edwin Lemert den Begriff der "sekundären Devianz" eingeführt.

> Die sekundäre Devianz bezieht sich auf eine besondere Klasse gesellschaftlich definierter Verhaltensweisen, mit denen Menschen auf die Probleme reagieren, die durch die gesellschaftliche Reaktion auf ihr abweichendes Verhalten geschaffen werden (Lemert 1975, 433).

So ist hier festzuhalten, daß am Anfang der Herausbildung eines Drogenproblems nach modernem Muster eine Konsumentenpopulation stand, deren Kriminalität nicht durch den Konsum von Drogen, sondern durch strafrechtliche Kontrolle induziert wurde.

Die Probleme, die den Betroffenen den Weg in die sekundäre Devianz wiesen, bestanden in der Nicht-Verfügbarkeit legaler Drogen. Die Konsumenten waren auf illegale Quellen, auf ein vor dem behördlichen Zugriff geschütztes Netzwerk der Beschaffung und Verteilung von Drogen angewiesen. Für derart öffentlichkeitsscheue Geflechte geben seit jeher die städtischen Milieus von 'sin, sex and sewage' die ideale territoriale Basis ab. Während es zu keiner Zeit in ländlichen Gegenden der Vereinigten Staaten einen illegalen Drogenmarkt oder gar eine Drogensubkultur gegeben hat, entstanden nun in den Städten die entsprechenden Strukturen, und das Drogenproblem wurde das, was es heute ist, nämlich eine typische urbane Erscheinung (O'Donnell 1967).

6.1. Selektivität der sozialen Kontrolle

Die Urbanisierung des Narkotikakonsums bedeutete zugleich, daß er nun einer ganz anderen Qualität der sozialen Kontrolle unterworfen wurde. Nicht nur, daß auf dem Land ein dichteres, stabileres und wirksameres System der informellen Sozialkontrolle herrschte, auch die Weise der formellen Sozialkontrolle war in den Städten eine andere.

In der vorkapitalistischen Ära verstanden sich die Organe der formellen Sozialkontrolle, die Konstabler und Friedensrichter, als Beistand hilfesuchender Bürger. Sie erblickten ihre Aufgabe weniger im präventiven Entdecken und Dingfestmachen von Abweichung als in der schlichtenden und ahndenden Intervention aufgrund von Anzeigen in ihren Rechten Verletzter. Erst die Herausbildung einer modernen, professionellen Polizeitruppe änderte dies. Sie war Resultat des Zerfalls der Gesellschaft in ein kapitalistisches Klassensystem, der damit verbundenen Vergrößerung der Kluft zwischen Arm und Reich und der Entstehung zahlloser konfligierender Gruppen, Parteien und Interessengemeinschaften, die in unterschiedlicher Weise mit Macht, Reichtum und Privilegien ausgestattet waren (Reith 1952). Diese Entwicklung betraf zwar die ganze Gesellschaft, wirkte sich aber besonders in den städtischen Ballungsgebieten aus.

> Ein grundlegendes Merkmal der modernen Städte ist die Manifestation von Klassengegensätzen, die sich ausdrückt in gegensätzlichen Arbeitswelten, Kulturwerten und Ideologien ihrer Bewohner. Konsequenz davon ist, daß ein gesellschaftlicher Konsens in den Städten nicht möglich ist. Es fehlen nicht nur gemeinsame Zielsetzungen, die städtische Lebenswelt ist auch bar jeder Chance für eine wirkliche Gemeinschaft ihrer Bewohner. Alle die inhumanen Aspekte der Stadt – die materielle Ausbeutung, die Brutalisierung des Einzelnen, der Mißbrauch der Menschen in ihrer Wohn- und Arbeitswelt – werden so freigesetzt und bestimmen das Denken und Handeln (Quinney/Wildeman 1977, 149).

Ein solches Konfliktpotential ließ sich mit den überlieferten Methoden der sozialen Kontrolle nicht mehr bewältigen. Mehrfach war man in der Vergangenheit gezwungen gewesen, gegen soziale Unruhen in den Städten reguläre militärische Truppen einzusetzen, was häufig den Konflikt über seinen ursprünglichen Anlaß ausgeweitet hatte. Denn der Einsatz von Miltitär verdeutlichte den politischen Charakter des Konflikts, nämlich als einen zwischen antagonistischen Klassen. Der Einsatz einer professionellen Polizeitruppe hingegen reduzierte solche

Auseinandersetzungen zu Problemen der öffentlichen Ordnung und Sicherheit (Silver 1967).

Der Ausbau der Polizei bezweckte so mehr als nur die Verfolgung vereinzelter Fälle von Abweichung, er diente zur Überwachung eines Kollektivs, nämlich jener Schichten, die die Leidtragenden der inhumanen Lebensbedingungen in den Städten waren, der Unterschichten. Nicht Kriminalität und Gefahr als solche, sondern "kriminelle" und "gefährliche Klassen" als Bestandteil der städtischen Struktur führten zur Bildung einer uniformierten und militärisch organisierten Polizei. Diese Organisationen intervenierten zwischen der besitzenden Elite und den besitzlosen Massen, die als politisch gefährliche Klasse angesehen wurden (Bordua/Reiss 1967, 282).

> Die Polizei, als staatliche Institution, übernahm die soziale Kontrolle, die vormals von den Mitgliedern lokaler Gemeinschaften ausgeübt wurde... So wurde die Polizei eine Agentur derjenigen mit Reichtum und Macht zur Unterdrückung der Versuche der Habenichtse, Reichtum und Macht neu zu verteilen (Parks 1976, 133).

Dieses Konzept der sozialen Kontrolle umfaßte mehr, als nur den Beschwerden von Deliktopfern nachzugehen. Nicht mehr nur dies, sondern die Aufrechterhaltung einer allgemeinen öffentlichen Ordnung und Moral wurde die spezielle Aufgabe der Polizei. Als qualitative Neuerung umfaßte dies vor allem die Prävention von Verbrechen, d.h., die Polizei ergriff nun die Intiative, suchte vorbeugend aus der Masse der Bürger jene zu selektieren, zu identifizieren, festzunehmen und der Bestrafung zuzuführen, die potentiell in Straftaten verwickelt waren.

Es darf inzwischen als bekannte Tatsache gelten, daß die Polizei dabei hochselektiv vorgeht. Man kann sagen, daß sie dazu neigt, die Bevölkerung in zwei Gruppen zu teilen, einerseits die Kriminellen, andererseits die Konformen, und entsprechende informelle Strategien bei der Selektion von Straftätern zu entwickeln. Eine solche

> Definitionsmacht der Polizei führt notwendigerweise dazu, daß Angehörige der unteren sozialen Schichten besonders häufig als 'Kriminelle' entlarvt und sanktioniert werden (Feest/Blankenburg 1972, 57).

Die selektiven Mechanismen der Definitionsmacht der Polizei entfalten eine noch bedeutendere Wirksamkeit dort, wo es um Straftaten ohne Opfer geht. Bringt ein anzeigendes Opfer eine Straftat an die Öffentlichkeit und will den Täter verfolgt sehen, ist der definitorische Spielraum der Polizei zwar noch vorhanden, aber vergleichsweise gering. Wo etwa in Fällen von Einbruch, Raub, Vergewaltigung, Körperverletzung etc. bei den Opfern ein manifester Schaden eintritt, läßt sich zumindest das Faktum einer stattgefundenen Straftat kaum leugnen. Ob und wie ein solches Delikt dann verfolgt und sanktioniert wird, ist freilich wieder eine andere Frage. Kennzeichen der opferlosen Delikte ist hingegen, daß es hier keine anzeigenden Opfer gibt. Bei dieser Klasse von Delikten untersteht deshalb bereits die Frage, ob überhaupt eine Straftat vorliegt, der Definitionsmacht der Verfolgungsbeamten. Weil betroffene Geschädigte hier nicht intervenieren können, liegt es ganz allein bei ihnen, einen Vorgang als kriminell zu definieren.

Da bei opferlosen Delikten eine Strafanzeige stets ausbleibt, sind die Strafverfolgungsorgane auch auf besondere Verfolgungsstrategien angewiesen. Der Erfolg steht und fällt hier mit der Existenz eines funktionierenden Informanten- und Spitzelsystems. Da außer bezahlten "under-cover-agents" selten freiwillig jemand als Polizeispitzel arbeitet, setzt man beim Aufbau eines solchen Informantensystems auf die Macht der Verfolgungsbehörden, ihre Zuträger vor der Strafverfolgung zu schützen, und rekrutiert seine Mitarbeiter deshalb aus dem Kreis derjenigen, die auf das Wohlwollen der Polizei angewiesen sind. Das sind zumeist jene, die eben das Gesetz verletzen, welches die Polizei mit ihrer Hilfe durchsetzen will. Bis heute stützen sich die modernen Industriestaaten bei dem Versuch, ihre Betäubungsmittelgesetze durchzusetzen, ganz überwiegend auf Informationen, die die Behörden von ihnen bekannten Abhängigen als Gegenleistung für einen Verzicht auf Strafverfolgung mehr oder weniger freiwillig erhalten. In den Vereinigten Staaten verlieh man etwa dem Bureau of Narcotics das Recht, "die 'Unkosten' jener Informanten zu übernehmen, deren Informationen zur Beschlagnahme von illegalen Drogen führen" (Schur 1965, 135).

Solche vagen Durchsetzungsregeln erhöhen die Chancen für Unregelmäßigkeiten bei der Strafverfolgung. Auf der einen Seite nämlich existiert für die Polizei ein objektives Zugangsproblem zu den notwendigen Informationen, auf der anderen Seite gibt es weder klar umrissenen Richtlinien darüber, wie diese Informationen zu gewinnen seien, noch kann überprüft werden, ob die so gewonnenen Informationen anschließend gegen den Täter verwendet oder unterdrückt werden. Wie Manning und Redlinger darlegen, entsteht in dieser Situation der Strafverfolgung eine Struktur, die zu den verschiedensten Formen der Korruption einlädt.

> Zumindest sieben Formen der Korruption stehen in direktem Zusammenhang mit den Problemen bei der Verfolgung von Narkotikadelikten: Schutz von Informanten, widerrechtliche Aneignung sichergestellter Gegenstände, Gewalttätigkeit, Konsum und Handel mit Drogen, illegale Beschlagnahmungen und Durchsuchungen, Unterschieben von falschen Beweisen und Bestechung (Manning/Redlinger 1978, 76).

Eine auf solche Weise geschaffene und erhaltene Gruppe von Informanten kann die Polizei nur mit sehr selektiven Informationen bedienen. Der Informant kann nur das weitergeben, was er aus der eingeschränkten Perspektive seiner Lebenswelt und der täglichen Routine seiner abweichenden Verhaltensweisen wahrnimmt. Und das sind die Interaktionen, die der Betroffene zur Beschaffung von Drogen bzw. den Geldmitteln zu deren Kauf mit anderen unterhält; das Spektrum dieser Interaktionen ist eng und an seine Schicht gebunden. Wir sollten deswegen erwarten, daß ein Drogenkonsument der Unterschicht kaum je in den Besitz von für die Polizei verwertbaren Informationen gelangt, die über diese Schicht selbst hinausweisen. Ebenso selten kann er mit Hinweisen dienen, die Aufschluß über den Drogenhandel jenseits der Ebene von Kleinhandel und Eigenbedarf geben. Von Drogenkonsumenten Hinweise über die Struktur des Drogenhandels zu bekommen, ist, wie Morris und Hawkins es – bei anderer Gelegenheit – anschaulich nennen, ebenso wahrscheinlich, "wie durch die Befragung von Tankwarten Aufschluß über die Struktur der multinationalen Ölkonzerne zu bekommen" (Morris/Hawkins 1970, 210).

Die Population, aus der die Verfolgungsbehörden Straftäter selektieren, wird auf diese Weise zu einer Art von 'geschlossener Gesellschaft'. Eine bestimmte, selektive Gruppe von Verdächtigen hat die "kollektive Repräsentation" (Matza) einer abweichenden Verhaltensweise übernommen. Der Betroffene beginnt

> dem Wesen nach seine Karriere als 'Angestellter' des Staates. Als Verdächtiger arbeitet er nun im buchstäblichen Sinn des Wortes für den Staat, wenn auch ohne entsprechende Anerkennung oder Belohnung... Gebunden durch seinen Zweck und seinen Kontrast mit der Gesellschaft verfügt Leviathan freizügig über den ordinierten Dieb, beschäftigt ihn als Verdächtigen und produziert schließlich auch einen überführten Täter (Matza 1973, 197).

6.2. Quellen

Wenn im folgenden versucht wird, etwas über Lebenswelt und -umstände von Drogenabhängigen nach Einführung der einschlägigen Strafgesetze zu sagen, sollte dabei im Auge behalten werden, daß hier mindestens ebenso wie eine Lebenspraxis der Betroffenen eine Selektions- und Kontrollpraxis der Verfolgungsinstanzen beschrieben wird. Leider ging die Selektivität der behördlichen Kontrollpraxis zumeist völlig ungebrochen auch in die meisten zeitgenössischen kriminologischen Arbeiten ein. Viele kriminologische Untersuchungen dieser Zeit unterstellen unzutreffend die Repräsentativität der von ihnen untersuchten Populationen, etwa von Haftanstalten und Entzugskliniken. Die kriminologische Theorie war noch nicht so weit entwickelt, daß repräsentative Studien, beispielsweise über selbstberichtete (Drogen)delinquenz, möglich waren.

Als theoretisch am entwickeltsten konnte seinerzeit der ökologisch-soziologische Ansatz der *Chicago-School* gelten. In dieser Tradition steht die 1937 erschienene Studie "Opium Addiction in Chicago" von Bingham Dai, auf die im folgenden ausführlich Bezug genommen wird. Durch die Arbeiten von Robert E. Parks, Edward Sapir, Ellsworth Farris und Edwin E. Sutherland stark beeinflußt, behandelt Dai hier erstmals auf breiter empirischer Grundlage das Problem Drogenabhängigkeit mit soziologisch entwickelten Fragestellungen. Die Studie stützt sich auf persönliche Daten von insgesamt 2.518 Drogenkonsumenten, die während des Zeitraums von 1928 bis 1933 bei Staats-, Bundes- und städtischen Behörden sowie in Strafanstalten, öffentlichen und privaten Krankenhäusern gewonnen wurden und die durch eine nicht genannte Zahl von Interviews ergänzt werden, von denen Dai 25 auszugsweise wiedergibt.

Wie alle ihre Vorläufer und Nachkommen in der Chicagoer Schule gibt auch Dais Studie einen sehr guten Einblick in die soziale Situation der untersuchten Population. Doch enthält sie auch all jene Verzerrungen, die mit der spezifischen Perspektive der Chicagoer Schule zusammenhängen. Dies beginnt bereits bei der problematischen Anbindung der Untersuchung an Institutionen staatlicher Kontrolle, die im Falle Dais durch personelle und finanzielle Unterstützung durch die *Illinois Emergency Relief Commission* (S.VI) gegeben ist, und die wohl kaum ohne Einfluß auf die letztlich auf das Ausmerzen des Problems Drogenabhängigkeit gerichtete Perspektive des Autors geblieben sein dürfte. Ihm ginge es nicht in erster Linie um Verständnis und Hilfe für den Drogenabhängigen, sondern um "das weit praktischere Ziel, den illegalen Drogenhandel in Chicago unter Kontrolle zu bringen" (S. 90).

Im Gegensatz auch zu der These der vorliegenden Arbeit, daß die Kontrolle des Drogenkonsums durch mehrere Filter – selektive moralische Indignation, selektive Stigmatisierung der Betroffenen, damit verbundene differentielle Chancen des Statusmanagements sowie selektive Täterermittlung der Verfolgungsinstanzen – lief, und so lediglich ein Anschein von Segregation des Verhaltensmusters Drogenkonsum entstand, gingen die Forscher der Chicagoer Schule in der für sie typischen Verbindung ökologischer und soziologischer Ansätze von vornherein von der Segregation von Außenseitern in bestimmten Bezirken aus und erblicken hierin die Ursachen von Kriminalität.

Dabei orientierten sich die Forscher der Chicagoer Schule vorwiegend an konventionellen Merkmalen der bürgerlichen Lebensweise, etwa dem Verheiratet-Sein, der Seßhaftigkeit, dauerhafter Tätigkeit in "soliden" Berufen, Fernbleiben von zwielichtigen Belustigungen etc. und konstatierten bei deren Fehlen – aus heutiger Sicht: kurzschlüssig und voreilig – einen Zustand sozialer Desorganisation, welcher als kriminalitätsfördernd angesehen wurde. Wo die Mechanismen der traditionellen sozialen Kontrolle, gemessen an dem Vorbild ländlicher Gemeinschaften, nicht mehr wirkten, vermuteten die Forscher der Chicagoer Schule sogleich den Zusammenbruch jeglicher sozialer Kontrolle – die Anomie. Die Chicagoer Schule war dem Gedanken gegenüber verschlossen, daß es eine Vielfalt in ihrer Praktikabilität und Organisiertheit gleichrangiger Varianten menschlichen Verhaltens gibt, daß also das Fehlen angetrauter Partner, hohe soziale Mobilität, Saisonarbeitsverhalten etc. nicht Ausdruck der Normlosigkeit, der Desorganisation sein müssen.[26]

Sehr beredt spricht diese Auffassung auch aus der Studie Dais, etwa aus der Bemerkung, daß "ein Leben von hoher Mobilität wahrscheinlich fördernd für verschiedene Formen der Desorganisation ist" (S. 53). Oder: "Der hohe Prozentsatz Verheirateter ist ein weiteres Zeichen für ein relativ stabiles und wahrscheinlich sehr angepaßtes Leben". An anderer Stelle schließlich folgert Dai aus der Tatsache, daß in den Zentren des Drogenkonsums überdurchschnittlich viele unverheiratete Männer leben, daß es sich deshalb hierbei um Personen handele, "die wenig oder gar keine sozialen Verpflichtungen haben, und die umgekehrt eine mehr oder weniger isolierte Existenz

[26] Eine ausführliche Kritik der Chicago-School findet sich bei Matza (1973), insb. S. 49 ff.

führen, ohne die instinktive Befriedigung und die intime moralische Unterstützung, die nur in einem normalen Eheleben möglich ist" (S. 88).

Trotz solcher Fehlinterpretationen sind, wie gesagt, die von Dai erhobenen Daten äußerst aufschlußreich. Für seine wie für viele andere Quellen gilt es daher, ihre Befunde auf eine Weise zu reinterpretieren, die die ursprünglich aus ihnen gezogenen falschen Schlußfolgerungen nach Möglichkeit vermeidet.

6.3. Mobilität

Aus dem Verschwinden bzw. Unsichtbar-Werden der Drogenabhängigkeit auf dem Lande einerseits und seiner zunehmenden Konzentrierung in den Städten andererseits ergibt sich die Frage, ob es sich hierbei um voneinander unabhängige Entwicklungen der jeweiligen Region handelt, oder ob es eine Fluktuation von Abhängigen in die Städte gab, die in ländlichen Gebieten keine Drogenquelle mehr besaßen oder die die Anonymität der Städte suchten. Die vorliegenden Informationen sprechen für das letztere. Die Partizipation an dem erwähnten, nach der Illegalisierung der Opiate in den ländlichen Gegenden entstandenen System halblegaler Drogenversorgung hatte ja zur Voraussetzung, daß sich der ländliche Drogenkonsument sowohl die hierfür nötigen finanziellen Mittel wie auch die entsprechenden Verbindungen zu einem Arzt verschaffte. Gelang ihm das nicht, so war er vollständig von der Drogenversorgung abgeschnitten, da illegale Drogenquellen in ländlichen Gegenden nicht existierten. Ihm blieb keine andere Wahl, als seinen Heimatort zu verlassen und sich dorthin zu begeben, wo die Möglichkeit zum illegalen Drogenerwerb bestand: in die großen Städte.

Ohne daß hierüber genaue Zahlen vorliegen, scheint sicher, daß eine Vielzahl drogenabhängiger Landbewohner diesen Weg ging. Abgeschnitten von ihren sozialen Beziehungen ließen sich diese zumeist der Unterschicht zugehörigen Personen dort nieder, wo Wohn- und Lebenshaltungskosten am geringsten, das Angebot von Drogen hingegen am reichhaltigsten war, in den proletarischen Bezirken und Slums der großen Städte (Lindesmith 1965). Wer es nicht verstand, dort mit Hilfe legaler Arbeit ausreichende Mittel für die Drogenbeschaffung zu verdienen, dem bot sich der Kleinhandel mit Narkotika zur Sicherung des Lebensunterhalts wie auch des eigenen Drogenbedarfs an. Ein Großteil der mangels Drogenquellen vom Land in die städtischen Slums Übergesiedelten war auf diese Einnahmequelle angewiesen (Faris/Dunham 1939, 110 ff.).

Auch die von Dai ermittelten Zahlen sprechen für eine besonders hohe Mobilität von Drogenabhängigen. Ihrem Anteil an der Gesamtbevölkerung entsprechend, waren 93,4% der Probanden gebürtige Amerikaner; von diesen waren aber nur 22,9% in Chicago geboren; 16,3% stammten aus anderen Orten des Staates Illinois und 59,8% aus anderen Bundesstaaten. M.a.W.: mehr als drei Viertel der aufgefallenen Süchtigen in Chicago stammte nicht aus dieser Stadt (S.47).

Dai beläßt es bei der bloßen Mitteilung dieser Zahlen, und es wäre sicherlich verfehlt, aus ihnen zu schließen, alle nach Chicago Zugewanderten seien wegen ihrer Abhängigkeit gekommen. Auf der anderen Seite kann aber die außerordentlich hohe Mobilität Abhängiger nicht allein damit erklärt werden, daß zu jener Zeit besonders bei Bevölkerungsgruppen mit niedrigem sozialen Status, deren Wohnplätze vorwiegend in Gebieten mit hoher Kriminalitätsrate und entsprechend hohen kriminellen Assoziations- und Gelegenheitsstrukturen lagen, ohnehin eine extrem hohe Mobilität herrschte (Clinard/Meier 1979, 134). So ermittelte Clifford Shaw nur wenig später als Dai bei den Bewohnern der Chicagoer West-Side eine Mobilitätsrate von lediglich 57,9%, was deutlich unter den von Dai ermittelten Zahlen liegt (Shaw 1931, 15).

In einer weiteren, der Mobilität von Abhängigen gewidmeten Untersuchung ermittelten Ball und Bates (1970) aus den Daten von 925 Patienten der Drogenklinik in Lexington, Kentucky, daß "Drogenabhängige von ihrer Geburt bis zum Beginn ihrer Abhängigkeit keine größere Mobilität aufweisen als der Durchschnitt der amerikanischen Bevölkerung" (S. 110). Nach Beginn der Abhängigkeit jedoch wird die Mobilität der Abhängigen entscheidend von der Verfügbarkeit einer zuverlässigen Drogenquelle bestimmt. Unter den von Ball und Bates Befragten befanden sich im Jahr 1962 179 (=19,3%), die bereits zwischen drei und 33 Aufenthalte in der Klinik hinter sich hatten. Unter diesen Mehrfach-Rückfälligen war die Mobilität, und zwar nach Beginn der Abhängigkeit, bei denjenigen ungewöhnlich hoch, die in Gegenden mit schlechter Angebotslage für illegale Drogen lebten oder die eine besonders lange Suchtgeschichte hatten. "...weiße männliche Abhängige mit zehn oder mehr Aufenthalten in Lexington wechselten häufiger ihren Wohnsitz in einen anderen Bundesstaat als die mit weniger Klinikaufenthalten" (S. 111). Auffällig ist ebenso, daß die Mobilität von Abhängigen aus den Südstaaten, wo kein illegaler Drogenmarkt existierte, nahezu doppelt so hoch war, wie die Mobilität derjenigen, die in städtischen Ballungsgebieten der Nord- und Oststaaten lebten (Ball/Bates 1970).

6.4. Geographische Verteilung

Als sozialer Ort des illegalen Drogenkonsums gelten seit seiner Kriminalisierung die Zentren der Städte und die Quartiere der ärmeren Bevölkerungsschichten, die Slums. Diese Lebenswelt weist, im Gegensatz zu den Annahmen der Schule von Chicago, durchaus systematische und beständige Merkmale des sozialen Lebens, also einen hohen Grad von sozialer Organisation auf. Dieses kulturelle System ist freilich von einer besonderen Art. Die stabilen Verhaltensweisen, Werte und Kulturmuster, die es beinhaltet, sind funktional eher wechselseitig auf sich selbst bezogen als an den entsprechenden Merkmalen einer Mittelklassekultur orientiert. Das Slum weist eine eigene Kultur auf, die sich von der Mittelklassenkultur unterscheidet und von den Angehörigen der Mittelklasse mißbilligt wird, die aber auf ihre Weise ebenso hoch organisiert und mit einem ebenso effektiven System der informellen sozialen Kontrolle ausgestattet ist wie diese (Whyte 1943a; Miller 1959).

Verschiedene Kulturmuster der Slums sind von Bedeutung für die Integration des Drogenkonsums in diese Lebenswelt. So ist gewöhnlich das Verhalten der Menschen hier in gewissem Sinne freizügiger, von größerer Spontaneität und durch weniger Beschränkungen reglementiert als in einem Mittelschichtsmilieu. Nach Fried und Levin (1968) herrschen hier "kontinuierliche Kontakte mit denselben Menschen über lange Zeiträume, große räumliche Nähe der Wohnungen, häufige Interaktion bei einer Vielzahl von Gelegenheiten und zahlreiche informelle Kontakte bei den alltäglichen Verrichtungen", so daß sich "extrem enge, wechselseitig abhängige Beziehungen zwischen Gruppen von Menschen" entwickeln (S. 72).

Diese Beziehungen beruhen zum Teil auf der Ablehnung, zumindest aber dem Mißtrauen gegenüber der angepaßten Welt, zu denen die Regierung und ihre Vertreter, die Schulen, Gesundheits- und Wohlfahrtsinstitutionen, die Angehörigen der Mittelschichten und vor allem die Polizei gehören. Statt mit den staatlichen Behörden zu kooperieren, gilt es etwa in der Slumkultur als Tugend, über eine gewisse körperliche Durchsetzungkraft zu verfügen, d.h. über die Fähigkeit, seine Probleme mit eigener Kraft, und zwar notfalls mit physischer Gewalt zu lösen. Lee Rainwater hat solche in den Chicagoer und anderen Slums verbreiteten Überlebenstechniken unter den Begriff "coping strategies" gefaßt. Eine dieser Techniken ist die "Strategie des expressiven Lebensstils".[27] Damit bezeichnet Rainwater die Neigung zu hedonistischen Genüssen, zu Vergnügungen aller Art, zu Musik, Tanz und zur Entwicklung einer blumigen, lebhaften Sprache. Mit der Strategie des expressiven Lebensstils erzeugt der Slumbewohner das Bild einer spontanen, lebendigen Existenz, die sich abhebt von dem ernsteren und beherrschteren Lebensstil der Mittelschichten, und die "eine zentrale dynamische Rolle bei den meisten Formen abweichenden Verhaltens der Unterschichten spielt" (Rainwater 1970, 379).

Tatsächlich werden in der Kultur der Slums häufig Verhaltensweisen toleriert, die in den Mittelschichten als abweichend mißbilligt werden. Dazu gehört etwa ein altersmäßig weit früher einsetzendes und weit freizügigeres Sexualverhalten ebenso wie die erhöhte Toleranz auch gegenüber exzessiven Formen des Konsums von berauschenden Substanzen. So hält Rainwater die Strategie des expressiven Lebensstils für die "motivierende Kraft hinter jeder Art des Umgangs mit Drogen und Alkohol" (Rainwater 1970, 379).

Die Kultur des Slums bot so einen sozialen Schutzraum für illegale Drogenkonsumenten, und zwar sowohl im Hinblick auf die erhöhte Toleranz gegenüber dem Konsum berauschender Substanzen als auch gegenüber den damit verbundenen illegalen Handlungen, also vor allem für die Entstehung eines sicheren Systems illegaler Drogenversorgung. Eher als ein Zustand der Desorganisation scheint dies für die Verbreitung des Narkotikakonsums in Slumgegenden verantwortlich zu sein.

Die von Dai errechneten Abhängigkeitsraten zeigen, daß in den Jahren 1930 bis 1934 der Schwerpunkt der registrierten Drogenabhängigkeit, sowohl was den Wohnsitz der Abhängigen als auch den Ort von Verstößen gegen den Harrison-Act betrifft, in der Chicagoer West-Side, der Lower-North-Side und jenen Gegenden lag, die charakterisiert waren "durch geringe Höhe der durchschnittlichen Miete, relativ viele leerstehende Wohnungen und eine Tendenz zum Rückgang der Bevölkerung" (Dai 1937, 87, 198).

---

[27] Insgesamt nennt Rainwater vier Coping strategies: neben den genannten Strategien der Gewalt und der Expressivität noch die Strategie der "Depressiven Anpassung" und die Strategie der Mobilität, vgl. Rainwater 1970, insb. S. 360 ff.

Es handelte sich um die Vergnügungsviertel, die Bezirke der Bordelle, billigen Hotels, Absteigen, Bars, Kneipen und Pfandhäuser. Die Gegend war mit jenen Bezirken identisch, in denen die Forscher der Chicagoer Schule die höchste Rate der Jugendkriminalität (Shaw 1931; Shaw/McKay 1942), die höchste Selbstmordrate (Cavan 1928), die höchste Rate von Geisteskrankheiten, (Faris/Dunham 1939) und den höchsten Anteil von Hobos (Anderson 1923) fanden.

6.5. Die Konsumenten

Etwas präzises über soziale Lage, typische Verhaltensmuster, Anzahl etc. von Drogenkonsumenten in städtischen Gebieten zu sagen, wird umso schwieriger, je weiter man die Entwicklung zurückverfolgt. Das spärliche vorhandene Material stützt freilich die These, daß gegen Ende des vorigen Jahrhunderts die Unterschiede zwischen städtischen und ländlichen Drogenkonsumenten nicht größer waren als die Unterschiede zwischen Stadt- und Landbewohnern generell. Das soll heißen, daß zu Beginn der Karriere des Drogenproblems die städtischen Drogenkonsumenten den gleichen Verhaltensmustern folgten wie die auf dem Lande; sie benutzten die gleichen Drogen, konsumierten sie in gleicher Menge und Häufigkeit, hatten die gleichen Motive, die gleiche Suchtgeschichte und ähnelten sich auch im Hinblick auf ihre sozialen Merkmale.

Eine der ersten Untersuchungen zum Narkotikakonsum in städtischen Zentren nahm Charles Earle im Jahr 1880 anhand der Kundenkarteien von 50 Apotheken vor, über die ihm persönliche Daten von 235 Narkotika konsumierenden Bürgern Chicagos zugänglich wurden (Earle 1880). Dabei stellte er fest, daß der Drogenkonsum unter den weißen eingesessenen Amerikanern weiter verbreitet war als bei den verschiedenen ethnischen und sozialen Minderheiten. Wie auf dem Lande, so war auch in Chicago Drogenkonsum "ein Laster des mittleren Lebensalters", hauptsächlich bei den 30- bis 40jährigen anzutreffen. Und gleichermaßen war es "die Mittelschicht, in der wir die überwiegende Mehrheit unserer Opiumesser heutzutage finden" (S. 55). Die beliebtesten Drogen waren Morphin, Opiumtinktur, Paregorik und ähnliche Zubereitungen, die ausnahmslos oral appliziert wurden. Trotz teilweise langjähriger Suchtgeschichte erfreuten sich alle Befragten einer ausgezeichneten Gesundheit "...in keiner Weise kann man sie von jenen Menschen unterscheiden, die nicht abhängig sind" (S. 60). Earls Befunde hinsichtlich der Geschlechtszugehörigkeit zeigen, daß in der Ära der Legalität der Opiate auch in diesem Punkt städtische und ländliche Strukturen ähnlich waren. Auch in der Stadt nahmen Frauen drei Mal so häufig Drogen wie Männer, und unter den Berufsgruppen waren Ärzte und Apotheker besonders stark vertreten (Earle 1880).

Wie eine im Jahr 1924 an Chicagoer Konsumenten durchgeführte Untersuchung zeigt, war innerhalb der vier Jahrzehnte, die seit der Untersuchung von Earle vergangen waren, das Durchschnittsalter der Konsumenten allenfalls leicht gesunken. Die Autoren schätzten es auf etwa 30 Jahre. Ein Phänomen, das besonders unter Jugendlichen anzutreffen war, stellte städtischer Drogenkonsum jedenfalls Mitte der 20er Jahre nicht dar: "...in Chicago ist so gut wie kein Abhängiger jünger als 21 Jahre" (Sceleth/Kuh 1924, 680).

Im Staat New York ergaben zur gleichen Zeit die Daten von 237 zu Haftstrafen verurteilten Abhängigen folgendes: 3,8% waren jünger als 21 Jahre, 56,6% zwischen 21 und 30, 28,7% zwischen 31 und 40 und 10,9% waren über 40 Jahre alt (New York State Commission of Prisons 1924, 480). Für New York City wurde das Durchschnittsalter der Abhängigen auf 25 bis 30 Jahre geschätzt (Simon 1924, 678).

Auch der Untersuchung von Dai zufolge veränderte sich im Zeitraum von 1880 bis 1930 das Durchschnittsalter der Abhängigen nur geringfügig; bei Earle lag der Schwerpunkt der Drogenabhängigen bei den 30- bis 40jährigen, bei Dai sind es die 30- bis 34jährigen.

Diese Altersangaben beziehen sich zumeist auf den Zeitpunkt, da offiziellen Institutionen oder Forschern die jeweiligen Abhängigen bekannt wurden. Der Zeitpunkt des Beginns der Abhängigkeit liegt dann jedoch meist schon zurück. In der Stichprobe von Dai wurden 12,2% vor dem 19., 29,7% vor dem 24., 27,9% vor dem 29., 14,6% vor dem 34. 8.1% vor dem 39. und 7.7% nach dem 39. Lebensjahr abhängig (S. 65). Dieser Befund stimmt mit den meisten zeitgenössischen Untersuchungen überein, die ziemlich gleichbleibend über die gesamten 20er und 30er Jahre, sowohl bei Männern wie bei Frauen, den Zeitpunkt, da mit regelmäßigem Narkotikakonsum begonnen wurde, zwischen dem 23. und 30. Lebensjahr ansetzen (Kolb 1928; Magid 1929; Treadway 1929; Hall 1932; Pescor 1943).

Erheblich deutlicher als beim Alter sind die Veränderungen in der Geschlechterverteilung der registrierten Abhängigen. Wie an anderer Stelle beschrieben, überwogen zu Beginn der Karriere des Drogenproblems Frauen die Männer bei weitem. Ungefähr gegen Mitte der 20er Jahre begann dieses Verhältnis sich umzukehren. Die Gründe hierfür sind nicht leicht zu benennen. Eine Rolle hat sicher gespielt, daß die den Opiatkonsum der Frauen lange Zeit bestimmenden eher medizinischen bzw. pseudomedizinischen Motive, nämlich die Linderung von Frauenbeschwerden, nach und nach von eher hedonistischen Motiven überlagert wurden, die sich schneller in der Männerwelt verbreiteten (Meyers 1952). Gestützt wird diese Vermutung auch dadurch, daß der Frauenanteil in Stichproben von Abhängigen, die sich als medizinische Fälle betrachteten, noch in den 30er Jahren höher war als in Stichproben von Abhängigen, die Drogen hauptsächlich zum Lustgewinn konsumierten (Kolb 1928; Jandy/Floch 1937).

Der Anteil von Männern aus Stichproben von straffällig gewordenen Narkotikakonsumenten wird 1928 mit 79,5% (Treadway 1929), 1929 mit 82,7% (Treadway 1930), 1930 für San Franzisco mit 90% und für Los Angeles mit 85,3% (California State Committee 1931) angegeben. Männer sind jedoch in solchen Stichproben von durch die Polizei festgenommenen Konsumenten deutlich überrepräsentiert. Der Wirklichkeit ein wenig näher kommt wohl Dai, der das Zahlenverhältnis von Männern zu Frauen mit 73 zu 27 angibt. Doch da auch Dais Stichprobe einen deutlichen *bias* hin zu den Instanzen als Straftätern aufgefallenen Drogenkonsumenten hat, und da weibliche Straftäter ungeachtet ihrer allgemein niedrigeren Delinquenz in derartigen Stichproben stets unterrepräsentiert sind (vgl. Sutherland/Cressey 1978, 130), greift auch Dai mit seinen Angaben zu hoch.

Am ehesten zutreffen dürften deswegen wohl Erhebungen, die in privaten Institutionen und Sanatorien gemacht wurden, und wo Männermehrheiten von nur 55% bis 67% ermittelt wurden (New York State Commission 1931; Knight/Prout 1951)

Einen weiteren wichtigen Mosaikstein zum Bild des urbanen Narkotikakonsums jener Zeit bieten die vorhandenen Informationen über Bildung und Berufe der Betroffenen. Dabei ergibt sich der interessante Befund, daß im Gegensatz zur heutigen Situation, wo die meist jugendlichen Opiatabhängigen "überproportional eine schlechtere Ausbildung genossen haben als vergleichbare Gruppen von Jugendlichen" (Berger et al. 1980, 36), die allgemeine Schulbildung etwa der Chicagoer Drogenkonsumenten nicht gegenüber dem Bevölkerungsdurchschnitt abfiel. "Die Schulbildung von Drogenabhängigen weist im Vergleich mit der übrigen Bevölkerung keine besonderen Defizite auf" (Dai 1937, 51). Zu ähnlichen Ergebnissen gelangten Pescor (1943) sowie Knight und Prout (1951). Die Schulbildung weiblicher Abhängiger scheint sogar ein wenig über der der Männer gelegen zu haben (Hunt 1938), während unterdurchschnittliche Bildung nur dort festgestellt wurde, wo die untersuchte Population ausschließlich aus Strafgefangenen bestand (Jandy/Floch 1937; Treadway 1929).

Wie im Hinblick auf ihre schulische Bildung unterschieden sich die damaligen Abhängigen auch in ihrer beruflichen Situation von den heutigen Drogenkonsumenten, deren Lebensweise, zumindest was Langzeitabhängige betrifft, in der Regel mit einer regelmäßigen Berufstätigkeit nur in seltenen Ausnahmefällen vereinbar ist (Kaplan 1983, 134; Quensel 1982, 66). Die Daten über die Berufstätigkeit von Abhängigen in den 20er und 30er Jahren belegen hingegen, daß das heutige Muster des Fixer-Seins als Lebensstil, als 'full-time-job', noch nicht existierte. Das lag daran, daß die Rahmenbedingungen der Drogenabhängigkeit, von denen besonders Preis und ständige Verfügbarkeit von Drogen entscheidend sind, noch nicht so bedrohlich und einschränkend waren, daß Abhängige nur die Wahl hatten, entweder abstinent zu werden oder ihre ganze Arbeitskraft auf die Beschaffung exorbitant teurer Drogen zu konzentrieren. Der Drogenkonsum griff nicht so einschneidend in das Leben der Betroffenen ein, die in der Regel noch lange nach Entwicklung einer Sucht "fortfuhren zu arbeiten und sich ehrlich zu ernähren" (Kolb 1928, 80).

Auf welche Weise und in welchen Berufen sie das taten, darüber geben die Untersuchungen von Dai (1937) und Pescor (1943) interessante Aufschlüsse.

Bei Dai wurden in 2.022 Fällen, wo Informationen über Beruf und Beschäftigung erfragt wurden, 390mal unbezahlte Tätigkeiten wie Student oder Hausfrau angegeben. Von den verbleibenden 1.632 Probanden arbeiteten 31,9% in Handwerk und Industrie, 23,5% als Angestellte in Handelsberufen, 5,5% im Transport- und Kommunikationswesen, 31,1% in Dienstleistungsberufen und der Gastronomie, 3,7% in der Freizeit und Unterhaltungsbranche und 4% gehörten dem öffentlichen Dienst an. Verglichen mit den entsprechenden Anteilen an der Chicagoer Gesamtbevölkerung zeigte sich, daß männliche Drogenkonsumenten in Handwerk und Industrie, dem Transport- und Kommunikationswesen und dem öffentlichen Dienst leicht unterrepräsentiert waren, während ihr Anteil an den Handelsberufen dem der Gesamtbevölkerung entsprach.

Auffallend ist, wie groß der Anteil von Drogenkonsumenten in bestimmten Dienstleistungsberufen war. Das galt vor allem für die Gastronomie, also für Berufe wie Kellner, Gastwirt, Barmixer, Türsteher etc. sowie für die Freizeit- und Unterhaltungsbranche, was Berufe wie Musiker, Tänzer, Schauspieler etc., einschloß. Ein knappes Drittel der männlichen Drogenabhängigen von Dais Stichprobe übte einen derartiger Beruf aus; das war mehr als drei Mal so häufig wie in der (männlichen) Gesamtbevölkerung des Großraums Chicago.

Ähnlich klare berufliche Schwerpunkte lassen sich bei den Drogenkonsumentinnen finden. Während von den weiblichen Berufstätigen Chicagos rund 55% in Industrie- und Handel beschäftigt waren, waren es von den Drogenkonsumentinnen nur 19,3%. Umgekehrt waren von Dais weiblichen Probanden 64% in der Gastronomie und Unterhaltungsbranche tätig, während der entsprechende Anteil in der Gesamtbevölkerung nur 25,1% betrug (Dai 1937, 51 f.)

Der überproportionale Anteil von Angehörigen der 'tainted professions' (Matza) an der Gruppe der Narkotikakonsumenten aus den Unterschichten war keine Besonderheit des Raumes Chicago. Auch Michael Pescors Auswertung der persönlichen Daten von 1.036 Patienten, die sich zwischen dem 1. Juli 1936 und dem 30. Juni 1937 in der Drogenklinik von Lexington, Kentucky, einer Entzugsbehandlung unterzogen, ergab ähnliche Befunde. Pescors Probanden stammten aus den verschiedensten Gegenden der Vereinigten Staaten, fast jeder Bundesstaat war vertreten, aber die überwiegende Mehrheit der Patienten lebte in proletarischen Vierteln größerer Städte. Von ihnen arbeiteten 21,7% in der Industrie, 12,9% im Handel, aber 30,9% im Dienstleistungsgewerbe (*domestic and personal service*), worunter auch Pescor vor allem Berufe wie Portier, Kellner und Barmädchen etc. versteht. Ein kleiner Teil der von Pescor Untersuchten übte, wie der Autor es nennt, "halblegale" Berufe aus, etwa auf Rennbahnen, in Wettbüros, als Buchmacher, oder sie arbeiteten als professionelle Poker- und Billardspieler und dergleichen (Pescor 1943, 11).

Einen besonderen Stellenwert genoß der Opiatkonsum im 'sexbusiness', im Umfeld von Prostitution, im Milieu der Bars und Bordelle. Die überdurchschnittliche Verbreitung des Opiatkonsums unter städtischen Prostituierten ist ein Phänomen, das bereits im Jahr 1880 von Earle festgestellt wurde. Ein Drittel der 169 weiblichen Apothekenkunden in Earles Stichprobe übte diesen Beruf aus. Neben den medizinischen Berufen hatte der Opiatkonsum in dieser Profession die längste Tradition und größte Verbreitung. Und zwar sowohl das Rauchen von Opium wie seine Einnahme in flüssiger Form. Letzteres scheint unter den Prostituierten der amerikanischen Oststaaten schon verbreitet gewesen zu sein, bevor dort das Opiumrauchen, von den westlichen Staaten ausgehend, in Mode kam (Earle 1880).

Ganz gewiß war Mitte der 20er Jahre der Opiatkonsum in Bordellen oder ähnlichen Etablissements der städtischen Vergnügungsviertel sowohl bei Prostituierten wie Zuhältern, Kellnern, Türstehern etc. überdurchschnittlich verbreitet. Einer lernte es vom anderen, und schließlich war Opium "fester Bestandteil der Rolle eines erfolgreichen Zuhälters" (Dai 1937, 149).

Die Beliebtheit der Opiate bei den Prostituierten war in der Öffentlichkeit am frühesten bekanntgeworden und dort lange Zeit paradigmatisch für das vermutete Konsumverhalten der Unterschichten. Die Gründe hierfür reichten schon damals weit zurück und hingen mit der Heilwirkung zusammen, die man den Opiaten für Menstruations- und Menopausebeschwerden sowie zahlreiche andere Frauenleiden zuschrieb. Ihre psychische Wirkung werden überdies viele Prostituierte für ihre Arbeit als notwendig empfunden haben, zumal Alkohol wegen seiner unliebsamen Rauschwirkungen als Betäubungsmittel nicht in Frage kam. Die Beliebtheit des Opiums in dieser Profession läßt sich bis in die 1960er Jahre weiterverfolgen und nahm erst in jüngerer Zeit parallel mit dem Aufkommen der modernen Tranquilizer ab (Fiddle 1967, 164).

Im Drogenverhalten der Prostituierten vermuten viele einen der Ausgangspunkte für die Ausbreitung des Opiums in Halbweltkreisen. Terry und Pellens verzeichnen Berichte, wonach Prostituierte es sich zur Gewohnheit machten, für ihre Kunden immer einen Vorrat der Droge bereitzuhalten. Auch wurde berichtet, daß Zuhälter und Mädchenhändler Opium benutzten, um ihre Opfer in ein Abhängigkeitsverhältnis zu ihnen als den einzigen Lieferanten zu bringen (vgl. Terry/Pellens 1928, 120).

Wie dem auch sei, die Motive zur Einnahme der Opiate sind sicherlich bei den Prostituierten nicht weniger "medizinisch" gewesen als bei den meisten Konsumenten der Mittelschichten. Doch der Zusammenhang dieses Konsums mit der in den Augen der Öffentlichkeit zutiefst unmoralischen Prostitution und die Tatsache, daß er nicht auf Grund ärztlicher Verschreibung erfolgte, sondern in diesem Milieu erlernt und weitergegeben und daß er meist mit illegal erworbenen Drogen gepflegt wurde, genügten, ihn für die Öffentlichkeit intolerabel zu machen.

6.6. Gesundheitlicher Zustand der Konsumenten

Erstmals ausführlichen und empirisch abgesicherten Aufschluß über die medizinische Situation langjähriger, in einem städtischen Zentrum lebender Opiatabhängiger gibt die Studie von Light et al. aus dem Jahre 1929. Auf Anregung eines Expertengremiums in New York City konstituierte sich im Jahre 1925 das *Philadelphia Committee for the Clinical Study of Opium Addiction*, ein aus Medizinern zusammengesetztes Gremium, das die folgenden drei Jahre – bis 1928 – entlang medizinischer und sozialer Fragestellungen die Auswirkungen langjährigen Drogenkonsums untersuchte. Das Komitee befragte, behandelte klinisch und machte – nach heutigen Standards ethisch angreifbare – medizinische Experimente mit insgesamt 861 Patienten, die im Untersuchungszeitraum in der Abteilung für Drogenabhängige des *Philadelphia General Hospital* behandelt wurden. Die Klinik wurde von der Stadt Philadelphia betrieben und hatte "keine unmittelbare Beziehung zu den Strafverfolgungsbehörden" (Light et al. 1929, 7).

Die Patienten wählten den Klinikaufenthalt nur selten mit dem Ziel, die Abhängigkeit zu überwinden. Meist kam der Patient, "weil er vorübergehend Zuflucht vor der Polizei sucht, aus finanziellen Gründen die Größe der täglich benötigten Dosis reduzieren oder einen Zeitlang kostenlos eine Erhaltungsmedikation bekommen möchte" (S.7). Da solche Probleme sich wohlhabenden Abhängigen in der Regel nicht stellten, wundert es nicht, daß die Patienten der Philadelphia-Studie "praktisch alle aus der sogenannten Unterwelt" (S.8) stammten, womit Light und seine Mitautoren freilich nicht organisierte Kriminelle und andere Außenseiter, sondern die Angehörigen der proletarischen Schichten meinen. Zu Beginn der Behandlung wurden die Patienten auf eine zur Unterdrückung der Entzugssymptome ausreichende Morphiummedikation gesetzt und sodann mehrfach gründlich untersucht. Der erste klinische Eindruck, den sie hinterließen, ist angesichts der heutzutage in der Regel verheerenden gesundheitlichen Lage von Heroin-Fixern überraschend.[28]

Denn Light et al. stellten bei ihren Patienten fest, daß "ihr körperlicher Zustand weitgehend dem von normalen Personen der entsprechenden Altersgruppe entspricht" (S. 13). Weitere Untersuchungen ergaben, daß dieser erste Eindruck gründlicher Überprüfung standhielt. Im Hinblick etwa auf körperliche Leistungsfähigkeit, Herz-

---

[28] Vgl. zur gesundheitlichen Verfassung von Heroin-Fixern der 80er Jahre Quensel 1982, insb. S. 156 ff.

und Kreislauffunktionen "konnten wir keine auffälligen Befunde oder Beeinträchtigungen ausmachen" (S. 20) Die Untersuchung einer 100köpfigen Subgruppe auf Untergewicht – zwangsläufige Begleiterscheinung der Drogensucht unter heutigen Bedingungen – ergab kaum Abweichungen von den zum Vergleich von einer Lebensversicherungsgesellschaft herangezogenen Normaldaten. "Das Durchschnittsgewicht der gesamten Subgruppe von 100 Personen lag 0,2% über dem Normalwert" (S.17).

Diese Befunde sind umso erstaunlicher, als die Probanden dieser Untergruppe im Durchschnitt seit über 10 Jahren opiatabhängig waren und während dieser Zeit pro Tag durchschnittlich 1,36 Gramm reine Opiate zu sich genommen hatten. Dies entspricht ungefährt dem 30fachen des täglichen Heroinkonsums eines Junkies der New Yorker Straßenszene zu Anfang der 70er Jahre.

Keine krankhaften Veränderungen konnten Light et al. auch bei Puls, Blutdruck, Blutbild, Blutzucker, Magen, Nieren, Leber sowie zahlreichen anderen Körperfunktionen feststellen. Sie resümierten daher:

> Unsere Untersuchung belegt, daß Morphinabhängigkeit – sieht man von der Abhängigkeit als solcher ab – nicht durch irgendwelche Gesundheitsbeeinträchtigungen oder eine verringerte Leistungsfähigkeit charakterisiert ist ... Bedenkt man, daß alle unsere Patienten mindestens seit fünf Jahren, einige sogar seit mehr als 20 Jahren abhängig sind, so sind diese Beobachtungen besonders signifikant (Light et al. 1929, 105).

Bestätigt werden die Befunde der Philadelphia-Studie von George B. Wallace, der eine 1930 durchgeführte Untersuchung über die Gesundheit von Opiatabhängigen mit den Worten zusammenfaßt:

> Wir haben nachgewiesen, daß langdauernder Konsum von Opium und seinen Derivaten nicht zu meßbaren organischen Beeinträchtigungen führt. Die Abhängigen zeigten, sofern man sie nicht von der Drogenversorgung abschnitt, keinerlei Verhaltensunterschiede zu Nicht-Abhängigen (Wallace 1931, 357).

Auch bei Dai (1937) ergab die Überprüfung der medizinischen Daten der Untersuchten daß "wenigstens vier Fünftel der Abhängigen unserer Hauptstichprobe zum Zeitpunkt ihrer Festnahme in guter oder zumindest normaler gesundheitlicher Verfassung waren", woraus der Autor den Schluß zieht, "daß zumindest in der subjektiven Erfahrung der Abhängigen die Frage organischer Krankheit sowohl als Ursache wie auch als Ergebnis der Drogenabhängigkeit, offenbar keine Rolle gespielt hat" (S.57). Auch dort, wo an Probanden aus Dais Stichprobe psychiatrische Untersuchungen durchgeführt wurden, wurden keine Krankheitssymptome festgestellt. "Die psychiatrische Untersuchung der Patienten ergab bis auf wenige Ausnahmen stets den Befund 'Drogenabhängigkeit ohne begleitende Psychose"' (S. 59).

6.7. Städtische Konsumgewohnheiten

Daß die unterschiedliche, schichtgebundene Bewertung des Drogenkonsums ihre Ursache primär in der Perspektive der Beobachter und weniger in unterschiedlichen Verhaltensweisen der Betroffenen selbst hatte, soll nicht heißen, daß die Gebräuche, die in den städtischen Unterschichten beim Konsum von Opiaten herrschten, sich nicht beträchtlich von denen in den Mittel- und Oberschichten unterschieden.

Ohne daß in der behaupteten Weise ein direkter Zusammenhang von Außenseitertum, Unterschichtzugehörigkeit und Drogenkonsum bestand, war letzterer doch Bestandteil eines unkonventionellen und randständigen Lebensstils geworden. Es existierte ein kulturelles Muster, das Opiate und Kokain als legitime Genußmittel einschloß. Sein sozialer Ort waren die Vergnügungsviertel der großen Städte, wo die Versorgung der Konsumenten "ein Geschäft ist, das wir in Billardsälen, billigen Kneipen und ähnlichen Treffpunkten finden" (Sceleth/Kuh 1924, 679). Hier galten andere Gesetze als in der Welt der Angepaßten, der Produktiven und Konformen. Und so ist es verständlich, wenn Sceleth und Kuh, ein Ärzteteam, das nach eigener Aussage über 5.000 Drogenabhängige medizinisch behandelt hatte, daraus den Schluß ziehen,

> daß die überwiegende Mehrheit der Fälle von Drogenabhängigkeit jetzt durch die Assoziation mit anderen Süchtigen entsteht, deren Rat gefolgt wird, einen "Schuß" oder einen "Snief" gegen "was immer dich stört" zu nehmen, und ständig Ausschau nach neuen Sensationen zu halten. Dies sind die Genuß-Konsumenten (Sceleth/Kuh 1924, 679).

In der Tat stützen die vorliegenden Zahlen diese These. So ergab die Untersuchung von Dai, daß 65,6 % der männlichen und 50,5 % der weiblichen Befragten ihren Einstieg in den Konsum auf den Einfluß anderer Konsumenten zurückführten. 25,8 % (weibliche 33,6%) gaben als Grund die medikamentöse Verwendung der Droge an. Nur

2,6% (4,5%) hatten zwecks Lösung emotionaler Spannungszustände aus eigenem Antrieb zur Droge gegriffen (S. 63).

Bei der Befragung von 461 wegen Drogendelikten einsitzender männlicher Häftlinge des Zuchthauses von Atlanta nannten 261 nichtmedizinische Gründe, darunter vor allem die Assoziation mit anderen Abhängigen, als ursächlich für ihren Narkotikakonsum, während 183 zu Protokoll gaben, mit dem Drogenkonsum nach ärztlicher oder selbst gestellter medizinischer Indikation begonnen zu haben (Nellans/Massee 1929).

Zu einem ähnlichen Ergebnis gelangt auch Treadway: Von 1.593 befragten Drogendelinquenten machten 1.337 Angaben über die Gründe für ihren Drogenkonsum. 706 davon gaben an, ihn durch andere Abhängige erlernt zu haben, während 631 medizinische Ursachen nannten (Treadway 1930).

Eine noch höhere Rate von nichtmedizinischem Drogenkonsum ergab die Befragung von 318 freiwillig wegen Drogenabhängigkeit behandelter Patienten eines New Yorker Krankenhauses. Von diesen Patienten, die vielleicht weniger als die Insassen von Haftanstalten Grund hatten, die Ursachen ihrer Drogenabhängigkeit zu beschönigen, gaben nur 41 medizinische Gründe an, während 277 (87,1%) die Assoziation mit Abhängigen als initiale Ursache ihres Konsums nannten (Lambert 1930).

Orte und Gelegenheiten, wo Drogenkonsumenten ihr Wissen an Neulinge weitergeben konnten, gab es natürlich unzählige, etwa Billardsäle, Spielhallen, Wettannahmestellen und, wie Dai es nennt, "ähnliche *hangouts*". Ein für den ersten Kontakt mit Narkotika typischer Bericht ist der folgende einer jungen Frau:

> Ted war ungefähr 25 Jahre alt, einer von diesen Kerlen, wie es viele in der Stadt gibt. Irgendwie gefiel er mir aber, und nach ein paar Drinks wurden wir gute Freunde. Eines Abends, wir waren ziemlich betrunken, sah ich wie Ted eine komische weiße Tabelette zerstieß und das Pulver abwechselnd durch die Nasenlöcher einsog. Es war das erstemal, daß ich sowas sah, und natürlich machte mich das neugierig. Ted erklärte mir, daß die Tablette Heroin sei und daß dies Zeug einem ein gutes Gefühl gäbe. Er bot mir aber nichts an. Eine lange Zeit, wahrscheinlich ungefähr ein halbes Jahr, hörte ich mir an, was Ted so alles über den Stoff zu erzählen wußte. Jeden Tag trafen wir uns in der Billardhalle und begannen unsere Zechereien; Ted nahm außerdem immer sein Heroin. Letztlich aus Angst blieb ich ersteinmal nur bei meinem Schnaps. Ich beobachtete Ted aber beim Sniefen und begann mich zu fragen, was für eine Art

> von Kick er da eigentlich kriegte. Sein Verhalten änderte sich eigentlich überhaupt nicht, nachdem er was genommen hatte... Wie es kommen mußte, war diese Angst irgendwann nicht mehr stark genug. Eines Nachts hatten wir besonders viel getrunken, und uns beiden ging es schlecht. Das heißt, Ted ging es nur solange schlecht, bis er sein Heroin genommen hatte. Das Zeug versagte nie beim Vertreiben eines Katers. Ich dachte, zum Teufel, ich werd jetzt ein bißchen von dem Zeug nehmen und wenn es mich umbringt. Mir ging es sowieso schon so schlecht, daß es darauf auch nicht mehr ankam. Ich nahm eine Tablette, und zehn Minuten später ging es mir wunderbar... Jeden Abend trafen wir uns in der Billardhalle und nahmen unser Heroin. Manchmal besorgte Ted es, manchmal ich. Es gab damals keine Probleme, an das Zeug ranzukommen (Dai 1937, 151 f.).

Ein großer Teil der Abhängigen lernte den Drogenkonsum von Arbeitskollegen, ganz besonders jene, die in Hotels, Restaurants, Bars und Nachtklubs arbeiteten. Auch bei bestimmten gesellschaftlichen Zusammenkünften und Partys wurde unbefangen von Drogen Gebrauch gemacht:

> Eine der häufigsten Gelegenheiten, bei denen Abhängige erstmals in Kontakt mit Narkotika kommen, sind, wie sie es nennen, sogenannte 'pleasure parties', gesellige Zuammenkünfte, wo zwei, drei oder mehr Personen Opium rauchen oder andere Drogen, vor allem Kokain, gemeinsam und für alle sichtbar konsumieren. Bei solchen Partys gehen Männer und Frauen gewöhnlich äußerst frei miteinander um, und wenn ihre moralischen Bedenken durch die betäubende Wirkung des Opiums eingeschläfert wurden, finden nicht selten Sex-Orgien statt. Diejenigen, die zu solchen Partys gegangen sind, sind gewöhnlich beeindruckt von der dort herrschenden freiheitlichen Atmosphäre, in welcher die normalerweise gewahrten Unterschiede im Hinblick auf Geschlecht, Rasse oder soziale Position aufgehoben sind, und wo Männer und Frauen, gewöhnlich mit Pyjamas bekleidet und auf Matrazen liegend, gemächlich ihre geheimen Ängste und Befürchtungen wegrauchen (Dai 1937, 124).

Man kann an diesem Beispiel einerseits gut sehen, wie der Drogenkonsum sich in die Kultur der Unterschichten einfügte und sich etwa mit der dort herrschenden größeren sexuellen Freiheit und der von keiner Mittelschichtenetikette diktierten, ungezwungenen Umgangsweise der Menschen verband. Andererseits wirft Dais Beschreibung abermals ein Licht auf die verzerrte Perspektive und besonders die vorschnelle Anomievermutung der Chicagoer Schule, wenn er nämlich die Partygänger mit der Elle der Sexualmoral der Mittelschichten mißt und ihnen geheime Ängste und Befürchtungen unterstellt, die erst "weggeraucht" werden müssen, damit sexuelle Kontakte möglich sind, welche Dai sich wiederum nur als "Sex-Orgien" vorstellen kann.

Die Tatsache, daß in der Kultur der städtischen Unterschichten ab Mitte der 20er Jahre eine Population von Narkotikakonsumenten existierte, deren erste Bekanntschaft mit der Droge auf die Vermittlung von anderen Abhängigen zurückging, lädt freilich zu einer irreführenden Interpretation ein. Dem Trugschluß nämlich, daß jede Form des nicht aufgrund ärztlicher Empfehlung begonnenen Konsums allein aus diesem Grund von rein hedonistischen Motiven bestimmt, während der Drogenkonsum aufgrund ärztlicher Verschreibung stets medizinisch indiziert war. Trotz der gewiß großen Zahl reiner Genuß-Konsumenten ist anzunehmen, daß die überwiegende Mehrheit derjenigen, die den Drogenkonsum von anderen Konsumenten erlernten, sich in ihren Motiven nicht von den legale, d.h. ärztlich verschriebene Drogen konsumierenden Rechtsanwälten, Politikern und Medizinern etc. unterschieden.

Hier wie dort mag es etwa darum gegangen sein, den Druck der Verpflichtungen, die physische und emotionale Last des Alltags ein wenig erträglicher zu machen. Solche wohl außerhalb des Gebietes der somatischen Medizin liegende Befindlichkeiten indizieren nach heutigen Maßstäben gewiß keine Opiatmedikation. Entscheidend ist aber, daß zumindest während der Jahre, über die hier die Rede ist, die bei den Unterschichten als 'hedonistisch' apostrophierten Konsummotive durchaus ihre Entsprechung in den durch ärztliche Verschreibung legal befriedigten Konsumbedürfnissen der Mittel- und Oberschichten fanden. Der Unterschied bestand im wesentlichen nur darin, daß die einen mit ihren Beschwerden zu ihrem Hausarzt gingen, während die anderen dem Rat einer anderen, nicht approbierten Vertrauensperson folgten und illegale Drogen verwendeten. Mit anderen Worten: die Quote der Mittel- und Oberschichtenangehörigen, deren ärztlich abgesegneter Narkotika- bzw. Psychopharmakakonsum medizinisch wirklich gerechtfertigt war, dürfte kaum wesentlich höher als der entsprechende Wert in den Unterschichten gelegen haben. Gleiches gilt ebenso für den Konsumentenanteil in den jeweiligen Schichten, die einzig und allein hedonistische Motive hatten. Dies freilich sind einstweilen nicht endgültig belegte Hypothesen; ganz sicher jedenfalls ist, daß die Unterschiede in den Konsumpraktiken der Mittel- und Unterschichten kleiner waren, als Drogenpolitik und -forschung es bis heute glauben machen.

Weiter oben wurde gesagt, daß hedonistischen Vergnügungen in Unterschichtenkulturen in der Regel weniger Verbote und Einschränkungen entgegenstehen als dies gewöhnlich in einem Mittelschichtenmilieu der Fall ist. Diese Beobachtung ist häufig zur Grundlage eines Kausalmodells für Drogenabhängigkeit gemacht worden (Jandy/Floch 1937; Zimmering 1951; Rainwater 1970; Kreuzer et al. 1981). Mir scheinen solche Theorien ein wenig kurzschlüssig. Ihr Fehler liegt darin, eine mögliche Ursache für den Drogen*konsum* gleichzusetzen mit der Ursache für eine Drogen*abhängigkeit*. Gewiß, hedonistische Neigungen können Auslöser für die ersten Drogenkontakte und die anfänglich lustvollen Rauscherlebnisse sein. Doch nicht jeder, der einige Male mit Narkotika experimentiert, entwickelt eine Sucht. Nach bei Quensel wiedergegebenen Schätzungen bleibt "nach einem oder zwei Schuß jeder Zweite nicht am Heroin hängen" (Quensel 1982, 153). Die Chance für die Entwicklung einer Sucht steigt dagegen mit Dauer und Intensität des Konsums. Mit einer längeren Phase des Drogenkonsums aber unweigerlich verbunden ist das nahezu völlige Verschwinden des lustvollen Drogenerlebnisses. Wer lange Zeit Narkotika nimmt, tut dies nur noch um der Erhaltung eines "normalen" Zustandes willen, um der Agonie des Entzugssyndroms zu entgehen. Von einem gewissen Stadium der Gewöhnung an befriedigen Narkotika keine hedonistische Neigungen mehr. Der Abhängige nimmt die Droge nur noch, um sein physisches Gleichgewicht zu erhalten (Kaplan 1983).

Eine Narkotikaabhängigkeit, so folgert Lindesmith in einer im Jahre 1947 erstmals vorgelegten Theorie, beruht daher auf den körperlichen Wirkungen, die eintreten, wenn die Droge abgesetzt wird, und nicht auf den positiven Effekten, die die Droge erzeugt, wenn sich sich im Blutkreislauf befindet:

> Sucht entsteht nur dann, wenn Opiate zur Linderung der Entzugssymptome genommen werden, nachdem diese Entzugssymptome richtig gedeutet und interpretiert wurden. Das heißt, nachdem dem Betroffenen die sprachlichen Symbole und kulturellen Muster vermittelt wurden, die sich um die Drogenabhängigkeit bewegen. Begreift der Betroffene seine Beschwerden nicht als Symptome des Entzuges der Droge, kann er nicht abhängig werden. Tut er dies aber, so entwickelt er schnell und dauerhaft eine Abhängigkeit (Lindesmith 1947, 165).

Gegenwärtig muß jeder, der sich mit der modernen Drogenszene beschäftigt, das Wissen um die Ursachen von körperlichen Beschwerden nach dem Absetzen von Opiaten bei den heutigen Abhängigen voraussetzen. Zwangsläufig tritt dabei die Bedeutung dieses Wissens als kausaler Faktor für die Entwicklung einer Drogenabhängigkeit in den Hintergrund. In den 20er Jahren aber verhielt es sich in dieser Hinsicht ganz anders. Das soll nun anhand einiger typischer Fallgeschichten verdeutlicht werden:

> Vor ungefähr acht Jahren (um 1927, *P.S.*) hatte sie einen Autounfall. Damals lebte sie mit einer jungen Frau zusammen, die Chefkrankenschwester in einer großen Klinik war. Diese junge Frau gab ihr einige 'Schuß' Morphin, ohne daß die Patientin wußte, um welche Droge es sich handelte. Eine Woche lang erhielt sie regelmäßig Morphininjektionen von ihrer Mitbewohnerin. Dann mußte sie für ein Wochenende in eine andere Stadt gehen, und beim Abschied riet ihr ihre Mitbewohnerin, etwas von der Medizin mitzunehmen. Sie verstand nicht, warum sie das tun sollte und fuhr ohne die Medizin los. Doch unterwegs wurde sie furchtbar krank, sie schickte ihrer Freundin ein Telegramm, worin sie um Hilfe bat. Die Freundin holte sie an einem bestimmten Bahnhof ab, und so kam sie zurück nach Chicago. Von dieser Zeit an war sie abhängig (Dai 1937, 117 f.).

Man kann an diesem Beispiel sehen, unter welchen Umständen das Wissen um die Beseitigung der Entzugssymptome ein ursächlicher Faktor für die Entwicklung einer Abhängigkeit sein kann. Gelangte der Konsument hingegen nicht in den Besitz dieses Wissens, so bestand die Chance, daß eine Abhängigkeit nicht entwickelt wurde. Das belegt das folgende Beispiel:

> ...dann zog sie mit ihrer Familie in eine weit entfernte Stadt, und ihre Liebhaberin folgte ihr. Sie trafen sich täglich in einem Appartement, hatten dort sexuelle Kontakte und konsumierten in diesem Zusammenhang Drogen. Das ging etwa drei Monate so. Wegen eines Krankheitsfalles in ihrer Familie war sie schließlich gezwungen, die Treffen mit ihrer Liebhaberin aufzugeben. Daraufhin befiel sie ein starkes Unwohlsein, und sie bekam Schmerzen in den Beinen, aber ihr wurde nicht klar, daß dies mit ihrer Gewöhnung an das Morphin zusammenhängen könnte. So hörte sie einfach mit dem Drogenkonsum auf... (Dai 1937, 165 f.)

Das Beispiel zeigt, daß auch wenn der ursprüngliche Anlaß für den Drogenkonsum von hedonistischen Motiven herrührte, am Anfang süchtigen Drogenverhaltens oft das Motiv stand, die Entzugserscheinungen zu unterdrücken. In vielen Fällen wurde sogar in den städtischen Vergnügungsvierteln aus Lust am Rausch begonnener Drogenkonsum später ausschließlich zur Vermeidung von Entzugserscheinungen fortgesetzt. Ein Beispiel hierfür bietet die Geschichte eines

Zuhälters und Bewohners eines Chicagoer Bordells, der gemeinsam mit einer Prostituierten, mit der der dort zusammenlebte, eine lange Zeit regelmäßig Opium geraucht hatte:

> Nachdem ich mit ihr so sechs oder sieben Monate gelebt hatte, erzählte sie mir, sie hätte einen Brief von ihrer Schwester bekommen. In dem Brief stand, daß ihre Schwester sehr krank war, und das Mädchen wollte wissen, ob sie zu ihr fahren dürfe. Ich erlaubte es ihr, gab ihr genügend Geld und brachte sie zum Zug. Wir hatten kurz vor ihrer Abfahrt noch geraucht, und sie hatte die Rauchutensilien in eine kleine Handtasche gepackt und mitgenommen. Ich arbeitete die folgende Nacht wie üblich, und alles verlief gut, bis ich am Morgen nach Hause ging, wo ich begann, krank zu werden. Ich ging zu Bett, aber ich konnte nicht schlafen. Ich fühlte mich völlig rastlos und wälzte mich den ganzen Tag herum. Gegen Abend bekam ich schreckliche Krämpfe, mir wurde schwindelig, und ich begann mich zu erbrechen. Ich hatte den ganzen Tag nichts gegessen. In meinem Bauch war nichts als ein bißchen Wasser... und je mehr ich mich erbrach, desto schlechter wurde mir. Schließlich läutete ich nach dem Laufburschen, und als er kam, trug ich ihm auf, dem Boss auszurichten, daß ich krank wäre und diese Nacht nicht arbeiten könnte. Der Laufbursche fragte mich, was ich denn hätte, und ich antwortete, daß ich es nicht wüßte. Ich sagte ihm, daß ich furchtbare Krämpfe hätte und mich immerzu erbrechen müßte. Er fragte, ob ich mit meinem Mädchen jeden Tag geraucht hätte, und ich antwortete mit Ja. Dann wollte er wissen, ob ich irgendwas geraucht hätte, seitdem sie weggefahren war. Ich verneinte. Er sagte, dies sei der Grund, warum ich krank wäre... Er schaute in die Schublade und fand ein Stück Opium, er erhitzte es und gab mir drei Pillen. Dann ging er zum Restaurant, holte eine große Kanne Kaffee und sagte, ich solle die Pillen zusammen mit dem Kaffee einnehmen. Ich folgte seinem Rat und legte mich wieder hin. Nach zehn Minuten fühlte ich mich wieder gesund... (Dai 1937, 147 f.).

Die Beispiele zeigen, daß Abhängigkeit sich nicht zwangsläufig aus dem pharmakologischen Wirkungspotential der Droge ergibt. Der Hang zur immer wiederholten Drogeneinnahme ergibt sich dann, wenn der Betroffene gelernt hat, daß Unwohlsein nach dem Absetzen der Droge mit erneuter Drogenzufuhr verschwindet. Die Fähigkeit des Konsumenten, sein körperliches Unwohlsein als Entzugserscheinung zu interpretieren, kann man als durch eine bestimmte Umwelt vermittelte Fähigkeit ansehen. Nun ist es so, daß unter den Bewohnern der Slums und städtischen Vergnügungsviertel das Wissen um die Wirkungen der Drogen verbreiteter war als in der übrigen

Bevölkerung (Nyswander 1963). Deswegen dürfte ein dieser Lebenswelt angehöriger Gelegenheitskonsument von Narkotika weit wahrscheinlicher bei den ersten Anzeichen einer potentiellen Abhängigkeit, nämlich dem Auftreten von Entzugserscheinungen, in den Besitz jener Informationen gelangt sein, die er benötigte, um diese Symptome tatsächlich als Entzugserscheinungen zu erkennen. Der Zeitpunkt, wo jemand erstmals solche Entzugserscheinungen an sich richtig deutet, markiert zugleich auch das Datum, wo er erkennt, daß er ein Süchtiger ist. Erst jetzt kann der Prozeß beginnen, in dem der Betroffene das Stereotyp, das die Gesellschaft für Personen wie ihn bereithält, als zutreffend in sein Selbstbild zu übernehmen anfängt.

Vielen Angehörigen der respektablen Gesellschaft wird diese Erkenntnis wohl ihr Leben lang erspart geblieben sein, sei es, daß sie aus sicherer Quelle stets genügend Drogen erhielten, so daß sie nie Entzugserscheinungen verspürten, sei es, daß sie nach Absetzen der Droge die Entzugserscheinungen nicht als solche deuteten oder sie mit anderen legalen Medikamenten überwanden.

Wer jedoch auf die stets unzuverlässiger werdende Drogenversorgung durch die Unterwelt angewiesen war, mußte zwangsläufig längere Phasen des Entzuges durchmachen. Ich wage daher die These, daß sich die Sphäre des illegalen Narkotikakonsums weniger durch die dort herrschenden initialen Motive in der Probierphase und der Zeit der gesicherten Drogenversorgung von der angepaßten Welt der Drogenkonsumenten unterschied als dadurch, daß ein Konsument der Unterwelt öfter in die Situation des Drogenentzuges geriet und daß er in dieser Situation mit höherer Wahrscheinlichkeit kulturell vermittelten Interpretationen ausgesetzt war, in denen seine Selbsterkenntnis als Süchtiger unabweisbar wurde.

6.8. Drogenversorgung und Konsumgewohnheiten

Wie Robert Merton einmal sagte, "besteht zwischen der Bereitstellung legaler und illegaler Güter und Dienstleistungen rein ökonomisch gesehen kein Unterschied" (Merton 1957, 79). Hier wie dort finden sich früher oder später Anbieter für die nachgefragten Güter, entsteht, durch die Mechanismen von Angebot und Nachfrage geregelt, ein Preis- und Distributionssystem, bilden sich aber auch Monopole, die besonders bei einer unelastischen Nachfrage – wie der nach Narkotika – die Handelsbedingungen diktieren können. Illegale Unternehmungen sind nur eine besondere Form der Organisation von Kapital, die Tatsache der Illegalität ist letztlich nur ein weiterer und berechenbarer Risikofaktor, wie es derer bei kapitalistischen Unternehmungen viele gibt. Auch der illegale Drogenhandel bildet keine Ausnahme von dieser Grundregel.

Für die Attraktivität einer – legalen oder illegalen – Ware entscheidend ist ihre Knappheit. Je knapper ein Gut ist, desto höhere Profite lassen sich mit ihm erzielen. Den Grund, warum Narkotika auf dem freien Markt knapp und der illegale Handel mit ihnen deshalb finanziell lohnend wurde, setzten die amerikanischen Kontrollinstitutionen mit ihrer beschriebenen Prohibitionspolitik. Das Entstehen eines Systems illegalen Drogenhandels fiel mit dem Verbot der legalen Drogenabgabe zusammen; der Schwarzmarkt füllte eine vom Staat geschaffene Angebotslücke. Bis heute ruht die Profitabilität des illegalen Drogenhandels auf der 'Zusammenarbeit' der kriminellen Drogenhändler mit den staatlichen Kontrollinstanzen. Genau so wie der Staat die Preise bestimmter legaler Produkte dadurch künstlich hoch hält, daß er große Mengen davon aufkauft, genauso subventioniert er mit seiner kostspieligen Verknappungspolitik die Profitabilität des illegalen Drogenhandels.

In den Vereinigten Staaten bildete sich ein Drogenschwarzmarkt in den frühen 20er Jahren, zum selben Zeitpunkt, da der rechtmäßige Drogenerwerb durch staatliche Verbote unmöglich geworden war. Natürlich war auch zuvor unerlaubt mit Drogen gehandelt worden, doch stets nur im kleinen Stil; die organisierteren Formen des illegalen Handels entstanden erst jetzt.

Wie dies genau vor sich ging, ist freilich auch heute noch alles andere als klar. Als gesichert kann gelten, daß zumindest bis zum Ende des Zweiten Weltkrieges der illegale Drogenhandel nicht in den Händen einiger weniger Großschieber konzentriert war. Über die ganzen Vereinigten Staaten hinweg gab es ungezählte kleine, lokal operierende Händler, die ihre Ware von Kleinschmugglern kauften, welche die Drogen über die großen Seehäfen oder die amerikanisch-kanadische und amerikanisch-mexikanische Grenze ins Land brachten. Die Kleinhändler stellten den Löwenanteil der illegalen Drogen bereit. Gleichwohl gab es schon damals einige wenige Drogensyndikate, die eine ziemliche Größe erreichten. Es kam diesen Unternehmungen natürlich zugute, daß aufgrund des durch die Alkoholprohibition entstandenen illegalen Business inzwischen eine große Zahl von Geschäftsleuten herangewachsen war, die aufgrund ihres Kapitals und Wissens in der Lage waren, internationale Kartelle zum groß angelegten Import, Handel und Vertrieb illegaler Güter zu organisieren. Die großen Syndikate von Männern wie Vito Genovese, Meyer Lansky, Joe Adonis und Alphonse Capone, die während der Alkoholprohibition entstanden und durch sie reich und mächtig geworden waren, beschränkten während der Prohibitionszeit ihr Hauptbetätigungsfeld freilich auf den Schmuggel sowie die illegale Produktion und Distribution von Alkohol. Dieses Geschäft bot mehr als ausreichende Profitmöglichkeiten; von einer aktiven Partizipation der ganz großen Syndikate am Narkotikageschäft während der Zeit der Alkoholprohibition ist nichts bekannt.

Auf mittlerer Ebene dagegen existierten einige relativ gut organisierte Drogenringe. Einen davon gab es in San Franzisco. William Chambliss zitiert einen Mitarbeiter dieses Kartells folgendermaßen:

> Wir alle arbeiteten für das Drogensyndikat in San Franzisco, das seinerzeit von Black Tony geleitet wurde. Es war schon damals eine ziemlich große Organisation. Das Syndikat bekam sein Morphin für gewöhnlich aus Deutschland und sein Opium aus China. Das Morphin kam via New York und wurde von dortigen Großhändlern weitergeleitet. Auf diese Weise kam es zur Westküste (Chambliss 1982, 31).

Eine anderer Name, der sich mit dem beginnenden organisierten Drogenhandel verbindet, ist der Nathan Rothsteins. Rothstein hatte in New York eine gewisse Stellung als Alkoholschmuggler und Organisator von verbotenem Glücksspiel erworben, konnte diese Geschäfte aber nicht ausbauen, ohne Konflikte mit den anderen, ungleich mächtigeren Syndikaten zu riskieren. Daher verlegte er sich auf den Handel mit Narkotika, an dem die anderen Syndikate damals nicht interessiert waren (Katcher 1959).

Das Desinteresse der großen Syndikate am Drogengeschäft verging allmählich, als mit der Aufhebung der Alkoholprohibition im Jahr 1932 diese Profitquelle versiegt war. Als einer der ersten großen Racketeers erkannte Vito Genovese die Profitabilität des Heroinmarktes. Einiges spricht dafür, daß Genovese gegen Ende der 30er Jahre einen Teil des Heroinmarktes unter seine Kontrolle brachte, indem er Frank Erickson zu seinem Partner machte, welcher nach der Ermordung von Rothstein im Jahre 1928 dessen Unternehmen weitergeführt hatte. Die übrigen Syndikate verlegten nach der Aufhebung der Prohibition den Schwerpunkt ihrer Tätigkeit zunächst auf die Immobilienspekulation und das illegale Glücksspiel (vgl. Matza 1973, 88).

Wie es scheint, wurden diese Syndikate erst nach Ende des Zweiten Weltkrieges im Heroingeschäft aktiver. Begonnen haben soll dies Anfang der 50er Jahre, als Meyer-Lansky einen Betrag von 20 Millionen Dollar nach Frankreich transferierte, um die Kontrolle über die Heroinproduktion in jener Stadt zu erlangen, die bereits Knotenpunkt des internationalen Alkoholschmuggels während der Prohibitionszeit gewesen war: Marseille (Chambliss 1982; Amendt 1984).

> Es gibt Gründe anzunehmen, daß Meyer Lanskys Europareise von 1949 bis 1950 dem Aufbau von Marseilles Heroinindustrie diente. Nachdem er die Schweiz (wo er zur Abwicklung von Geldtransfers Konten einrichtete) verlassen hatte, traf er sich in Paris und an der Riviera mit hochrangigen korsischen Syndikatführern. Es wird berichtet, daß nach längeren Gesprächen Lansky und die Korsen eine Art von Abkommen schlossen, dessen Gegenstand der internationale Heroinhandel war (McCoy 1972, 28).

Wie zutreffend derartige Berichte auch immer sein mögen, die oft – und vor allem von staatlichen Stellen – verbreitete These, der Handel mit illegalen Drogen befände sich heutzutage überwiegend in den Händen einiger weniger mächtiger, weltumspannender Gangsterorganisationen, ist gewiß nicht richtig. Ein derart übertriebener Mafia-Mythos dient oft wohl eher als wohlfeile Ausrede der Kontrollbehörden für ihr Scheitern im Kampf gegen den Drogenhandel.[29]

Insgesamt kann man davon ausgehen, daß der verbotene Handel mit Narkotika zumindest bis zum Ende des Zweiten Weltkrieges relativ schwach organisiert war. Aus diesem Grund unterlag das Angebot illegaler Drogen lange Zeit sehr starken Schwankungen. Welche Droge konsumiert wurde, hing vor allem von der Angebotsstruktur des jeweiligen regionalen Marktes ab, die wiederum von den Handelswegen der Drogen bestimmt war. In Chicago wurde der Drogenmarkt lange davon geprägt, daß im benachbarten Kanada Morphin noch ohne große Schwierigkeiten, d.h. legal, in größeren Mengen gekauft werden konnte. Von dort gelangte es im Kleinschmuggel nach Chicago, wo es, meist ohne gestreckt und damit verunreinigt zu werden, von einer Vielzahl miteinander konkurrierender Kleinhändler verkauft wurde, die selbst in den meisten Fällen nicht abhängig waren. In San Francisco und später auch in Chicago verdienten sich lange Zeit Verkäufer

[29] Zur Beteiligung der Mafia und ähnlicher Gangsterorganisationen am internationalen Heroingeschäft vgl. Amendt (1984), insb. S. 243 ff und Katcher (1959).

von Zeitungen des Hearst-Konzerns ein Zubrot mit dem Narkotikahandel (Chambliss 1982).

Anfang der 20er Jahre wurde der Anteil der Heroinkonsumenten in Chicago auf nur 4% geschätzt (Sceleth/Kuh 1924). Ein Jahrzehnt später, in der Untersuchung von Dai, war er angestiegen: 12,5% der Probanden von Dais Stichprobe konsumierte nun ausschließlich diese Droge. Nach wie vor aber war das Morphin weitaus am verbreitetsten. 49,8% einer 1.887 Personen starken Unterstichprobe verwendeten es ausschließlich. 11,7% nahmen Morphin und Heroin, 9,3% Morphin, Heroin und Kokain, während die übrigen Rohopium, Kokain, Marihuana und Medikamente bevorzugten (Dai 1937, 58 f.).

Trotz der noch großen Verbreitung des Morphins ist in der Chicagoer Studie der Trend zum Heroin unverkennbar. Nach und nach setzte es sich in den 20er Jahren als typische Schwarzmarktdroge durch. Wie keine andere Droge entspricht das Heroin denn auch den Bedürfnissen des Schwarzen Marktes. Anders als Rohopium oder Morphinbase ist Heroin ein ziemlich unauffälliges, farb- und geruchloses Pulver, es ist konzentriert, unbegrenzt haltbar, von geringem Gewicht und Volumen – also leicht zu verstecken und zu transportieren – und wegen seiner chemischen Eigenarten für das Strecken mit anderen Substanzen besser geeignet als die übrigen Opiate.

Ausgangspunkt für die Verbreitung des Heroins war die Stadt New York, über deren Häfen die Droge aus Europa in die USA eingeschmuggelt wurde. Daher ist auch New York der Ort, wo das Heroin zuerst das verbreitetste Schwarzmarktopiat war. Wie Simon feststellte, nahmen von 8.174 Personen, die in den Jahren 1921 bis 1923 den New Yorker Kontrollbehörden als Drogenkonsumenten aufgefallen waren, 95% Heroin, während, wie erwähnt, zur gleichen Zeit der entsprechende Anteil in Chicago bei nur 4% lag (Simon 1924, 676).

Von New York aus verbreitete sich das Heroin zunächst in die Großstädte der Ostküste. So ergab die von Light und Torrance durchgeführte Untersuchung von Konsumenten aus dem Raum Philadelphia (N=861), daß 80% der Probanden Heroinkonsumenten waren. Die übrigen 20% nahmen Rohopium, Morphin oder Opiumtinktur (Light/Torrance 1929). Ungefähr zu Beginn der 30er Jahre erreichte die Heroinwelle dann auch Chicago. Weil hier lange Zeit eine hohe Nachfrage nach Morphin geherrscht hatte, war die Droge knapp geworden und ihr Preis in ziemliche Höhen geklettert. Nach Angaben des *Bureau of Narcotics* kostete im Jahr 1933 eine Unze (=28,3 g) Schwarzmarktmorphin 90 bis 110 $. Der Preis für die gleiche Menge

Heroin betrug dagegen weniger als 40 $. Für einen Abhängigen, der z.B. 0,7 Gramm pro Tag benötigte, kostete die Tagesdosis Morphin im Chicago von 1933 nach Berechnung von Brecher (1972, 9) 2,25 bis 2,75 $, eine Tagesdosis Heroin dagegen nur 1 $. Die Folge war, daß der Heroinkonsum auch in Chicago von dieser Zeit an stetig anstieg und Morphin hier allmählich vom Markt verdrängt wurde (US Treasury Department 1933).

In die westlichen Teile der Vereinigten Staaten hingegen drang das Heroin erst sehr viel später vor. So ergab eine Analyse von Festnahmen, die im dritten Quartal des Jahres 1930 im Bundesstaat Kalifornien an Drogenkonsumenten erfolgten (N=331), im Hinblick auf die konsumierten Drogen folgende Verteilung: 41,3% der Beschuldigten nahm Morphin, 25,7% Marihuana, 26,2% Opium, 5,0% Kokain und lediglich 1,6% Heroin (California State Committee 1931). In den westlichen Staaten galt noch 1936 Morphin als das begehrteste Opiat. Nur in Mangelsituationen wurde ersatzweise auf das Heroin zurückgegriffen (Meyer 1952).

Einen weiteren Beleg für die langsame, man muß schon sagen widerwillige Aufnahme, die das Heroin bei den Abhängigen fand, bietet die bereits zitierte Untersuchung von Pescor (1943). Pescor befragte die 1.036 aus dem ganzen Bundesgebiet stammenden Patienten, die sich zwischen 1936 und 1937 einer Entzugsbehandlung in der staatlichen Drogenklinik von Lexington, Kentucky, unterzogen, nämlich nicht nur nach den Drogen, die sie unmittelbar vor ihrem Klinikaufenthalt tatsächlich konsumierten, sondern auch danach, mit welcher Droge sie ihre Suchtkarriere begannen und welche Droge sie bei unbeschränkter Verfügbarkeit am liebsten konsumieren würden. Die Antworten hierauf sind sehr aufschlußreich:

Drogen	wurden konsumiert		
	zuerst	bevorzugt	zuletzt
Morphin	63,1%	67,3%	50,7%
Rauchopium	14,7%	6,9%	3,0%
Heroin	12,3%	23,2%	43,3%
Kokain	4,8%	0,7%	0,2%
Opium, oral	2,5%	0,5%	1,3%
Andere	2,0%	0,7%	0,8%
keine Antw.	0,6%	0,7%	0,8%
N=1.036	100%	100%	100%

63,1% der Befragten, die durchschnittlich bereits zwölfeinhalb Jahre lang abhängig waren, hatten den Narkotikakonsum mit Morphin begonnen, und bei 4,2% mehr, nämlich bei 67,3% der Patienten war im Verlauf der Suchtgeschichte Morphin zur bevorzugten Droge geworden. Nur 50,7% hatten dagegen zuletzt tatsächlich Morphin konsumiert. Bedeutsam ist hieran weniger, daß eine große Zahl von Abhängigen im Laufe ihrer langen Suchtgeschichte vom Morphin auf andere Opiate umgestiegen war, sondern vielmehr, daß dieser Umstieg nicht dem Willen der Betroffenen entsprach, sondern von der Marktlage erzwungen wurde.

Diese Befunde widerlegen eine der Hauptannahmen strafrechtlichen Drogenkontrolle, wonach Opiatkonsumenten, sobald sie eine Sucht entwickelt haben, zwanghaft und unvermeidlich nach immer 'härteren' Konsumformen streben. Wir sehen vielmehr, daß die Konsumenten während langer Jahre der Abhängigkeit an den 'weicheren' Konsumformen festhielten. Das belegen besonders eindrucksvoll die Zahlen zum Heroin, nur 12,3% der Abhängigen hatten damit begonnen, 23,2% bevorzugten es schließlich nach mehr oder weniger langer Gewöhnungszeit, aber 43,3% mußten dieses 'härteste' der Opiate mangels alternativer Angebote nehmen. "Heroin", so resümiert Pescor, "wird hauptsächlich nur dann genommen, wenn Morphin nicht zu bekommen ist oder wenn Heroin billiger als Morphin verkauft wird" (Pescor 1943, 4).

Mit der Art der bevorzugten Droge wiederum variiert die Höhe der täglichen Dosis. Jedenfalls die Zahlen der Chicago-Studie Dais lassen die Vermutung zu, daß ein direkter Zusammenhang mit der Drogenwahl – Morphin oder Heroin – und der konsumierten Menge besteht. Von 1.352 Personen der Chicago-Studie, die zu knapp 90% kein Heroin nahmen, konsumierten 4,2% bis zu 0,13 Gramm pro Tag, 4% bis 1,5 g, 1,1% bis zu 1,87 g und 3,3% mehr als diese Menge. Trotz einiger sehr hoch dosierter Abhängiger kamen also mehr als vier Fünftel der Untersuchten mit weniger als 0,9 Gramm pro Tag aus. Der tägliche Durchschnittskonsum dieser 82,9% lag unterhalb von 0,6 Gramm. In Philadelphia dagegen, wo 80% der Abhängigen Heroin nahmen, lag der Durchschnittskonsum bei 1,36 Gramm pro Tag, also mehr als doppelt so hoch wie in der Nicht-Heroin-Stadt Chicago.

Aus diesen Befunden läßt sich ersehen, daß mit dem Verbot der Opiate nicht lediglich bestimmte Formen ihres Konsums in die Illegalität gedrängt wurden, in der sie unverändert beibehalten wurden, sondern daß durch die Kriminalisierung die Konsumformen selbst sich wandelten: Sie wurden immer gefährlicher und schädlicher. Damit ist nicht lediglich der kontrollinduzierte Zwang des Umsteigens von knappen, aber relativ ungefährlichen, auf verfügbare, aber gefährliche Drogen, etwa vom Morphin auf das Heroin, gemeint. Die Prohibitionssituation hatte vielmehr noch bedeutend einschneidendere Konsequenzen für das Konsumverhalten in die Illegalität abgedrängter Opiatabhängiger. Das soll im folgenden noch ein wenig deutlicher gemacht werden.

6.9. Die Durchsetzung der harten Konsumformen

Es ist eine bekannte Tatsache, daß die Form, in der eine Droge appliziert wird, stark die mit ihr erzielte Rauschwirkung beeinflußt. Einige Drogen werden fast ausnahmslos auf die gleiche Weise konsumiert. Alkohol etwa wird stets oral eingenommen, Nikotin wird immer, Marihuana überwiegend geraucht. Opium und seine diversen Derivate hingegen können dem Körper auf die verschiedensten Weisen zugeführt werden; es kann geraucht, inhaliert, gegessen, getrunken, gesnieft sowie subkutan, intramuskulär oder intravenös injiziert werden. Bei jeder dieser Einnahmeformen ist die Intensität des Rausches, die mit einer bestimmten Dosis erzielt werden kann, eine andere. Am schlechtesten ist der Wirkungsgrad des Opiums, wenn es oral eingenommen, also dem Blutkreislauf über das Verdauungssystem zugeführt wird. Ebenso schwach ist die Opiumwirkung, wenn man es inhaliert. Bei dieser Praxis werden in einer Pfanne kleine Kugeln von Rohopium erhitzt und die aufsteigenden Dämpfe eingeatmet. Beim sogenannten 'Sniefen' wird die Droge über die Nasenschleimhäute absorbiert. Diese, etwa beim Kokain übliche, Einnahmeform ist auch beim Heroin verbreitet. Die Rauschwirkung ist hier etwas höher als bei der oralen Einnahme. Bedeutend intensiver sind die verschiedenen Injektionsmethoden. Eine davon ist die in den Vereinigten Staaten auch 'joy popping' oder 'skin popping' genannte Methode, bei der eine flüssige Lösung der Droge subkutan oder intramuskulär injiziert wird.

Solange wie die Opiate ausreichend und zu erschwinglichen Preisen zu bekommen waren, wurde bei der Injektion von Opiaten ausschließlich eine dieser beiden Methoden angewandt. Das gilt für die Zeit ihrer Legalität ebenso wie für die ersten Jahre nach ihrem Verbot. Wie erwähnt, war die orale Einnahmeform in den Vereinigten Staaten die ursprünglich verbreitetste gewesen. Obwohl bei ihr das Verhältnis zwischen der eingenommenen Dosis und der erzielten Wirkung nicht günstig, d.h. der Wirkungsgrad der Droge schlecht ist, blieb diese Praxis auch nach Inkrafttreten des Harrison-Acts weiterhin die beliebteste Einnahmeform. Parallel dazu gab es die Methode der subkutanen oder intramuskulären Injektion, die nach Beendigung des Bürgerkrieges neben die oralen Einnahmeformen trat. Wer welche Methode bevorzugte, hing im wesentlichen davon ab, auf welche Weise der Konsument erstmals mit der Droge in Berührung gekommen war.

Die Liebhaber der Injektionsmethode waren zumeist über die ärztliche Behandlung zu dieser Einnahmeform gelangt. Doch auch diejenigen, die die orale Einnahme bevorzugten, hatten überwiegend ein Selbstbild, wonach sie die Droge wegen eines medizinischen Problems nahmen – nicht des Genusses wegen. Bei den Genußkonsumenten war das Rauchen bzw. das Inhalieren der Dämpfe des Opiums zunächst am beliebtesten. Mit dem allmählichen Verschwinden des Rauchopiums vom Drogenmarkt bürgerten sich hier jedoch allmählich die oralen Einnahmeformen ein. Die verschiedenen Injektionsmethoden waren bei Genußkonsumenten aber ganz und gar ungebräuchlich. Auch als das Heroin aufkam, änderte sich daran nichts. Heroin wurde ausschließlich gesnieft, und es galt als dessen besonderer Vorzug, daß zu seiner Einnahme kein so umständliches Werkzeug wie eine Injektionsspritze notwendig war (Terry/Pellens 1928, 484 f.).

Bei der Ablösung der weichen Konsumformen durch die härteren Injektionsmethoden verhielten sich die Konsumenten ebenso defensiv wie bei der Ablösung des Morphins durch das Heroin. Auch hier behielten sie die weicheren Methoden so lange bei, wie es die Marktsituation erlaubte. Mitte der 20er Jahre etwa hatte die Methode der subkutanen und intramuskulären Injektion die oralen Einnahmeformen weitgehend abgelöst. Die intravenöse Injektion hingegen war nach wie vor wenig verbreitet.

In Philadelphia etwa, wo nach Light und Torrance 80% der Opiatkonsumenten Heroin nahmen, wurde die Droge in 95% der Fälle zwar injiziert, jedoch nur zwei der 861 untersuchten Langzeitabhängigen injizierten intravenös, alle anderen blieben bei der weicheren Methode der subkutanen oder intramuskulären Injektion (Light/Torrance 1929).

In der Chicagoer Studie von Dai bevorzugten von 1887 Untersuchten, über die Informationen über die Einnahmemethoden vorlagen, 85,8% die subkutane Injektion, 8,1% das Rauchen, 1,6% das Sniefen, nur noch 1,4% die orale Einnahme, aber lediglich 1.9% die intravenöse Injektion. Weitere Untersuchungen zu den Konsummethoden, etwa die von Lambert (1930) und Hall (1932), bestätigen, daß die intravenöse Injektion bis 1930 nur von einer kleinen Minderheit der Konsumenten praktiziert wurde.

Zwar konnte es vorkommen, daß jemand beim Versuch, sich ein Opiat subkutan oder intramuskulär zuzuführen, versehentlich eine Vene traf, und so intravenös injizierte, doch hat die Zuführung einer Opiatdosis, die bei intramuskulärer oder subkutaner Injektion als angenehm empfunden wird, wegen ihres bedeutend höheren Wirkungsgrades bei der intravenösen Injektion eine äußerst unangenehme, mitunter lebensgefährliche Wirkung. Das läßt an die heutige Situation denken, wo viele Drogenabhängige an einer Überdosis sterben, weil sie sich versehentlich eine zufällig auf dem Schwarzen Markt aufgetauchte hochkonzentrierte Heroinsorte in den hohen Dosen zuführen, die sie bei der sonst üblichen schlechten Heroinqualität zur Unterdrückung der Entzugssymptome benötigen. Und ähnlich wie heute die Angst vor dem versehentlichen "Goldenen Schuß" unter den Abhängigen umgeht, so fürchteten ihre Vorläufer in den 20er Jahren die intravenöse Methode. Das heißt zugleich, daß das Konzept Drogenkonsum damals den sogenannten 'Kick' oder 'Thrill', der sich nur bei der intravenösen Injektion eines Opiats einstellt, noch nicht enthielt. Natürlich waren auch die damaligen Langzeitkonsumenten Abhängige, doch die physische Sensation des 'Kick' war nicht die Grundlage ihrer Sucht.

Die angenehme Wirkung der Drogen beschrieben die Konsumenten, wie Kolb aus einigen Interviews der Jahre 1923/24 wiedergibt, lediglich als "eine Anregung der Gedanken, lebhaftere Phantasie, zeitweise erhöhte Konzentrationsfähigkeit" (Kolb 1925, 706). Man kann diesen Aussagen glauben, denn tatsächlich verursacht die nicht-intravenöse Opiateinnahme, abgesehen von einem allgemeinen körperlichen Wohlbefinden, keine lustbetonten körperlichen Sensationen. So wird es verständlich, daß Abhängige, die nicht das Selbstbild eines wegen der körperlichen Lustgefühle Konsumierenden hatten, in den allermeisten Fällen selbst dann bei der nicht-intravenösen Applikationsform blieben, wenn sie die Folgen des zufälligen Treffens einer Vene beim Versuch der subkutanen Injektion als durchaus nicht so unangenehm kennengelernt hatten. Kolb, dem dies als erstes auffiel, spricht von "der offensichtlichen Immunität normaler Menschen gegenüber dem Thrill (kick)", womit er diejenigen meint, die Drogen nicht um des Rausches Willen nahmen.

Lediglich einer Minderheit verschaffte die Injektion "einen angenehmen körperlichen Schauer von kurzer Dauer und unterschiedlicher Intensität" (S.706). Nur diese "Genußkonsumenten" waren es, von denen einige, "als die Intensität dieses Schauers mit wachsender Toleranz nachließ, zur unmittelbaren Injektion direkt in die Venen übergingen, um wieder seine volle Wirkung hervorzubringen" (S. 706).

So blieb die lustbetonte intravenöse Einnahmeform von Opiaten trotz einiger Ausnahmen noch bis Ende der 20er Jahre ganz und gar ungebräuchlich: Die Abhängigen, die Drogen wegen des Rausches nahmen, bevorzugten die oralen Einnahmeformen. Unter ihnen blieb die Wirkung der intravenösen Injektion weitgehend unbekannt. Die Besitzer von Injektionsspritzen hingegen, die als einzige den Kick überhaupt nur entdeckt haben konnten, hatten überwiegend die Motivationsstruktur von Medikamentenbenutzern, welche den Drogenkonsum um des Kicks willen nicht einschloß.

Die Durchsetzung der intravenösen Injektionsmethode auch in den städtischen Zentren begann Anfang der 30er Jahre. Als Folge der staatlichen Verbotspolitik gegenüber den Narkotika und wegen der zugleich wachsenden Zahl von Drogenabhängigen in den Ballungsgebieten kam es zu Engpässen bei der Drogenversorgung. Innerhalb kürzester Zeit stiegen die Schwarzmarktpreise um ein Vielfaches.

Die orale Einnahme bzw, die subkutane Injektion wurde zum teuren Luxus, weshalb es zunächst die finanziell schwachen Drogenkonsumenten waren, die zur Verwendung einer Applikationsform übergingen, die einen höheren Wirkungsgrad als die orale Einnahme hatte, zur Injektionsmethode. Da es nun zum Teil gestreckte und daher schwächere Drogenkonzentrationen waren, die die Abhängigen konsumierten, führte das versehentliche Treffen einer Vene beim Versuch der subkutanen oder intramuskulären Injektion nun auch nicht mehr zwangsläufig zu einer gefährlichen und unangenehmen Überdosierung. Im Gegenteil, die Verknappung der Drogen und die gleichzeitig um sich greifende Praxis des Verschneidens und Verfälschens schuf die Voraussetzung dafür, daß die versehentliche Injektion kleiner Dosen in die Venen als angenehm empfunden werden konnte.

Unter diesen Umständen wurden schlechte finanzielle Lage, Angewiesen-Sein auf Schwarzmarktdrogen und Teilhabe am Drogenuntergrund die das Umsteigen auf die intravenöse Injektionsmethode meistbegünstigenden Faktoren. Umgekehrt war das Überwechseln zu der intravenösen Einnahmeform bei denen am unwahrscheinlichsten, die ausreichend mit Drogen guter Qualität versorgt waren, die als Einzelgänger auf die zufällige Entdeckung des "Kicks" angewiesen waren, und die nicht um des eingestandenen körperlichen Genusses willen, sondern mit ärztlicher Legitimation Drogen nahmen. Dazu zählten vor allem die Abhängigen aus ländlichen Gebieten, insbesondere den Südstaaten. Sie verfügten über Verbindung zu einem Hausarzt, verstanden sich als medizinische Fälle, bekamen die Drogen zu den normalen Verkaufspreisen und in ausreichenden Mengen und standen nicht in Verbindung mit anderen Drogenkonsumenten.

Eine Untersuchung von John O'Donnell und Judith Jones (1968) über die Verbreitung der intravenösen Injektionsmethode zeigt die Dynamik, mit der die unterschiedliche Verfügbarkeit von Opiaten in der städtischen Unterschicht gegenüber den eher ländlichen Mittelschichten, über den Mechanismus des erzwungenen Umstiegs auf intensivere Applikationsformen, die oben beschriebene Kluft zwischen zwei distinkten Mustern des Opiatkonsums in den Vereinigten Staaten weiter vertiefte.

O'Donnel und Jones bildeten für die Jahre 1935-1965 im Fünfjahresabstand jeweils 100köpfige, repräsentative Stichproben von männlichen Drogenabhängigen, die in dem jeweiligen Jahr erstmals zur Entzugsbehandlung in das Drogenhospital von Lexington aufgenommen worden waren. Jede dieser sieben Gruppen bestand aus 25 weißen Südstaatlern, 25 Schwarzen aus New York City und jeweils 25 Weißen und Schwarzen aus dem übrigen Bundesgebiet. Mit diesem Design war beabsichtigt, über einen längeren Zeitraum die Verbreitung der Injektionsmethode in unterschiedlich privilegierten Schichten nachzuvollziehen.

Wann immer Opiatabhängige mit der intravenösen Injektion begonnen hatten, so das erste Ergebnis von O'Donnell und Jones, 1935 lag ihr Anteil insgesamt bei rund 42%. Beim Prozentsatz der Injizierenden in den vier Untergruppen dieses Jahres gab es nur geringe, unsignifikante Unterschiede. Fünf Jahre später, 1940, war unter den in diesem Jahr neu in die Klinik aufgenommenen Schwarzen der Anteil von Fixern dramatisch von 40% auf 86% gestiegen, um sich schließlich bis 1950 auf 94% zu erhöhen. Das galt sowohl für Schwarze aus New York City wie die aus dem übrigen Bundesgebiet. Bei den Weißen stieg der Anteil der intravenös Konsumierenden langsamer. Insgesamt betrug er zwischen 1945 und 1950 rund 67%. Bei den Weißen aus den Südstaaten hingegen blieb die Verbreitung der intravenösen Methode relativ stabil. Von 1945 an sank die Verbreitung dieser Methode sogar, bis sie schließlich 1955 ihren Tiefpunkt bei 25% erreichte. Bis 1965, dem Ende des Untersuchungszeitraums, blieb der Anteil von Fixern unter Südstaatlern auf diesem niedrigen Niveau, während er um diese Zeit bei den übrigen Weißen und den Schwarzen zwischen 80% und 95% erreicht hatte (O'Donnel/Jones 1968).

Die Verbreitung der intravenösen Injektionsmethode korelliert auch signifikant mit anderen Merkmalen, die als typisch für die Teilhabe an einem städtischen illegalen Drogenversorgungssystem anzusehen sind. So verwendeten von den Benutzern der Schwarzmarktdroge Heroin 86% die intravenöse Injektion, während die Konsumenten anderer Opiate dies nur zu 35% taten. Ebenso überwiegt sie bei den genußorientierten Konsumenten mit 81% gegenüber 39% bei den übrigen. Auch bei jüngeren Abhängigen, die besonders in den Städten die Vorhut der kommenden Junkie-Generation bildeten, war die intravenöse Injektion überdurchschnittlich verbreitet. 77% der unter 30jährigen, aber nur 38% der älteren bevorzugten sie (O'Donnell/Jones 1968).

Insgesamt zeigen diese Zahlen, daß die Ausbreitung der harten Konsumformen nicht Resultat sich wandelnder Genußgewohnheiten bei den Konsumenten, oder wie es heute oft heißt, eine Modeerscheinung war, sondern defensive Anpassung an die durch die Kriminalisierung geschaffene Situation der Illegalität.

Kapitel 7
Drogenkriminalität

Es ist auf den vorangegangenen Seiten viel vom Zusammenhang des Drogenkonsums mit der Kultur der städtischen Metropolen und Slums die Rede gewesen. Wenn im folgenden nun versucht wird, etwas konkreter auf die sich herausbildenden Muster kriminellen Verhaltens von Drogenabhängigen einzugehen, so stellt sich zunächst die Frage, ob die Qualität des zwischen den Konsumenten bestehenden Systems von Beziehungen und Interaktionen verlangt, vom Vorhandensein einer Drogensubkultur zu sprechen.

Ausgangspunkt für die Entstehung einer Subkultur ist die Neigung von Individuen, die gewisse besondere innere und äußere Merkmale gemeinsam haben, sich zu mehr oder weniger locker organisierten Gruppen zusammenzuschließen. Überall dort, wo die offene Befriedigung von Bedürfnissen durch die Gefahr der Verfolgung und Sanktonierung unmöglich gemacht wird, ist es wahrscheinlich, daß sich zwischen den Betroffenen ein Netz inoffizieller, für die konforme Welt verborgener Kommunikationskanäle bildet. In erster Linie dient dieses System als Quelle für Informationen, die den gefahrlosen Austausch illegaler Güter und Dienstleistungen ermöglichen und erleichtern sollen. Angewiesen auf ein solches verborgenes System ist vor allem, wer zur Ausführung seiner Absichten der Mitwirkung von anderen bedarf, die sich mit ihrem Tun gleichfalls einem Verfolgungsrisiko aussetzen. Für denjenigen hingegen, der im allgemein zugänglichen Alltagswissen die Informationen und Handlungsmöglichkeiten findet, die er für seine abweichende Aktivität benötigt, ist die Teilhabe an einer Subkultur verzichtbar.

Mit dem in der Soziologie etablierten Begriff "Subkultur" ist freilich eine konzeptuell geschlossene Theorie nicht verbunden. Begriffe wie "Die Subkultur der Jugend", die "Alternativkultur", "Die Subkultur der Ausländer" etc. verweisen zunächst auf nicht mehr als die Tatsache, daß in einer heterogenen Gesellschaft unterschiedliche Subsysteme in bezug auf Sprache, Religion, Bildung, Lebensstil etc.

nebeneinander existieren. Uneinheitlich sind die Aussagen darüber, wie der innere Zusammenhang solcher Organisationen beschaffen ist, wie sie sich zu den jeweiligen Stammkulturen verhalten und welchen Umständen sie ihr Entstehen verdanken. Unbeschadet solch theoretischer Uneinheitlichkeit dient das Konzept der Subkultur dazu, eine "analytische Trennung von Handeln und Handelndem" (Sack 1971, 268) zu leisten. Die Trennung ermöglicht es, das Verhalten des Einzelnen vor der unvermittelten Konfrontation mit den Werten und Normen der Stammkultur zu bewahren und es statt dessen auf seine Kontinuität mit kulturellen Kräften und Instanzen zu untersuchen, die vornehmlich außerhalb des Individuums, und damit auch außerhalb individualpsychologischer oder -kriminologischer Erklärungsmodelle liegen. Auf diese Weise kann anderweitig als pathologisch angesehenes Verhalten als berechenbares, vernünftiges Resultat der inneren Strukturen und Ordnungsprinzipien relativ abgeschlossener kultureller Subsysteme verstanden werden (vgl. Sack 1971).

Eine Gruppe von Abweichenden in ihrer Lebenswelt aufzusuchen und sie aus einer "naturalistischen" Perspektive zu verstehen suchen, heißt deswegen noch nicht, ihre Gesamtheit als eine Subkultur zu verstehen. Albert K. Cohens Ansicht, "daß eine Gruppenkultur ihre Existenz der Tatsache verdankt, daß sie eine Lösung für gewisse Anpassungsprobleme schafft, die einer Gemeinschaft von Individuen gemeinsam sind" (Cohen 1961, 111) macht deutlich, daß der Begriff "Subkultur" nicht lediglich eine Kategorie von Individuen bezeichnet, die gewisse Ähnlichkeiten miteinander haben. Folglich können wir nicht schon deshalb von der Existenz einer Subkultur der amerikanischen Drogenabhängigen sprechen, weil ihnen allen per gesetzlicher Definition das Etikett der Kriminalität angeheftet wurde. Worauf es ankommt ist vielmehr, ob subkulturelle Gruppenbildung als Resultante der durch die Kriminalisierung geschaffenen Anpassungsprobleme der Drogenkonsumenten stattfand und ob dieser Zusammenschluß der Lösung dieser Probleme diente.

Um den Weg der hartnäckigen Drogenkonsumenten in die spätere Drogensubkultur zu verfolgen, eignen sich die bekannten Subkulturtheorien allerdings nur sehr eingeschränkt. Denn sie liefern meist nur Erklärungsmodelle für den Prozeß der Rekrutierung neuer Mitglieder in eine bereits existierende subkulturell strukturierte Gruppe. Was dort erklärt wird, ist also die Initiation eines Individuums mit bestimmten Anpassungsproblemen in eine Gruppe von Individuen mit ähnlich gelagerten Anpassungsproblemen. Das Vorhandensein einer

Subkultur gibt in diesem Fall dann die Erklärung für die Entstehung neuer subkulturell strukturierter Kriminalität ab: "Eine delinquente Subkultur löst Delinquenz aus, verstärkt sie und verfestigt sie" (Dentler/Erickson 1959, 107).

Ähnlich tautologisch äußert sich Cohen in der wohl heute noch meistzitierten Subkulturtheorie, seinem 1955 erstmals erschienenen Buch "Delinquent Boys", wenn er zur Entstehung subkulturell strukturierter Delinquenz Stellung nimmt. Jungen der Arbeiterklasse würden deswegen delinquent, weil sie die Werte, Einstellungen und Techniken einer delinquenten Gruppe von Jungen in ihrer Umgebung erlernten. Die delinquente Subkultur bietet dem Jungen der Arbeiterklasse ein Ventil für seine Statusfrustration, indem sie ihm über den Weg der Reaktionsbildung den Bruch mit der Mittelklassengesellschaft, ihrer Moral- und Wertstruktur ohne "moralische Hemmungen für den freien Ausdruck seiner Aggressivität gegen die Ursachen seiner Frustration" ermöglicht (Cohen 1961, 99).

Allein hieran wird deutlich, daß Cohens Konzept nicht für die subkulturelle Organisation der Drogenkonsumenten in den 20er Jahren herangezogen werden kann. Denn wie sich aus der vorangegangenen Beschreibung von Status, Bildung, Beruf etc. von Drogenkonsumenten jener Zeit ergibt, waren diese mehrheitlich, anders als Cohens Arbeiterklasse-Jungen, nicht "negativistisch" und nicht "nicht-utilitaristisch" eingestellt, sondern überwiegend normal angepaßte Individuen, die nicht im Beckerschen Sinne zu einem aktiven Schritt in die Kriminalität 'bekehrt' wurden, sondern Menschen, die sich ohne ihr Zutun plötzlich außerhalb des Bereichs strafrechtlicher Konformität wiederfanden.

Auch gab es bis in die 40er Jahre unter Opiatabhängigen kein spezielles normatives System von Gruppenregeln, das sich bewußt in einen Gegensatz zu Werten und Normen von Nicht-Opiatkonsumenten setzte. Die Abhängigen entwickelten zunächst weder ein bestimmtes Zeichensystem zum gegenseitigen Erkennen noch einen spezifischen Jargon oder gar einen speziellen Lebensstil etc. Dem Narkotikakonsum jener Zeit haftete nichts an, was auch nur entfernt Ähnlichkeit mit dem Protestverhalten moderner Gemeinschaften von Drogenkonsumenten, etwa dem *tune in, turn on, drop out* der LSD-Schwärmer der 60er Jahre oder der Flower-Power-Ideologie der ersten Marihuanaliebhaber gehabt hätte (vgl. O'Donnell 1967). Die Narkotikakonsumenten jener Zeit waren keine Nonkonformisten im Sinne Mertons (1957, 357), die mit der Verletzung der Norm offen deren Legitimität in Frage stellen wollen, keine Abweichenden, die Regeln verändern wollen, indem sie an eine 'höhere' oder alternative Moral appellieren. Aspekte einer Gegenkultur, nämlich die Existenz eines normativen Systems, das "als primäres Element ein Thema des Konflikts mit den Werten der übrigen Gesellschaft enthält" (Yinger 1960, 629) war nicht Bestandteil des illegalen Narkotikakonsums zu jener Zeit.

Es bleibt aber die Frage, ob und welche Anpassungsprobleme es gab, zu deren Lösung Drogenkonsumenten sich zusammenschlossen.

Der natürliche Ausgangspunkt für die Entstehung der Drogenkriminalität war die Situation, wo die Abhängigen von ihren bislang legalen Drogenquellen abgeschnitten waren. Nun blieb ihnen nichts anderes übrig, als sich nach alternativen Versorgungsquellen umzusehen. Das mußten freilich nicht unbedingt illegale Bezugsquellen sein.

In der Frühphase der Illegalität von Opiaten war es an der Tagesordnung, daß die Abhängigen Reisen in einen anderen Bundesstaat oder das Ausland unternahmen, wo ihre Drogen noch legal waren. Eine andere Möglichkeit war der Versuch, bei Ärzten unter Vorspiegelung einer schweren Krankheit eine Opiatmedikation zu erschwindeln. Manchen gelang dies aufgrund ihrer Kenntnis bestimmter Krankheitssymptome, andere gaben sich offen als Abhängige zu erkennen und versuchten unter Bezahlung überhöhter "Honorare", das gewünschte Rezept zu erhalten.

Zusätzlich zu diesen ersten Formen von Drogenkriminalität griff rasch die Praxis des Rezeptfälschens um sich. Man ließ sich etwa ein harmloses Mittel verschreiben und setzte auf dem Rezeptformular dann ein Opiat dazu. Andere gaben sich mit ge- und verfälschten Dokumenten bei Apothekern als Ärzte aus, die ihre Medikamentenvorräte auffüllen wollten (vgl. Eldridge 1967).

Gemeinsam ist diesen frühen Formen von Drogenkriminalität, daß sie von den Tätern allein, ohne Rückhalt in einer kriminellen Subkultur und ohne Zuhilfenahme speziellen kriminellen Wissens, ausgeübt wurde. Allein diese beiden Merkmale – fehlendes kriminelles Instrumentarium und fehlende kriminelle Umwelteinflüsse – belegen, daß lerntheoretische und sozialisationstheoretische Theorien der Kriminalität auf die hier in Rede stehenden Ursprünge kriminellen Verhaltens von Drogenabhängigen nicht angewendet werden können.

Wir sind also gezwungen, den theoretischen Ansatz für die Erklärung der Frühformen der Drogenkriminalität anderswo zu suchen und glauben, ihn in der Theorie des Abweichenden gefunden zu haben, den Edwin M. Lemert in seiner 1953 erstmals erschienenen, inzwischen klassischen Untersuchung "An Isolation and Closure Theory of Naive Check Forgery" beschrieben hat.

Wie der Drogenkonsument hat der Amateur-Scheckfälscher "in der Regel keine Vorstrafen und keine vorangegangenen Kontakte und Interaktion mit Delinquenten und Kriminellen" (S. 297). Und ebenso wie beim Drogenkonsumenten waren die Scheckfälscher überwiegend "Weiße... und bedeutend älter als es andere Kriminelle beim Begehen ihrer ersten Straftat sind". Auch bei der sozialen Herkunft beider Delinquentengruppen gibt es Übereinstimmungen:

> Die Berufsgruppen, die überdurchschnittlich unter den Scheckfälschern vertreten sind, sind Angestellte, Freiberufler und ausgebildete oder angelernte Handwerker... Viele Fälscher kommen aus angesehenen, wohlhabenden Familien (Lemert 1953, 299).

Damit sind die Parallelen von Drogenkonsument und Scheckfälscher noch nicht erschöpft. Am interessantesten ist die Ähnlichkeit ihrer jeweiligen Tatmotive. Beim Drogenabhängigen liegt es auf der Hand, daß sein Antrieb in der Sucht, oder mit den Worten der Weltgesundheitsorganisation "im unbezwingbaren Verlangen nach der Droge liegt" (Eddy et al. 1965). Ein ganz ähnliches Motiv bemerkte Lemert bei den Scheckfälschern, nämlich eine geradezu suchtartige "Begierde nach Bekleidung, Automobilen, teuren Wohnungen und kostspieligen Freizeitbeschäftigungen" (Lemert 1953, 306).

Weder die Obsessionen des Scheckfälschers und noch weniger die Sucht des Drogenkonsumenten dulden einen Aufschub, im Gegenteil, sie drängen machtvoll nach sofortiger Erfüllung. In diesem Aspekt liegt das Wesentliche der Gemeinsamkeit von Scheckfälscher und Drogensüchtigem. Diese Dringlichkeit und Unaufschiebbarkeit bringt es mit sich, daß dem Betroffenen der Blick für das vollständige Spektrum alternativer Strategien zur Befriedigung seines Bedürfnisses abhanden kommt. Getrieben von seiner Obsession greift er blind zum Nächstliegenden, ohne einen Gedanken an die Konsequenzen seines Tuns zu "verschwenden". Die Dringlichkeit hat die Funktion, "das Feld der subjektiv akzeptablen Mittel zur Bewältigung der Krise" (Lemert 1953, 307) einzuschränken.

Ein beredtes Beispiel für diese Art von Wahrnehmungseinschränkung bietet die Untersuchung von Donald Cressey über Männer, die ihnen anvertraute Gelder unterschlugen. Auch hier ging der Tat eine Abfolge isolierender Ereignisse voraus, die den Betroffenen schließlich in eine Situation trieb, aus der heraus zum nächstliegenden, erfolgversprechendsten und einfachsten Mittel gegriffen wird, während zugleich der Raum für die Abwägung der Konsequenzen dieses Tuns sich verengt. Dies drückt sich deutlich in den Äußerungen der Betroffenen aus, wenn sie über den Moment der erstmaligen Begehung des Delikts sprechen:

> Ich habe nicht nachgedacht. Wenn man in einer solchen Situation ist, denkt man nicht. Man kann nicht mehr richtig denken. Man sieht nur, daß etwas getan werden muß ... und dann sieht man die Lösungschance und nutzt sie. Und so geht es immer weiter... Das einzige was ich sagen kann ist, daß ich einfach durchdrehte; etwas anderes kann ich dazu nicht sagen (Cressey 1953, 49).

In solchen Situationen begangene Delikte haben wesentliche Gemeinsamkeiten mit Affekttaten, es sind unüberlegte, spontane Handlungen zur Abwehr einer als unmittelbar bedrohlich empfundenen Situation – Taten, die dem entfernten Beobachter häufig bizarr, unerklärlich, "unlogisch" vorkommen. So stellte Lemert fest, daß ein nicht unerheblicher Teil der von ihm untersuchten Scheckfälscher es aus finanziellen Gründen eigentlich nicht nötig gehabt hätte, einen gefälschten Scheck zu präsentieren. Einige besaßen erhebliche Sachwerte, Schmuck, Aktien, andere gefüllte Bankkonten oder Grundstücke. Nicht wenige stammten aus begüterten Familien, die jederzeit in der Lage gewesen wären, Geldbeträge zu verleihen.

Die Ursachen für die von den Tätern empfundene Einschränkung der Handlungsalternativen fand Lemert in deren sozialer Situation, wo er eine signifikante Häufung von sogenanten "isolierenden Erlebnissen" konstatierte. Lemert verstand darunter in erster Linie Arbeitsplatzverlust, Mißerfolg im Geschäftsleben, häufige Alkoholexzesse, Verluste beim Glücksspiel, unehrenhafte Entlassung aus der Armee etc. Entscheidendes Gewicht mißt Lemert aber der Isolation der Betroffenen im sozialen Nahraum bei. Dort stellte er bei den verheirateten Probanden eine ungewöhnlich hohe Scheidungsrate und bei den Ledigen ein außergewöhnlich hohes Maß von Entfremdung und Ablehnung seitens der Familie fest. Lemert fand, daß typisch für den Scheckfälscher der Status eines "Schwarzen Schafs" der Familie war.

Es scheint, daß auch bei den Drogenkonsumenten das Moment "Isolation" der Schlüssel zum Verständnis ihrer beginnenden Kriminalität ist, denn auch bei ihnen wirkte sich das bedrängende der Situation zunächst in ihrem sozialen Nahraum aus.

> Aus Arbeitslosigkeit oder den hohen Drogenpreisen resultierende Geldschwierigkeiten zwingen sie, Geld von ihren Freunden und Familienmitgliedern zu erbetteln oder durch Vorspiegelung falscher Tatsachen zu erschwindeln und schließlich zu stehlen; (Die Drogenabhängigen) leiden hauptsächlich unter dem Gefühl, von den anderen deshalb mit Recht verachtet zu werden (Kolb 1975, 717).

Abgesehen von den rein ökonomischen Veränderungen des Drogenmarktes und dem Risiko des Verlustes der Unterstützung des sozialen Nahraums, verändert sich unter den Bedingungen der Kriminalisierung das Drogenerlebnis selbst auf eine Weise, die man als weiteres isolierendes Moment betrachten kann.

Kolb beschreibt die Reaktion von Drogenkonsumenten auf die Kriminalisierung folgendermaßen: "(sie) werden mißtrauisch und ängstlich. Sie ziehen sich zurück und flüchten vor eingebildeten Feinden... (Kolb 1925a, 76). Es gibt in der Kriminologie noch weiteres Material über Straftäter, die weitgehend allein operieren. Neben dem Scheckfälscher und dem Veruntreuer von Geldern sind dies vor allem heterosexuelle Transvestiten (Buckner 1970), Ladendiebe (Cameron 1964), bestimmte Typen von Glücksspielern (Lesieur 1977) und Computerkriminelle (Parker 1976). In der Kriminologie hat sich für diesen Typ der Begriff *Loner* herausgebildet (vgl. Lofland 1969).

Die Entwicklung der defensiven Kriminalität des Loners kann man in drei Phasen unterteilen. Zunächst sieht der Betroffene sich einer Situation ausgesetzt, die seinen sozialen oder physischen Status bedroht. Die nächste Phase nennt Lemert *Isolation*, Lofland (1969) *Encapsulation*: Der Betroffene erwägt verschiedene Möglichkeiten der Abwehr der Bedrohung, wobei seine Aufmerksamkeit sich zunehmend auf die schnellste, einfachste und unmittelbarste Lösung konzentriert. *Closure* schließlich nennt Lemert den Vorgang, in dem sich der Betroffene zur Ausführung dieser Handlung entschließt.

Charakteristisch für den Loner ist, daß er diesen Entschluß ganz allein trifft. Er unterhält keine Verbindungen mit anderen Kriminellen, weder zum Austausch von einschlägigen Informationen noch zur Geselligkeit. Loner führen auch ihre Taten allein aus; ihr notwendiges technisches, informatives oder ideologisches Rüstzeug beschaffen sie sich selbst. Ihnen fehlt in aller Regel jede direkte moralische Unterstützung durch eine deviante Umgebung, weshalb bei diesem Typus die Ausweitung des ursprünglichen kriminellen Verhaltens auf neue Kriminalitätsmuster von allen Typen von Abweichenden am unwahrscheinlichsten ist. Zumeist ist der Loner überhaupt nicht im Besitz spezifischen "kriminellen" Wissens. Seine Aktivitäten stützen sich oft auf jedermann zugängliches Alltagswissen, das für die Ausführung der Delikte nur leicht modifiziert wird (Best/Luckenbill 1982).

Für viele Abweichende dieses Typus' ist es im Gegenteil geradezu Voraussetzung ihres Erfolges, daß jedermann sie für konforme, über jeden Verdacht erhabene Normalbürger hält. Man denke hier vor allem an den Scheckfälscher oder denjenigen, der Gelder unterschlägt. Die Betonung des konventionellen Aspekts ihrer Identität wird hier geradezu zur Voraussetzung des Erfolgs bei der kriminellen Tat (vgl. Letkeman 1973). In einer ähnlichen Situation wie derjenige, der einen gefälschten Scheck präsentiert, ist der Drogenabhängige, der mit einem gefälschten Rezept Drogen erwerben oder bei einem Arzt eine medizinische Opiatindikation vorspiegeln will. Auch sein Erfolg steht und fällt damit, ob er als angepaßter Normalbürger durchgeht.

Wie beim Scheckfälscher und Unterschlagendem handelt es sich bei dem als Loner operierenden Drogenabhängigen um jemanden, der in einer Notlage zum letzten – kriminellen – Mittel greift. Die kriminelle Aktivität des Loners ist defensiv. Er begeht kriminelle Delikte zur Verteidigung einer konformen sozialen Position. Damit scheidet ein wichtiger Faktor, der üblicherweise mit der Begehung krimineller Delikte einhergeht oder gar zu deren kausaler Erklärung herangezogen wird, aus: der Erwerb einer abweichenden Identität. Cressey berichtet etwa, daß

> viele von denen, die später Gelder veruntreuten, im Nachhinein erklärten, sie hätten zur Rettung ihres Geschäfts und ihrer sozialen Position "eine anständige Fassade" wahren und "Risiken" (das Unterschlagen fremder Gelder eingeschlossen) eingehen müssen, die sie unter anderen Umständen vermieden hätten (Cressey 1953, 49).

Um das Spannungsverhältnis zwischen dem Begehen krimineller Delikte und der Absicht, damit eine konforme Existenz zu wahren, aufzulösen, griffen sie zu den verschiedensten Techniken der Neutralisierung. Personen, die fremde Gelder unterschlugen, erleichterten sich das etwa dadurch, daß sie den Griff nach dem fremden Geld vor sich selbst als "Borgen" ausgaben und sich mit der Absicht trösteten, die entnommenen Beträge irgendwann später einmal zurückzuzahlen, obwohl diese Möglichkeit in vielen Fällen von vornherein illusorisch war.

> Im Gefängnis sagten die Veruntreuer oft, daß wenn sie nur "einen Augenblick lang überlegt hätten", es ihnen klar geworden wäre, daß

sie die Gelder nicht würden zurückerstatten können und sie sich deshalb nicht an ihnen vergriffen hätten (Cressey 1953, 118).

Das Verhaltens des Amateur-Scheckfälschers wie auch das des Veruntreuers von Geldern weist aber auch einen wesentlichen Unterschied zum kriminellen Verhalten eines Drogenabhängigen auf. Denn die Taten des Scheckfälschers haben eher episodenhaften Charakter, sie werden meist nur einmal oder in unregelmäßigen Abständen und relativ selten begangen.

Ein Drogenabhängiger hingegen steht täglich vor der Frage, wie er seinen Narkotikabedarf sichern kann. So ist er gezwungen, einmal erprobte kriminelle Beschaffungstechniken immer wieder anzuwenden. Auf diese Weise wird seine zunächst amateurhafte Abweichung zu einer systematischen. Lemert beschrieb diesen Unterschied wiederum am Beispiel des Scheckfälschers. Während der Amateur-Scheckfälscher ein aktuelles praktisches Problem mit einer abweichenden Handlung löst, betreibt der "systematische Scheckfäscher" sein Geschäft regelmäßig. Der Unterschied zwischen beiden Typen besteht vor allem darin, daß der systematisch Abweichende auf diese Weise besondere Kenntnisse und Erfahrungen erwirbt, die es ihm ermöglichen, nach und nach immer größere Risiken einzugehen und etwa kompliziertere Varianten des Scheckfälschens auszuprobieren (Lemert 1958). Anders als die eher episodenhaften Delikte wie das Fälschen eines Schecks oder das Unterschlagen von Geldern setzt die Erhaltung einer Drogenabhängigkeit regelmäßiges abweichendes Verhalten voraus. Drogenabhängige dürften sich deswegen regelmäßig nach einer gewissen Zeit von Amateur-Kriminellen zu systematischen Kriminellen entwickelt haben.

Auch wenn er systematisch vorgeht, operiert der Abweichende noch allein. Auch hier versucht er nach Möglichkeit, jeden Kontakt mit anderen Kriminellen zu vermeiden. Für Drogenabhängige ergab sich die Notwendigkeit der Kontaktaufnahme mit einem abweichenden Versorgungssystem erst dann, wenn die Möglichkeiten, als Einzelgänger die Drogenversorgung sicherzustellen, erschöpft waren. Dieser Lage werden sich diejenigen am längsten haben widersetzen können, die über überdurchschnittliche soziale Fähigkeiten, medizinische Kenntnisse, allgemeine Bildung und sicheres und vertrauenerweckendes Auftreten verfügten. Arme oder sozial weniger kompetente Abhängige waren umgekehrt von vornherein bei der Beschaffung legaler Drogen benachteiligt und von Anfang an auf den Schwarzen Markt angewiesen.

Die für sie früher oder später unvermeidliche Teilhabe an einem illegalen System der Drogenversorgung hat für die Abhängigen mehrere wichtige Konsequenzen.

Sie setzt zunächst voraus, daß der Betroffene seinen Einzelgängerstatus aufgibt. Er ist zur Kontaktpflege mit anderen Abweichenden in einem egalitären und informellen Kommunikationssystem gezwungen. Wie der Zwang zu diesen Kontakten fester Bestandteil eines Abhängigendaseins wurde, wie diese Kontakte zustande kamen und wie intensiv sie waren, untersuchte John O'Donnell im Jahr 1967 anhand der Fallgeschichten von ehemaligen Insassen der Entzugsklinik des US Public-Health Service in Lexington, Kentucky (O'Donnell 1967).

Unter den von O'Donnell Untersuchten (N=266) waren 13, die bereits vor 1914 drogenabhängig waren und 127, deren Drogenkarriere zwischen 1914 und 1940 begann. Anhand von sieben, für die Teilhabe an einer Drogensubkultur nach heutigen Maßstäben typischen Merkmalen kam O'Donnell, wie nicht anders zu erwarten, zu dem Ergebnis, daß vor 1914 Drogenabhängige absolut keine Kontakte untereinander hatten, die auf der Eigenschaft, Drogenkonsument zu sein, beruhte. Von der Existenz einer Drogensubkultur kann für diese Zeit also überhaupt keine Rede sein.

Für den Zeitraum von 1914 bis ca. 1940 ergab die Untersuchung, daß die Kontaktaufnahme eines Süchtigen mit anderen Süchtigen – die Grundvoraussetzung für die Entstehung einer Subkultur – nach Möglichkeit vermieden wurde. Nur ganz selten, im äußersten Notfall, wenn also der Betroffene allein keine Drogenquelle ausfindig machen konnte, suchte er den Kontakt mit anderen Abhängigen.

> Ein wichtiger Faktor bei der Entstehung von Kontakten der Abhängigen untereinander war die Quelle der Drogen; ein Abhängiger, der regelmäßig von seinem Hausarzt Drogen verschrieben bekam, hatte keinen Bedarf an Kontakt mit anderen Süchtigen und kam kaum mit ihnen in Berührung (O'Donnell 1967, 79).

Ähnliches berichtet Nels Anderson in seiner 1923 erstmals erschienenen Untersuchung "The Hobo" über die Nichtseßhaftenszene von Chicago:

> Männer, die Drogen nehmen, sind nicht gewillt, diese Tatsache bekannt werden zu lassen. Der Drogenabhängige versucht alles, um seine Konsumpraxis zu verbergen, wo hingegen der Trinker danach trachtet, seinen Alkohol zusammen mit anderen zu genießen (Anderson 1923, 68).

Insgesamt läßt sich sagen, daß Drogenkonsum von Beginn der Ära der Drogenprohibition an bis weit in die 40er Jahre rein instrumentell war. Man nahm Drogen um der Drogenwirkung willen und nicht deshalb, um mit dem Konsum verbotener Substanzen einen bestimmten Lebensstil oder die Zugehörigkeit zu einer bestimmten Gruppe nach außen symbolisch darzustellen. Und ebenso instrumentell waren die Beziehungen der Abhängigen untereinander.

Dazu noch ein Beleg aus der Studie von O'Donnell: Zu Beginn der 40 Jahre wagten es einige Ärzte im Bundesstaat Kentucky wieder, an Abhänigige Opiatrezepte auszugeben. Das Resultat war, daß das untergründige System zur Beschaffung und Verteilung von illegalen Drogen sofort zu existieren aufhörte. Das heißt, daß dieses System für die Abhängigen keinen weiteren kulturellen Wert hatte, es diente allein der Drogenbeschaffung (O'Donnell 1967).

In den Städten freilich wurde der Untergrund immer mehr zur einzigen Beschaffungsquelle für Drogen. Wer dieses ständig fluktuierende und sich wandelnde System nutzen wollte, mußte hier eine gewisse Präsenz zeigen. Man mußte ihn kennen. Er wiederum mußte wissen, an wen er sich zu halten hatte, und er mußte informiert sein über Daten, Zeiten, Orte, Gelegenheiten etc. Daraus erwuchs ein beständiger Austausch der Betroffenen über ihre gemeinsamen Interessen, Probleme und deren Lösung, und es entstand so ein System gemeinsamen Wissens. Dieses Wissenssystem kann man durchaus eine Subkultur nennen. Ihr Entstehen zeitlich festzulegen, ist schwierig. Sicher ist, daß sich derartige Systeme nur in den Städten, nicht auf dem Land bildeten. Sicher ist auch, daß solche Systeme erst entstanden, nachdem es für als *Loner* operierende Drogenabhängige unmöglich geworden war, den notwendigen Drogenbedarf aus eigener Kraft zu stillen. Diese Subkulturen waren um einen illegalen Marktplatz gruppiert, der aus einer relativ kleinen Zahl von Dealern bestand. Diese Subkulturen stellten eine beträchtliche Menge von Wissen über Drogen bereit, einschließlich Konsumtechniken und einer praktischen Pharmakologie der verschiedenen angebotenen Sorten, über Dosierungen und Gefahren. Doch Kern der Beziehungen der Angehörigen dieser Subkulturen bildete der möglichst unauffällige, rasche und problemlose Kauf bzw. Verkauf von Drogen.

In ihrer Eigenschaft als Drogenkonsumenten blieben die Betroffenen allein, nur in ihrer Eigenschaft als Teilnehmer eines illegalen Handelssystem bildeten sie eine Subkultur. Am ehesten ähnelten die Beziehungen der Abhängigen denen von Kollegen, die in ihren Berufen als Lehrer, Taxifahrer oder Prostituierte auf sich allein gestellt sind – und sich in ihrem jeweiligen Arbeitsstil beträchtlich unterscheiden können – und die nur außerhalb dieser Tätigkeit zur Regelung einiger berufsspezifischer Angelegenheiten zusammenkommen. Auf diese Weise organisierte Subkulturen sind etwa die von Swingern (Bartell 1971), die von Sadisten und Masochisten (Weinberg und Falk 1980) oder von Glücksspielern (Lesieur 1977).

Darüber, wie die Drogenkriminalität im Laufe der Zeit Formen annahm, die über das anfängliche Muster der defensiven Einzelgängerkriminalität hinausging, geben einige zeitgenössische Untersuchungen über die "criminal records" von Abhängigen Auskunft.

Eine der ersten Untersuchungen zu diesem Thema unternahm Laurence Kolb im Jahr 1924. Er befragte und studierte die Akten von 181 Personen, die wegen Drogendelikten in verschiedenen Stadtgefängnissen der USA einsaßen und die allesamt den unteren Gesellschaftsschichten entstammten (Kolb 1925a).

Da der Verurteilung eines Straftäters zu einer Haftstrafe ohne Bewährung in aller Regel bereits Kontakte mit den Kontrollinstanzen vorangehen, fand Kolb bei seinen Probanden einen hohen Anteil mit "criminal records". 98 der 181 Probanden waren bereits in der Vergangenheit wegen unterschiedlicher Delikte festgenommen worden, darunter 59 wegen Verletzung der Drogengesetze. 31 der 98 Vorbelasteten waren ausschließlich mit den Drogengesetzen in Konflikt geraten, 39 nur mit anderen Straftatbeständen.

Bemerkenswert ist, daß sich unter den bei den Vorbelasteten registrierten Delikten kaum solche finden, die sich als typische Formen abhängigkeitsinduzierter Beschaffungs- bzw. Folgekriminalität kausal dem Drogenkonsum zuordnen lassen: Die 98 Vorbelasteten waren insgesamt 284mal festgenommen worden. Davon 81mal wegen Verstößen gegen die Drogengesetze, in aller Regel dem illegalen Besitz von Drogen, 40mal wegen öffentlicher Trunkenheit, 25mal wegen "fighting" und "disorderly conduct". 3 "Habituelle Straftäter" waren zusammen insgesamt 50mal festgenommen worden und auch sie in der Hauptsache wegen wiederholter öffentlicher Trunkenheit und "disorderly conduct". 88 Festnahmen rechnet Kolb "schwereren Delikten" zu, nämlich Ehebruch, Alkoholschmuggel, Schwarzbrennerei, Anstiftung zur Unzucht und Diebstahl (S. 80). Lediglich die beiden letztgenannten Delikte kämen als Folgedelikte von Drogenabhängigkeit in Betracht. Doch belegen Kolbs weitere Befunde eindeutig, daß zu Beginn der zwanziger Jahre weder in der Schicht der nicht vorbestraften Normalbürger noch in der Halb- oder Unterwelt ein signifikantes Muster abhängigkeitsinduzierter Kriminalität entstanden war. Gewiß, Besitz und Weitergabe von Drogen konnten strafrechtliche Verurteilung zur Folge haben und haben es in vielen Fällen auch gehabt. Doch handelt es sich hierbei lediglich um durch Umdefinition alter Verhaltensweisen "künstlich" geschaffene, zugeschriebene, neue kriminelle *Kategorien.* Anzeichen für die das heutige Abhängigenbild charakterisierende, aus der primären Abweichung Drogenabhängigkeit entstehende sekundäre Kriminalität in Form zuvor nicht dagewesener *Handlungsweisen* gibt es für diese Zeiten nicht.

Rechnet man diejenigen Verurteilten aus Kolbs Stichprobe, die nur wegen Verstoßes gegen die Drogengesetze (Drogenbesitz) einsaßen, die nicht oder nur einschlägig vorbestraft waren, zusammen, so trifft auf 114 von 181 (=63%) der Probanden die Feststellung Kolbs zu,

> daß diejenigen, die vor Beginn ihrer Sucht angepaßt waren, außer wegen Verletzung der Drogengesetze grundsätzlich nicht strafrechtlich auffielen... Nur einige wenige... wurden zu Dieben, weil sie ihre Sucht anders befriedigen konnten... Der Anstieg der Kriminalität aus diesem Grund wird für gering gehalten (Kolb 1925a, 80, 81, 86).

Obwohl der Drogenkonsum in den Unterschichten durchaus einen Aspekt des Hedonistischen hatte, also nicht durchgängig instrumentell war, entwickelten sich keine symbolischen, subkulturellen oder durch irgendetwas anderes als das Unterdrücken der Entzugssymptome induzierten Muster der Kriminalität, wie es sonst bei nichtutilitaristischen Formen der Abweichung zumindest wahrscheinlich ist (vgl. Cohen 1961). Kolb resümiert daher:

> Kein Süchtiger, der ausreichend mit Drogen versorgt ist und Geld genug zum leben hat, wird durch die Abhängigkeit in einen Lügner oder Dieb verwandelt. Der hier einzig relevante Faktor ist das Bedürfnis nach der Droge und die Vermeidung der Entzugssymptome (Kolb 1925a, 75).

Auch Bingham Dai wendet sich in seiner Studie ausführlich der Frage des Zusammenhangs von Drogenabhängigkeit und Kriminalität zu. Von 1.098 Personen seiner Stichprobe lagen Informationen über das Vorhandensein von strafrechlichen Vorbelastungen vor. Dazu wurde auch die Vorstrafenkartei des Bureau of Narcotics herangezogen, in der polizeiliche Auffälligkeiten im weitesten Sinne enthalten waren, also auch Festnahmen, die zu keiner späteren Anklage oder Verurteilung führten.

67,1% dieser Unterstichprobe waren vor der gegenwärtigen Festnahme bereits anderweitig polizeilich in Erscheinung getreten, davon knapp die Hälfte lediglich ein- oder zweimal. Dementsprechend waren 32,9% bislang gänzlich unbelastet gewesen. "Gäbe es die Drogengesetze nicht, hätten diese Abhängigen wahrscheinlich nie irgendetwas mit Kriminalität zu tun gehabt" (S.67).

Dais Zahlen sind insofern besonders wertvoll, als von 1.047 Probanden sowohl das Datum des Suchtbeginns wie das der ersten polizeilichen Auffälligkeit bekannt sind. Deswegen kann anhand dieser Befunde einiges über den Verlauf der Kriminalität von Abhängigen gesagt werden.

Zunächst waren 201 (=19,2%) Probanden aus dieser Gruppe vor Beginn der Abhängigkeit polizeilich bereits aufgefallen, was der Autor so interpretiert, daß "Drogen offenbar wenig mit ihrer kriminellen Karriere vor Beginn der Abhängigkeit zu tun hatten". Bei den verbleibenden vier Fünfteln hingegen "scheint die Kriminalität durch die Drogenabhängigkeit ausgelöst worden zu sein" (S. 67).

Die Aufschlüsselung der Kriminalität derjenigen, die schon vor Suchtbeginn auffällig geworden waren, in einzelne Deliktgruppen ergibt, daß ein Fünftel dieser Gruppe (N=201) bereits vor dem Suchtbeginn mit den Drogengesetzen in Konflikt geraten war, offenbar in der Phase gelegentlichen Drogenkonsums vor Suchtbildung. 30% waren wegen "disorderly conduct" und "Landstreicherei", zwei Vergehenstatgeständen, 45% wegen gewaltloser Eigentumskriminalität, überwiegend einfachem Diebstahl, und 25% wegen schwerem Diebstahl festgenommen worden. Die Häufigkeit der schwereren Straftaten liegt bei ca. 4,5% und darunter.

Für die gesamte 1.047-köpfige Stichprobe, also einschließlich der 201 schon vor Suchtbeginn Aufgefallenen, sieht die Deliktsverteilung nach Beginn der Sucht so aus: Mit 48,8% liegen Verstöße gegen das Verbot des Drogenbesitzes deutlich an der Spitze. Wegen Eigentumsdelikten ohne Gewaltanwendung aufgefallen war nur ein im Vergleich zur Untergruppe geringer Anteil von 19,6%. Dies mag seine Ursache darin haben, daß an der Gesamtstichprobe der Anteil derjenigen, die ihren Drogenbedarf noch mit legalen Einkünften finanzieren konnten, größer war als bei der Untergruppe der schon vor Suchtbeginn Aufgefallenen. Niedriger ist mit 14,8% gegenüber 30% auch der Anteil der wegen "disorderly conduct" und Landstreicherei und mit 5,1% gegenüber 25% der wegen schwerer Eigentumskriminalität Aufgefallenen. Schließlich liegt bei der Gesamtstichprobe die Häufigkeit schwerer Delikte bei nur 1% gegenüber 4,5% bei der Untergruppe. Bei allen Deliktsgruppen waren über 90% zuvor erst einmal einschlägig aufgefallen. Einzig wegen Verstoßes gegen den Harrison-Act liegen die Rückfallquoten, – und zwar bedeutend – höher. Bei 46,9% war die Festnahme wegen Verstoßes gegen das Drogenstrafrecht die zweite, bei 20,5% die dritte, bei 15,3% die vierte, bei 3,7% die fünfte und bei 3% die sechste und öftere.

Diese Zahlen zeigen, daß die kriminelle Belastung von Drogenabhängigen vor allem durch die Tatbestände des verbotenen Drogenbesitzes zustande kam. Was kriminelle Delikte zur Beschaffung von Drogen betrifft, so ist zu schließen, daß die ganz überwiegende Mehrheit der Süchtigen die typischen Beschaffungsdelikte – wie sie heute etwa in Form von Apothekeneinbrüchen und sonstiger Eigentumskriminalität an der Tagesordnung sind (vgl. Kreuzer et al. 1981, Quensel 1982) – nicht beging. Dai drückt das in der Bemerkung aus,

> daß die meisten dieser Süchtigen hauptsächlich durch die Drogengesetze zu Kriminellen wurden, und daß aus den vorhandenen Daten wenig dafür spricht, daß der Konsum von Opiaten irgendeine ursächliche Beziehung für die Begehung antisozialer Handlungsweisen hat, außer denen, die unmittelbar mit der Erhaltung der Sucht zu tun haben (Dai 1937, 69).

Noch deutlicher wird die hohe Konformität Drogenabhängiger, wenn man den Zeitpunkt des Beginns der Sucht mit dem Datum der ersten polizeilichen Auffälligkeit in Beziehung setzt: Von 418 Probanden, bei denen die erforderlichen Daten erhoben werden konnten, waren 12,2% im Jahr des Suchtbeginns, 7,2% nach einem, 6,6% nach zwei, 8,8% nach drei, 5% nach vier, 22,9% nach fünf bis neun und 37,2% erst nach zehn und mehr Jahren erstmals polizeilich aufgefallen.

Wo bei annähernd zwei Dritteln einer aus Unterschichtangehörigen, in 'high delinquency areas' lebenden und in staatlichen Institutionen erhobenen Stichprobe von Drogenabhängigen zwischen Suchtbeginn und erster polizeilicher Auffälligkeit fünf und mehr Jahre liegen, läßt sich mit einiger Sicherheit sagen, daß die Drogenabhängigkeit kein *Resultat* krimineller Assoziationen war. Es zeigt sich überdies, daß während der 20er Jahre selbst für Personen mit niedrigem Einkommen eine Drogenabhängigkeit nicht mit dem gleichen unabweisbaren Zwang in die Kriminalität führte wie heutzutage. Es bestand zwischen Kriminalität und Drogenabhängigkeit weder ein Zusammenhang der Art, daß Drogenkonsum symptomatische Begleiterscheinung krimineller Lebensweise war, noch daß sie zwangsläufig zur Aufnahme krimineller Handlungsmuster führte. Die Verbindung von Drogenabhängigkeit zu einem kriminellen Handlungs- und Bezugssystem beschränkte sich auf die illegale Beschaffung und Verteilung von Drogen.

Die Frage, ob die Akquisition krimineller Handlungsmuster als Folge der Stigmatisierung der Betroffenen durch die Instanzen sozialer Kontrolle über den Mechanismus der Identitätsbildung erfolgt oder ob dies Resultat der durch das Handeln der Kontrollinstanzen reduzierten Handlungsalternativen ist, gilt in der Kriminologie als unentschieden (Schumann 1973). Eine endgültige Antwort auf diese Frage kann auch hier natürlich nicht gegeben werden. Immerhin aber kann mit einiger Sicherheit gesagt werden, daß die erhöhte Chance, abweichend zu handeln, bei den hier in Rede stehenden Drogenabhängigen als Resultat reduzierter Handlungsalternativen anzusehen ist. Sie erfolgte als Abwehrreaktion auf die Beschneidung der Lebenschancen, auf moralische und materielle Isolation und geschah weitaus am häufigsten in der Absicht, eine konforme Identität aufrechtzuerhalten. Selbst bereits mit einer entsprechenden kriminellen Identität Behaftete, von denen man eine relativ niedrige Schwelle im Hinblick auf die Übernahme weiterer abweichender Handlungsmuster zu unterstellen gewillt sein mag, begingen Straftaten im Zusammenhang mit Drogen nur begrenzt, und zwar nur insoweit, als es die Befriedigung instrumenteller Bedürfnisse erforderte.

Drogenabhängig zu sein barg wegen des neu ins Strafrecht eingeführten Tatbestands des unerlaubten Besitzes zwar nun das Risiko von Verfolgung, Festnahme und Verurteilung, die Ökonomie der Drogenabhängigkeit veränderte sich dennoch nicht so, daß die Abhängigkeit schlagartig mit der Kriminalisierung zum zentralen Lebensinhalt, zum Fulltime-job wurde.

Die statistische Entwicklung der Drogenkriminalität ist ab 1916 dokumentiert. In diesem Jahr betrug die Zahl der Verurteilung wegen eines Verstoßes gegen das Harrison-Gesetz 1.900. Als Resultat der Entscheidung *US vs. Jin Fuey Moy* sank sie im folgenden Jahr 1917 auf 1.100 Im Jahre 1918 führte die Aktivität des Bureau zu einem neuerlichen Anstieg auf 1.300. In dem sprunghaften Anstieg des Jahres 1919 wiederum schlug sich die Entscheidung US vs. Doremus und die gesteigerte Aktivität bei der Strafverfolgung seit Einrichtung der Narcotic Division innerhalb des Prohibitionsbüros nieder. Insgesamt stiegen die Verurteilungszahlen von 1.930 im Jahr 1916 auf 2.880 im Jahr 1920, und erreichten in den Jahren zwischen 1925 und

1930 Werte zwischen 7.300 und 7.500 (Lindesmith 1965, 106).

In circa 50% der Verurteilungen wurde eine Freiheitsstrafe ausgesprochen. Während wegen Verstößen gegen die Alkoholprohibition verhängte Freiheitsstrafen durchschnittlich 25 Tage betrugen, belief sich im Jahr 1922 die durchschnittliche Dauer von Freiheitsstrafen, die wegen Verletzung des Harrison-Gesetzes ausgesprochen wurden, auf 10 Monate und stieg mit jedem Jahr weiter. 1924 betrug das durchschnittliche Strafmaß schon 1 Jahr und zwei Monate und 1928 1 Jahr und 10 Monate (Musto 1973, 318).

Wegen der Dauer ihrer Freiheitsstrafen stieg der Anteil der Drogendelinquenten in Strafanstalten gemessen an der Zahl der Verurteilungen überproportional an. Zwischen 1918 und 1922 hatte sich der Anteil von einsitzenden Drogendelinquenten im Sing-Sing-Prison nahezu verzehnfacht (Wissler 1928, 152). Im Gefängnis Hart's Island waren 60%, in Rikers Island nahezu 90% der Insassen wegen eines Verstoßes gegen die Drogengesetzgebung inhaftiert. 1924 wurde der Anteil von Drogendelinquenten der Bundesgefängnisse in Atlanta, Leavenworth und McNeil Island mit 40 % angegeben. Und 1928 waren von den 7.738 Insassen aller Federal Penitentaries 2.529 (=33%) wegen eines Drogendeliktes inhaftiert. 1.156 (= 15%) saßen wegen Verletzung der Alkoholprohibition und 1.148 (=15%) wegen Autodiebstahls. Damit bildeten die Drogendelinquenten die mit Abstand größte aller Tätergruppen (Susmann 1974, 450).

Fazit

'Drogenpolitik' läßt sich denken als der gesellschaftliche Versuch, einen Weg zur Beseitigung, Linderung oder Prävention drogeninduzierter Lebensprobleme zu finden, falls und insoweit diese von den Betroffenen selbst so wahrgenommen werden.

Nun steht aber der Vorstellung von einer Drogenpolitk im Sinne sachbezogener Gesetze, Maßnahmen und Entscheidungen – spätestens seit Max Weber – die Tatsache entgegen, daß politisches Handeln der staatlichen Organe und Akteure immer zugleich auch auf den Erhalt und Ausbau von Machtpositionen bezogen ist.

Als erstes auf der Strecke bleibt dabei das Interesse der Betroffenen, und an seine Stelle treten Machtinteressen. Statt um Problemlösung geht es den politisch Handelnden um Problemverwertung, um eine Selbstinszenierung der Politik, mit der ein bestimmtes Erscheinungsbild sowohl des Problems wie der politisch Handelnden selbst erzeugt wird. Dabei bedient man sich – mit wenig Rücksicht auf deren Realitätsgehalt – der Hoffnungen, Ängste und Lebenspläne der Menschen, mit dem Ziel, ihnen eine bestimmte Politik und die bestehenden Machtstrukturen (weiterhin) legitim erscheinen zu lassen.

Die hier vorgelegte Untersuchung hat die Dominanz derart machtpolitischen Handelns als Verursacher des Drogenproblems heutiger Dimensionen zu zeigen versucht. Die Drogenthematik war der Spielball von Machtinteressen, die Transformation eines Kanons von Verhaltensweisen nichtmedizinischen Drogenkonsums in das heutige Drogenproblem geschah unter fast vollständiger Ausblendung der Betroffeneninteressen und unter Hintanstellung der problembezogenen Fragen um Abhängigkeit, Sucht, Therapie und Volksgesundheit etc.

Die erste Kriminalisierung von Drogen diente dazu, die Lebenschancen einer in Folge von Wirtschaftskrise und Arbeitslosigkeit unliebsam gewordenen ethnischen Minderheit zu beschneiden. Als sich der Gesetzgeber 40 Jahre später erstmals den weit gefährlicheren Formen des Opiatkonsums der übrigen Bevölkerung annahm, geschah dies mit dem problemfremden Motiv, Amerikas Position als Handelsmacht im südostasiatischen Raum zu verbessern. Die Konvertierung des Harrison-Gesetzes von einer steuerlichen Maßnahme zu einem Strafgesetz wiederum läßt sich nicht loslösen von dem Bestreben einer mit der Gesetzesausführung beauftragten Behörde nach Ausweitung ihres Kompetenzbereiches. Die Herausbildung des Unterschichtenstereotyps des Drogenkonsumenten schließlich ist unlösbar verbunden mit den Aktivitäten professioneller, durch die Alkoholprohibition vorübergehend beschäftigungslos gewordener Moralkreuzzügler.

Der Wandel des Etiketts 'Drogenabhängiger/-konsument' – vom schwach mißbilligten Attribut ansonsten respektabler Mitbürger zum Stigma des kriminellen Abweichenden schlechthin – vollzog sich nicht im Rahmen eines einzigen Politikformulierungsprozesses, sondern erst in der Abfolge mehrerer derartiger Prozesse, die sich einander ablösten und ihre Vorgänger jeweils zur Voraussetzung hatten. Jeder dieser Politikformulierungsprozesse hatte seine eigene Arena, seine eigenen Akteure, Methoden und Ziele.

Diese verschiedenen Politikformulierungsprozesse fanden nacheinander, mit teilweise größeren Abständen, innerhalb von ungefähr 65 Jahren statt. Das ist ein erheblich größerer Zeitraum als Untersuchungen der klassischen Normgeneseforschung in der Regel umfassen. Man beschränkt sich hier in der Regel auf den meist nur wenige Jahre dauernden Prozeß, der der erstmaligen Formulierung einer staatlichen Politik gegenüber einem mißbilligten Phänomen voranging. Was danach mit dem entsprechenden Phänomen geschah, blieb zumeist unerforscht.[30]

Erstmals über den ursprünglichen Regelerlaß hinaus weiterverfolgt wurde die Karriere oder, wie sie es nennen, die 'Naturgeschichte von Sozialen Problemen' durch Malcolm Spector und John I. Kitsuse. Sie entdeckten folgende Regelmäßigkeiten:

> *Stadium 1:* Gruppen versuchen, die Existenz eines bestimmten Tatbestandes nachzuweisen, ihn als bedrohlich, schädlich oder anderweitig unerwünscht darzustellen, diese Annahmen zu verbreiten, Kontroversen darüber aufzubauen, und sie zu einer öffentlichen oder politischen 'Frage' zu machen.

---

[30] Ein Beispiel hierfür bietet Edwin Sutherlands Untersuchung über die Psychopathengesetze. Sie beginnt mit der Analyse der Aktivitäten normorientierter Gruppen, stellt die Reaktion der staatlichen Normsetzungsinstanzen dar und endet mit dem Erlaß der Psychopathengesetze (Sutherland 1969).

Stadium 2: Anerkennung der Legitimation dieser Gruppe(n) durch eine offizielle Organisation, Behörde oder Institution. Das kann zu einer offiziellen Untersuchung, zu Reformvorschlägen und der Einrichtung einer Institution führen, die auf die gestellten Ansprüche und Forderungen eingeht.
Stadium 3: Erhebung neuerlicher Ansprüche und Forderungen durch die ursprüngliche(n) oder andere Gruppe(n), die Unzufriedenheit mit den geschaffenen Umgangsweisen gegenüber dem behaupteten Mißstand, der behördlichen Handhabung von Einwänden, dem Versagen bei der Herstellung von Vertrauen in die geschaffenen Umgangsweisen und dem fehlenden Verständnis für ihr Anliegen ausdrücken.
Stadium 4: Zurückweisung der amtlichen oder behördlichen Reaktion durch die beschwerdeführende(n) Gruppe(n) oder ausbleibende Reaktion auf ihre Forderungen und Ansprüche, und Entstehung von Aktivitäten, die das Ziel haben, alternative, parallele oder Gegeninstitutionen zu den offiziell geschaffenen Umgangsweisen zu errichten (Spector/Kitsuse 1977, 142).

Die ersten beiden Phasen dieses Modells entsprechen im wesentlichen dem zeitlichen Bereich, auf den Untersuchungen von Normsetzungsprozessen sich gewöhnlich erstrecken.

Mit der Einführung der Phasen drei und vier tragen Spector und Kitsuse der Tatsache Rechnung, daß derartige Normsetzungsprozesse mit der ursprünglichen Politikformulierung nicht beendet sein müssen und integrieren in ihr Modell die Variante, daß Normsetzungskonflikte in Implementationskonflikte übergehen können, die, falls sie ungelöst bleiben, die unzufriedenen Gruppen schließlich veranlassen, "parallele, alternative oder Gegeninstitutionen zu den offiziell geschaffenen Herangehensweisen zu errichten".

Werden hingegen die Forderungen der ursprünglichen *Claimmaker* zu deren Zufriedenheit politisch umgesetzt, so nehmen Spector und Kitsuse an, daß damit die Naturgeschichte des betreffenden sozialen Problems beendet sei. Für die weitaus meisten Normsetzungsprozesse mag dies durchaus zutreffen.

Die in der vorliegenden Arbeit geschilderten Vorgänge haben darüber hinaus gezeigt, daß mit dem Abschluß jedes einzelnen Politikformulierungsprozesses Wesen und Erscheinungsbild des Drogenproblems derart verändert werden, daß damit die Voraussetzungen dafür gegeben sind, daß früher oder später andere normorientierte Bewegungen sich des Problems mit dem Ziel annahmen, einen neuerlichen Politikformulierungsprozeß einzuleiten. Der Versuch, diese 'Spielballfunktion' des Drogenproblems in Anlehnung an Spector und

Kitsuse als eine Art Modell darzustellen, könnte so aussehen:

Stufe 1: Bestimmte relevante soziale Kräfte versuchen, einen Tatbestand als unbefriedigend, schädlich, intolerabel oder aus einem anderen Grund als eingriffsbedürftig darzustellen und eine offizielle Politik ihm gegenüber durchzusetzen.
Stufe 2 a: Die Ansprüche dieser sozialen Kräfte werden nicht oder für sie unbefriedigend verwirklicht. In diesem Fall folgen die Phasen 3 und 4 des Modells Spector/Kitsuse.
Stufe 2 b: Die Ansprüche dieser sozialen Kräfte werden für sie befriedigend in ein politisches Programm umgesetzt. Die Ziele dieser sozialen Kräfte sind nun verwirklicht und ihre normorientierten Aktivitäten damit beendet.
Stufe 3: Das in Stufe 2 b verwirklichte politische Programm hat das Problem auf ein anderes Niveau gehoben. Es trägt nun neue oder modifizierte moralische, juristische, medizinische, ökonomische, institutionelle, politische Bewertungsakzente oder Definitionen etc. Das Phänomen berührt oder beeinträchtigt deshalb nun die Interessenlagen *anderer* relevanter sozialer Kräfte oder eröffnet für sie Profilierungs- oder Expansionschancen.
Stufe 4: Diese relevanten sozialen Kräfte versuchen, den neudefinierten Tatbestand als unbefriedigend, schädlich..., weiter mit *Stufe 1*, und so weiter.

Offen läßt dieses Modell freilich, welchen verborgenen Zwecken die am Ende dieses Prozesses gefestigte Definition des Drogenkonsums als abweichendes Verhalten diente.

Zwar waren die vorgetragenen Argumente für die repressive Drogenkontrolle zunächst und vor allem moralische, so daß die Frage auftaucht, auf welche Weise das drogenspezifische Moralisieren mit Verschiebungen moralischer Makrostrukturen interagierte, doch kann die vorliegende Arbeit hierzu kaum gesicherte Erkenntnisse anbieten. Ich bin persönlich allerdings davon überzeugt, daß der Ausgangspunkt weiterführender Überlegungen der Wandel der gesellschaftlichen Reproduktionsweisen unter dem Diktat eines nach Effizienzsteigerung strebenden Industriekapitalismus sein sollte.

Der erste Weltkrieg, so die Hypothese, markiert einen Wendepunkt. Er erzeugte nicht nur einen extrem hohen Produktivitätsdruck, er produzierte auch eine Art Aufspaltung der Welt in Gut und Böse. Diese Aufspaltung, zunächst von dem für Kriegssituationen typischen Freund-Feind-Schema bestimmt, erfaßte gleichzeitig die für den Produktionsprozess relevanten Werte und Einstellungen der Bevölkerung: die Arbeitsmoral. Unter den Effizienzanforderungen einer Kriegsindustrie an die Wiederherstellung der Arbeitskraft verengten sich die Spielräume, die allein auf Sitte und Tradition basierende Reproduktionsweisen noch für auch gelegentlich ausschweifende Rauschpraktiken gelassen hatten.

Der sozialpsychologische Effekt, der mit der Unterdrückung von nicht mehr in das eigenen Selbst integrierbaren Verhaltensweisen einhergeht, besteht in deren Projektion auf Äußeres, auf andere Personen und Instanzen, bei denen es dann handgreiflich und undifferenziert bekämpft werden kann: aus Schuldgefühl ist Strafbedürfnis geworden.

Die Funktion der Drogenkriminalisierung bestand denn auch in erster Linie in der Akzentuierung der Gegensätze zwischem produktivem und nichtproduktivem Teil der Bevölkerung. Während der Drogenkonsum in den Unterschichten gewissermaßen die 'kollektive Repräsentation' der Unproduktivität übernommen hat, diskreditiert die Produktivität der Angepaßten die Normen des Drogenverbots.

Diese Hypothesen beziehen sich freilich ausschließlich auf die amerikanische Situation. Festzustellen, ob und inwieweit Parallelen zu anderen Staaten oder Gesellschaften bestehen, muß entsprechend speziellen Untersuchungen vorbehalten bleiben.

Literatur

Acuna, R.: Occupied America. A Story of Chicanos, second edition, New York 1981

Adams, W.P. et al. (Hg): Die Vereinigten Staaten von Amerika, München 1977

Akers, R.L./Burgess, R.L./Johnson, W.T.: Opiate Use, Addiction, and Relapse, Social Problems 15 (1968), 459-469

Amendt, G.: Sucht Profit Sucht, Frankfurt (Zweitausendeins) 1984

American Medical Association, Council on Pharmacy and Chemistry: New and Non-Official Remedies, Journal of the American Medical Association 20 (Okt.) 1906, teilweise abgedruckt in Terry/Pellens (1928) 84

American Medical Association, Report of The Committee on Narcotic Drugs of the Council on Health and Public Instruction, Journal of the American Medical Association 76 (1921), 1669-1671

American Medical Association, Council on Mental Health, Report on Narcotic Addiction, Journal of the American Medical Association, 165 (1957) 1707

Anders, J.M./Musser, J.H.: Practice of Medicine, in: Terry/Pellens 1928, 123 f.

Anderson, N.: The Hobo, Chicago 1923 (Neudruck Chicago 1961)

Angermann, E.: Die Vereinigten Staaten von Amerika, München 1973

Ashbury, H.: The Barbary Coast, New York 1933

Ashbury, H.: The Great Illusion: An Informal History of Prohibition, Garden City 1950

Austin, G.A.: Perspectives on the History of Psychoactive Substance Use, Rockville (National Institute on Drug Abuse) 1978

Ball, J.C./Chambers, C.D.: The Epidemiology of Opiate Addiction in the United States, Springfield 1970

Ball, J.C.: Two Patterns of Narcotic Addiction in the United States, in: Ball/Chambers (1970)

Barlow, H.D.: Introduction to Criminology, Boston 1978

Bartell, G.D.: Group Sex, New York 1971

Barth, G.: Bitter Strenght, Cambridge, Mass. (USA), 1965

Bean, P.: The Social Control of Drugs, London 1974

Becker, H.S.: Außenseiter. Zur Soziologie abweichenden Verhaltens, Frankfurt/M. 1973 (Erstveröffentlichung 1963)

Berger, P.: Invitation to Sociology, Garden City 1963

Berger, H./Reuband, K.-H./Widlitzek, U.: Wege in die Heroinabhängigkeit. Zur Entwicklung abweichender Karrieren, München 1980

Berridge, V.: Victorian Opium Eating: Responses to Opiate Use in Nineteenth-Century England, Victorian Studies (Sommer) 1978, 437-461

Best, J./Luckenbill, D.F.: The Social Organisation of Deviants, Social Problems 28 (1980), 14-29

Best, J./Luckenbill, D.F.: Organizing Deviance, Englewood Cliffs 1982

Block, A.A./Chambliss, W.J.: Organizing Crime, New York 1981

Blum, R.: Drug Pushers, A Collective Portrait, Transaction, July/August 1971, 18-21

Blum, R.H. et al.: Society and Drugs, San Franzisco 1970

Blumer, H.: Social Problems as Collective Behavior, Social Problems 1972, 298-306

Bonnie, R.J./Whitebread, C.H.: The Forbidden Fruit and the Tree of Knowledge: An Inquiry into the legal History of American Marijuana Prohibition, Virginia Law Review 56 (Oktober 1970), 971-1203

Brecher, E.M. et al: Licit and Illicit Drugs, Boston 1972

Brill, H.: The Treatment of Drug Dependence: A brief History, in: National Commission (1973) 109-123

Bruchey, S.: Growth of the Modern American Economy, New York 1975

Bruun, K./Pan, L./Rexed, I.: The Gentlemen's Club, Chicago und London 1975

Buckner, H.T.: The Transvestic Career Path, Psychiatry 33 (1970), 381-389

California State Narcotic Committee: The Trend of Drug Addiction in California, Sacramento (California State Printing Office) 1931

Cameron, M.O.: The Booster and the Snitch, New York 1964

Cavan, R.S.: Suicide, Chicago 1928

Chailé-Long, C.: Why China Boycotts Us, in: The World Today, (März) 1906, 314

Chang, H.: Commissioner Lin and the Opium War, Cambridge, Mass. (USA) 1964

Chein, I./Gerard, D.L./Lee, R.S./Rosenfeld, E.: The Road to H, New York, London 1964

Chambliss, W.J./Mankoff, M.: Whose Law What Order, New York 1976

Chambliss, W.J.: Markets, Profits, Labor and Smack, Contemporary Crisis 1 (1977), 53-76

Chambliss, W.J.: A Social Analysis of the Law of Vagrany, in: Social Problems 12 (1964), 67-77

Clark, A.L./Gibbs, J.P.: Soziale Kontrolle: eine Neuformulierung, in: Klaus Lüderssen/Fritz Sack (Hg), Seminar: Abweichendes Verhalten I, Die selektiven Normen der Gesellschaft, Frankfurt 1975, 153-185

Clarke, M.: On the Concept of Subculture, The British Journal of Sociology 25 (1974) 428-441

Clinard, M.B./Quinney, R.: Criminal Behavior Systems: A Typology, 2d edition, New York 1973

Clinard, M.B./Meier, R.F.: Sociology of Deviant Behavior, New York 1979

Cobbe, W.R.: Doctor Judas, A Portrayal of the Opium Habit, Chicago 1895

Cohen, A.K.: Kriminelle Jugend. Zur Soziologie jugendlichen Bandenwesens, Reinbek 1961

Cohen, A.K.: The Elasticity of Evil: Changes in the Social Definition of Deviance, Oxford 1973

Cohen, A.K.: Abweichung und Kontrolle, München 1975

Courtwright, D.T.: Dark Paradise. Opiate Addiction in America before 1940, Cambridge und London 1982

Cremer-Schäfer, H./Steinert, H.: Sozialstruktur und Kontrollpolitik. Einiges von dem, was wir glauben, seit Rusche & Kirchheimer dazugelernt zu haben, Kriminologisches Journal, 1. Beiheft 1986, 77-118

Cressey, D.R.: Other Peoples Money, Glencoe 1953

Crothers, T.D.: Morphinism and Narcotimaniacs from other Drugs, Philadelphia 1902

Dai, B.: Opium Addiction in Chicago, Shanghai 1937

Davis, K.: Mental Hygiene and the Class Structure, Psychiatry 1 (Februar) 1938, 55-65

Dentler, R.A./Erickson, K.T.: The Functions of Deviance in Groups, Social Problems 7 (1959), 98-107

De Quincey, T.: Confessions of an English Opium Eater, 1821, 1856, dtsch.: Bekenntnisse eines englischen Opiumessers, Wien-Berlin 1982

Denzin, N.K.: The Methodological Implications of Symbolic Interactionism for the Study of Deviance, The British Journal of Sociology 25 (1974), 269-282

Dickson, D.T.: Bureaucracy and Morality: An Organizational Perspective on a Moral Crusade, in Paul E. Rock (Hg) (1977), 31-54

Dorfman, J: National Mobilization, in: Nelson (1971) 19-23

Dos Passos, J.: Der 42. Breitengrad, Reinbek 1962

Duster, T.: The Legislation of Morality, New York 1970

Earle, C.W.: The Opium Habit: A Statistical and Clinical Lecture (1880) in: Morgan (1974) 53-66

Eaves, L.: A History of California Labor Legislation, Berkeley 1910

Eberle, E.G.: Report of Committee on the Acquirement of Drug Habits, American Journal of Pharmacy 1903, 474-488

Eddy, N.B./Isbell, H./Seevers, M.H./Halbach, H.: Drug Dependence: Its Significance and Charakteristics, Bulletin of the World Health Organisation 32 (1965), 721-733

Eldridge, W.B.: Narcotics and the Law, Chicago 1967

Emerson, J.P.: Nothing Unusual is Happening, in: Tamotsu Shibutani (Hg), Human Nature and Collective Behavior, Englewood Cliffs 1970

Epstein, E.J.: War of the Poppies, Esquire 1974

Epstein, E.J.: Agency of Fear, New York 1977

Faris, R.E.L./Dunham, H.W.: Mental Disorders in Urban Areas, Chicago 1939

Farber, S. M./Wilson, R.H.L.: Conflict and Creativity, New York 1963

Faulkner, H.U.: American Economic History, New York 1966

Faulkner, H.U.: The Decline of Laissez Faire 1897-1917, New York 1968

Faulkner, H.U.: Politics, Reform and Expansion, New York 1963

Feest, J./Blankenburg, E.: Die Definitionsmacht der Polizei. Strategien der Strafverfolgung und soziale Selektion, Düsseldorf 1972

Fiddle, S.: Portraits from a Shooting Gallery. Life Styles from the Drug Addict World, New York 1967

Fiedler, A.: Über den Mißbrauch subcutaner Morphiuminjectionen, Deutsche Zeitschrift für praktische Medizin 1874, 231

Fieldhouse, D.K.: Die Kolonialreiche seit dem 18. Jahrhundert, Frankfurt/M. 1965

Fields, A./Tarrarin, P.A.: Opium in China, British Journal of Addiction 64 (1970), 371
Fried, M./Lewin, J.: Some Social Functions of the Urban Slum, in: Bernhard J. Frieden et al. (Hg), Urban Planning and Social Policy, New York 1968, 72
Garfinkel, H.: Bedingungen für den Erfolg von Degradierungszeremonien, in: Klaus Lüderssen/Fritz Sack (Hg): Seminar: Abweichendes Verhalten III, Die gesellschaftliche Reaktion auf Kriminalität, Band 2, Frankfurt/M. 1977, 31-40
Garrison, F.H.: An Introduction to the History of Medicine, Philadelphia 1922
Gelpke, R.: Vom Rausch im Orient und Okzident, Stuttgart 1966
Gibbs, J.P.: Sanctions, Social Problems 13 (1966), 147-159
Goffman, E.: Stigma, Frankfurt/M. 1977 (Erstveröffentlichung 1967)
Goffman, E.: Asyle, Frankfurt/M. 1981
Goode, E.: Deviant Behavior. An Interactionist Approach, New York 1978
Graham, J.M.: Amphetamine Politics on Capitol Hill, Transaction, Januar 1972, 14-22
Greenberg, S.W./Adler, F.: Crime and Addiction: An Empirical Analysis of the Literature, 1920-1972, in: Contemporary Drug Problems 1974 (3), 221-270
Gusfield. J.: Symbolic Crusade: Status Politics and the American Temperance Movement, Urbana 1963
Hall, M.E.: Mental and Physical Efficiency of Woman Drug Addicts, Journal of Abnormal and Social Psychology 33 (1932), 332-345
Hartwell, B.H.: The Sale and Use of Opium in Massachusetts (1889) teilweise abgedruckt in: Terry/Pellens (1928) 18-21, 101- 102, 488
Hawkins, R./Tiedeman, G.: The Creation of Deviance, Columbus 1975
Hayter, A.: Opium and the Romantic Imagination, London 1968
Helmer, J.: Drug Use and Minority Oppression, New York 1975
Helmer, J./ Vietorisz, Th.: Drug Use, the Labor Market, and Class Conflict, Washington D.C. (The Drug Abuse Council) 1974
Herms, D: Nachwort in: Upton Sinclair, Der Dschungel, Frankfurt/M. 1980, S. 477 ff.
Hill, H.: Anti-Oriental Agitation and the Rise of Working-Class Racism, Society 10 (1973) 43-54
Himmelstein, J.L.: The Strange Career of Marihuana, Westport 1983
Hobson, R.P.: The Struggle of Mankind against Its Deadliest Foe, Narcotic Education 1 (1928). 51
Hoffman, A.: Unwanted Mexican Americans in the Great Depression, Tucson 1974
Hollingworth, J.R.: American Expansion in the late Nineteenth Century, New York 1968
Hull, J.M.: The Opium Habit (1885), in: Morgan (1974), 39
Hunt, M.E.: The Aftercare of the Woman Drug Addict, Proceedings of the American Prison Association, New York 1938, 358-365
Inciardi, J.A. (Hg.): The Drugs-Crime Connection, Beverly Hills, London 1981

Inciardi, J.A./Chambers C.D.: The Epidemiology of Amphetamine Use in the General Population, Canadian Journal of Criminology and Corrections, 14 (1972), 2-18

Isbell, H.: Historical Development of Attitudes toward Opiate Addiction in the United States, in: Farber, S./Wilson, R.H. (1963), 154-170

Jeffreys-Jones, R.: Soziale Folgen der Industrialisierung, Imperialismus und der Erste Weltkrieg, 1890-1920, in: Adams et al. (1977) 235-283

Jandy, E.C./Floch, M.: Narcotic Addiction as a Factor in Petty Larcency in Detroit, Detroit (Bureau of Governmental Research, Report Nr. 145) 1937,

Jones, E.E./Gerard, H.B.: Foundations of Social Psychology, New York 1967

Kane, H.H.: The Hypodermic Injection of Morphia. Its History, Advantages, and Dangers, New York 1880

Kane, H.H.: Opium-Smoking in America and China, New York 1882

Kane, H.H.: A Hashish-House in New York (erstmals erschienen in: Harpers Monthly 67, Nov. 1883, 944-949), in: Morgan (1974), 159-170

Kaplan, J.: A Primer on Heroin, Stanford Law Review 27 (1975), 801-826

Kaplan, J.: The Hardest Drug, Chicago und London, 1983

Katcher, L.: The Big Bankroll: The Life and Times of Nathan Rothstein, New York 1959

King, R.: The Narcotics Bureau and the Harrison Act: Jailing the Healers and the Sick, The Yale Law Journal 62 (1953), 736-749

King, R.: The Drug Hang-Up, New York 1972

Knight, R.C./Prout, C.T.: A Study of Results in Hospital Treatment of Drug Addictions, American Journal of Psychiatry 108 (1951), 303-308

Kolb, L.: Pleasure and Deterioration from Narcotic Addiction, Mental Hygiene 9 (1925), 699-724

Kolb, L.: Drug Addiction and its Relation to Crime, Mental Hygiene 1925 (a), 74-89

Kolb, L.: Drug Addiction, A Study of Some Medical Cases, Archives of Neurology and Psychiatry 20 (1928), 171-183

Kolko, G.: The Triumph of Conservatism: A Reinterpretation of American History 1900-1915, Chicago 1963

Kramer, J.C. et al.: Amphetamine Abuse Patterns and Effects of High Doses Taken Intraveneously, Journal of the American Medical Association, 201 (1967), 305-309

Kramer, J.C.: From Demon to Ally. How Mythology has, and may yet, Alter National Drug Policy, Journal of Drug Issues 1976, 390-406

Kreuzer, A./Gebhardt, C./Maassen, M./Stein- Hilbers, M.: Drogenabhängigkeit und Kontrolle, Wiesbaden (Bundeskriminalamt) 1981

LaFeber, W.: The New Empire: An Interpretation of American Expansion 1860-1898, New York 1963

Lambert, A.: The Underlying Causes of the Narcotic Habit, Modern Medicine 2 (1920) 5-9

Lambert, A.: Drug Addiction, Bulletin of the New York Academy of Medicine 6 (1930), 605-629

Lasch, P.: The Anti-Imperialists, The Philippines, and the Inequality of Man, Journal of Southern History 24 (1958), 319

Laufer, B.: Tobacco and Its Use in Asia, Chicago 1924

Lemert, E.M.: An Isolation and Closure Theory of Naive Check Forgery, The Journal of Criminal Law, Criminology, and Police Science 44 (1953), 296-307

Lemert, E.M.: The Behavior of the Systematic Check Forger, Social Problems 6 (1958), 141-149

Lemert, E.M.: Paranoia and the Dynamics of Exclusion, Sociometry 25 (1962), 2-20

Lemert, E.M.: Der Begriff der sekundären Devianz, in: Klaus Lüderssen/Fritz Sack (Hg): Seminar: Abweichendes Verhalten I, Die selektiven Normen der Gesellschaft, Frankfurt/M. 1975, 433-476

Lesieur, H.R.: The Chace, Garden City 1977

Letkeman, P.: Crime as Work, Englewood Cliffs 1973

Leuchtenburg, W.: The Perils of Prosperity 1914-1932, Chicago 1958

Leuchtenburg, W.: The New Deal and the Analogue of War, in John Braeman (Hg.): Change and Continuity in Twentieth Century America, Columbus 1964, S. 84-90.

Lewin, L.: Phantastica, Berlin 1927

Light, A.B./Torrance, E.G./Karr, W.G./ Fry, E.G./Wolff, W.A.: Opium Addiction, Chicago (American Medical Association) 1929

Lindesmith, A.R.: Opiate Addiction, Bloomington 1947

Lindesmith, A.R.: Addiction and Opiates, Chicago 1968

Lindesmith, A.R.: The Addict and the Law, Bloomington, London 1965

Link, A.S.: American Epoch. A History of the United States since the 1890's, New York 1967

Lofland, J.: Deviance and Identity, Englewood Cliffs 1969

Lomax, E.: The Uses and Abuses of Opiates in Nineteenth-Century England, Bulletin of The History of Medicine 47 (1973), 167

Lowes, P.: The Genesis of International Narcotic Control, Genf 1966

Macht, D.I.: The History of Opium and some of Its Preparations and Alkaloids, Journal of the American Medical Association 1915, 477

Manning, P.K./Redlinger, J.: Working Bases for Corruption, Organizational Ambiguities and Narcotics Law Enforcement, in: Arnold S. Trebach (Hg). Drugs, Crime and Politics, New York 1978, 60-89

Matza, D.: Abweichendes Verhalten, Heidelberg 1973

Mark, G.Y.: Racial, Economic and Political Factors in the Development of America's First Drug Laws, Issues in Criminology (10) 1975, 49-72

Marshall, O.: The Opium-Habit in Michigan, in: Terry/ Pellens (1928) 96

McCoy, A.W.: The Politics of Heroin in Southeast Asia, New York 1972

McCoy, A.W.: Eine drogenabhängige Gesellschaft entsteht. Das Beispiel Australien, in: Völger (1981) 590-618

McFarland, S.F.: Opium Inebriety and the Hypodermic Syringe. Transactions of the New York State Medical Sociiety 1877, S. 289-293

McNamara, J.: The History of United States' Anti- Opium Policy, Federal Probation 37 (1973) 15-21

McPherson G.E./Cohen, J.: Survey of 100 Cases of Drug Addiction entering Camp Upton, N.Y. via draft 1918, Boston Medical and Surgical Journal, Juni 1919

McWilliams, C.: California: The Great Exception, New York 1949

McWilliams, C.: North from Mexico, New York 1968

Merton, R.K.: Social Theory and Social Structure, New York 1957

Meyer, A.S.: Social and Psychological Factors in Opiate Addiction, New York 1952

Miller, W.B.: Implications of Lower Class Culture, Social Service Review, 33 (1959), 219-236

Moffett, A.D./Chambers, C.D.: The Hidden Addiction, Social Work 1970, 54-59

Morgan, H.W.: Yesterday's Addicts, Norman (University of Oklahoma Press) 1974

Morgan, P.A.: The Legislation of Drug Law: Economic Crisis and Social Control, Journal of Drug Issues (8) 1975, 53

Morris, N./Hawkins, G.: The Honest Politician Guide to Crime Control, Chicago 1970

Morse, H.B.: The Trade and Administration of China, London 1921

Morse, H.B.: The Chronicles of the East India Company Trading to China 1635-1834, Cambridge 1926

Mowry, G.: The Urban Nation, London 1965

Mowry, G.: The Politics of Nostalgia, in: Nelson (1971) S. 53

Murray, R.K.: Red Scare, A Study in National Hysteria 1919-1920, Westport 1955

Musto, D.: The American Disease, New Haven 1973

National Commission on Marihuana and Drug Abuse, Drug Use in America, Washington D.C. (Government Printing Office) 1973

Neglian, A.R.: The Opium Question. With Special Reference to Persia, London 1927

Nellens, C.T./Massee, J.C.: Management of Drug Addicts in United States Penitentiary at Atlanta, Journal of the American Medical Association 92 (1929), 1153-1155

Nelson, K.E. (Hg): The Impact of War on American Life, New York 1971

New York State Commission of Prisons, Special Report on Drug Addiction, teilweise abgedruckt in Terry/Pellens 1928, 912-916

New York State Narcotics Commission, Narcotic Drug Addiction in New York State, New York 1931

Nyswander, M.: History of a Nightmare, in: Dan Wakefield, The Addict, Greenwich, Conn. 1963, S. 26

Nyswander, M.: The Drug Addict as Patient, New York 1956

O'Donnell, J.A.: The Rise and Decline of a Subculture, Social Problems 15 (1967), 78-84

O'Donnel, J.A./Jones, J.P.: Diffusion of the Intravenous Technique Among Narcotic Addicts in the United States, Journal of Health and Social Behavior 9 (1968), 120-130

Oliver, F.E.: The Use and Abuse of Opium (1872), in: Morgan (1974) 43-52

Park, R.E./Burgess, E.W./McKenzie, R.D.: The City, Chicago, London 1967

Parker, D.B.: Crime by Computer, New York 1976

Parry, H. et al.: National Patterns of Psychotherapeutic Drug Use, Archives of General Psychiatry (28) 1973, 769-783

Pescor, M.J.: A Statistical Analysis of the Clinical Records of Hospitalized Drug Addicts, Public Health Reports, Supplement No. 143, Washington D.C. (US Government Printing Office) 1943

Peterson, H./Fite, F.: Opponents of the War, Madison 1957

Platt, A.M.: The Child-Savers: The Invention of Delinquency, Chicago 1969

Polsky, N.: Hustlers, Beats, and Others, Chicago 1967

Popitz, H.: Über die Präventivwirkung des Nichtwissens. Dunkelziffer, Norm und Strafe, Tübingen 1968

Quinney, R:/Wildeman, J.: The Problem of Crime, New York 1977

Quinney, R. (Hg): Crime and Justice in Society, Boston 1969

Quensel, S.: Drogenelend, Frankfurt 1982

Quinones, M.: Drug Abuse during the Civil War, International Journal of Addiction 10 (1975) 1007-1020

Rainwater, L.: Behind Ghetto Walls: Black Families in a Federal Slum, Chicago 1970

Ranulf, S.: Moral Indignation and Middle Class Psychology, London 1963;

Ray, Marsh B.: The Cycle of Abstinence and Relapse Among Heroin Addicts, Social Problems 9 (1961), 132-140

Reasons, C.: The Politics of Drugs: An Inquiry in the Sociology of Social Problems, The Sociological Quarterly 15 (Summer 1974), 381-404

Reiman, J.H.: Prostitution, Addiction and the Ideology of Liberalism, Contemporary Crises 3 (1979), 53-68

Reinarman, C.: Moral Entrepreneurs and Political Economy: Historical and Ethnographic Notes on the Construction of the Cocaine Menace, Contemporary Crises 3 (1979) 225-254

Roberts, J.S.: Der Alkoholkonsum deutscher Arbeiter im 19. Jahrhundert, Geschichte und Gesellschaft (6) 1980, 220-242

Rock, P.E. (Hg): Drugs and Politics, New Brunswick 1977

Rommeney, G.: Internationale Kontrolle des Opiumhandels und gesetzliche Beschränkung des Betäubungsmittelverkehrs in Deutschland, in: Lüttger, H.: Festschrift für Erst Heinitz, Berlin 1972, 609

Roper, D.C.: Fifty Years of Public Life, Durham 1941

Rosen, G.: A History of Public Health, New York 1958

Rubington, E./Weinberg, M.S.: Deviance. The Interactionist Perspective, New York 1973

Sack, F.: Die Idee der Subkultur: Eine Berührung zwischen Anthropologie und Soziologie, Kölner Zeitschrift für Soziologie und Sozialpsychologie 23 (1971), 261-282

Sagarin, E.: Odd Man in. Societies of Deviants in America, Chicago 1969

Sagarin, E. (Hg.): Deviance and Social Change, Beverly Hills, London 1977

Sagarin, E./Montanino, F.: Deviants. Volontary Actors in a Hostile World, New York 1977

Satow, E.: The Introduction of Tobacco into Japan, Transactions of the Asiatic Society of Japan 1878, 68

Sceleth, C.E./Kuh, S.: Drug Addiction, in: The Journal of the American Medical Association 82 (März) 1924, 679-682

Scheerer, S.: Die Genese der Betäubungsmittelgesetze in der Bundesrepublik Deutschland und in den Niederlanden, Göttingen 1982

Schivelbusch, W.: Das Paradies, der Geschmack und die Vernunft, München 1980

Schmeckebier, L.F./Eberle, F.A.: The Bureau of Internal Revenue: Its History, Activities, and Organization, Baltimore 1923

Schmeckebier, L.F.: The Bureau of Prohibition, Washington D.C. 1929

Schramm, G.: Über die Anfänge des Opiumrauchens in China, Pharmazeutische Zeitung 1970, 200-203

Schroeder, R.C.: The Politics of Drugs, (Congressional Quarterly Press) Washington 1980

Schumann, K.F.: Ungleichheit, Stigmatisierung und abweichendes Verhalten. Zur theoretischen Orientierung kriminologischer Forschung, KrimJ 5 (1973) 81-96

Schumann, K.F.: Gegenstand und Erkenntnisinteressen einer konflikttheoretischen Kriminologie, in: AJK (Hg.) Kritische Kriminologie, München 1974, 69

Schur, E.M.: Narcotic Addiction in Britain and America, Bloomington (Indiana) 1962

Schur, E.M.: Crimes without Victims, Englewood Cliffs 1965

Schur, E.M.: Interpreting Deviance. A Sociological Introduction, New York 1979

Schur, E.M.: Abweichendes Verhalten und Soziale Kontrolle. Frankfurt/M. 1974

Schur, E.M.: Attitudes Toward Addicts: Some General Obervations and Comparative Findings, American Journal of Orthopsychiatry 34 (1964) 80-90

Selling, P.: Opiate und Opioide. Zur Geschichte des Umgangs mir Opiaten, in: Scheerer, S./Voigt, I. (Hg.): Drogen und Drogenpolitik. Ein Handbuch, Frankfurt/M. 1989

Shaw, C.R.: The Natural History of a Delinquent Career, Chicago 1931 (Neudruck New York 1968)

Shaw, C.R./McKay, H.D.: Juvenile Delinquency and Urban Areas, Chicago 1942

Sigerist, H.E.: Krankheit und Zivilisation, Frankfurt/M. 1952

Silver, A.: The Demand for Order in Civil Society, in: David J. Bordua (Hg): The Police: Six Sociological Essays, New York 1967, 1-24

Simon, C.: Survey of the Narcotic Problem, Journal of the American Medical Association 82 (März 1924), 675-679

Sonnedecker, G.: Die Opiumsucht Wandlung des Begriffs in historischer Sicht, Pharmazeutische Zeitung 1963, 835-840, 899-902

Soule, G.: Prosperity Decade, From War to Depression 1917 1929, New York 1947

Spector, M./Kitsuse, J.I.: Constructing Social Problems, Menlo Park 1977

Steinert, H. (Hg.): Der Prozeß der Kriminalisierung, München 1973
Steinert, H.: Kleine Ermutigung für den kritischen Strafrechtler, sich vom 'Strafbedürfnis der Bevölkerung' (und seinen Produzenten) nicht einschüchtern zu lassen, in: Klaus Lüderssen/Fritz Sack (Hg.), Seminar Abweichendes Verhalten IV, Kriminalpolitik und Strafrecht, Frankfurt 1980, S. 302 ff.
Sullivan, M.: Our Times, New York 1961
Susman, R.: The Case of Federal Narcotic Control Legislation in the Twentieth Century, (Diss.) New York 1974
Sutherland, E.H.: The Diffusion of Sexual Psychopath Laws, in: Quinney (1969), 88-97
Sutherland, E.H./Cressey, D.R.: Criminology, New York 1978
Swatos, W.: Opiate Addiction in the late 19th Century, International Journal of Addiction 7 (1972), 739-753
Swisher, C.B.: Competition for Power, in: Nelson (1971) S. 37
Taylor, A.H.: American Diplomacy and the Narcotics Traffic, 1900-1039: A Study of International Humanitarian Reform, Durham 1969
Terry, C.E./Pellens, M.: The Opium Problem, New York 1928, Neudruck Montclair 1970
Teuteberg, H.J./Wiegelmann, G.: Der Wandel der Nahrungsgewohnheiten unter dem Einfluß der Industrialisierung, Göttingen 1972
Tieman, C. R.: From Victims to Criminals to Victims, in: Inciardi (1981) 239-267
Treadway, W.L.: Further Observations on the Epidemiology of Narcotic Addiction, Public Health Reports 44 (1929), 2702-2704
Treadway, W.L.: Some Epidemiological Features of Drug Addiction, British Journal of Inebriety (Oktober) 1930, 50
Trebach, A.S.: The Heroin Solution, New Haven, London 1982
Turk, A.T.: Political Criminality. The Defiance and Defense of Authority, Beverly Hills, London 1982
Turner, E.S.: British Opium Policy and Its Results to India and China, London 1876
US Treasury Department, Special Committee of Investigation, Preliminary Report, Washington D.C. 1918, teilweise abgedruckt in Terry/Pellens 1928, 126 f.
US Treasury Department, Traffic in Narcotic Drugs, Report of the Special Committee of Investigation appointed March 25, 1918 by the Secretary of the Treasury, Washington D.C. 1919, teilweise abgedruckt in Terry/Pellens (1928) S. 30-32, 120f, 154, 472, 497
US Treasury Department, Treasury Decision 2809, 1919 a in: Terry/Pellens (1928), 756
US Treasury Department, Pro-Memeograph No. 217 v. Okt. 1921, in: Terry/Pellens (1928) 756-758
US Treasury Department, Commissioner of Internal Revenue, Annual Report for the Fiscal Year ended June 30, 1919, Washington D.C. 1919 (b)
US Treasury Department, Internal Revenue Regulation Nr. 35, (1919 c), teilweise abgedruckt in: Terry/Pellens (1928) 756

US Treasury Department, Commissioner of Internal Revenue, Annual Report for the Fiscal Year ended June 30, 1920, Washington D.C. 1920

US Treasury Department, Treasury Decision 2809 vom 20. März 1919, in: Terry/Pellens (1928) 756

US Treasury Department, Bureau of Narcotics, Traffic in Opium and Other Dangerous Drugs, Annual Report for the Fiscal Year Ended June 1929 (1932, 1933, 1935, 1936) Washington D.C. (Government Printing Office) 1929 (1932, 1933, 1935, 1936)

Vaillant, G.E.: A 12-Year Follow-Up pf New York Narcotic Addicts, Archives of General Psychiatry 15 (1966), 599-609

Völger, G. (Hg.): Rausch und Realität, Köln (Rautenstrauch-Joest-Museum für Völkerkunde) 1981

Waldorf, D.: Morphin Maintenance: The Shreveport Clinic, 1919-1923, Washington D.C. (The Drug Abuse Council) ohne Jahr

Wallace, G.B.: The Rehabilitation of the Drug Addict, Journal of Educational Sociology 4 (1931), 347

Wasserman, H.: History of the United States, New York 1972

Weinberg, T.S./Falk, G.: The Social Organization of Sadism and Masochism, Deviant Behavior 1 (1980), 379-393

Weiner, R.I.: Shifting Perspektives in Drug-Abuse Policy, in: Crime & Delinquency (July) 1976, 347-358

Wehler, H.U.: Der Aufstieg des amerikanischen Imperialismus, Göttingen 1974

Whyte, W.F.: Street Corner Society, Chicago 1943

Whyte, W.F.: Social Organisation of the Slum, American Sociological Review, 8 (1943 a) 34 ff.

Wilkins, L.T.: Social Deviance, Prentice Hall 1965

Williams, W.A.: The Tragedy of American Diplomacy, New York 1961

Williams, W.A.: The Contours of American History, New York 1961 (a)

Winick, C.: Drug Addiction and Crime, Current History 52 (Juni 1967) 349-365

Wissler, A.: Die Opiumfrage, Jena 1931

Yinger, M.J.: Contraculture and Subculture, American Sociological Review 25 (1960), 625-635

Young, J.H.: The Toadstool Millionaires, Princeton 1961

Young, J.H.: Medical Messiahs: A Social History of Health-Quackery in Twentieth Century America, Prineton 1967

Zentner, J.: Prominent Features of Opiate Use in America during the Twentieth Century, Journal of Drug Issues (Spring) 1975, 99-108

Zurcher, L. et al.: The Anti-Pornography Campaingn: A Symbolic Crusade, Social Problems 19 (1971), 217-238

Forschungen zur Kriminalpolitik

Hrsg. von Johannes Feest und Karl F. Schumann für die Wissenschaftliche Einheit Kriminalpolitikforschung, Universität Bremen

Peter Selling

Die Karriere des Drogenproblems in den USA

Eine Studie über Verlaufs- und Entstehungsformen sozialer Probleme
1988. Ca. 220 Seiten, br., ISBN 3-89085-207-6

Jutta Gerken/Karl F. Schumann (Hrsg.)

Ein trojanisches Pferd im Rechtsstaat

Der Erziehungsgedanke in der Jugendgerichtspraxis
1988. 172 Seiten, br., ISBN 3-89085-294-7

Wolfgang Lesting

Normalisierung im Strafvollzug

Potential und Grenzen des § 3 Abs. 1 StVollzG
1988. 156 Seiten, br., ISBN 3-89085-271-8

Ebenfalls aus der Wissenschaftlichen Einheit Kriminalpolitikforschung:

Karl F. Schumann (Hrsg.)

Jugendarrest und/oder Betreuungsweisung

Empirische Untersuchungen über die Anwendungs- und Vollzugspraxis im Lande Bremen
1985, 207 Seiten, 5.- DM